E. VASILENK

E. LAMM

RUSSIAN
ON
YOUR
OWN

Е. ВАСИЛЕНКО
Э. ЛАММ

РУССКИЙ–САМОСТОЯТЕЛЬНО

МЫ УЧИМСЯ ЧИТАТЬ ПО-РУССКИ

Второе издание

МОСКВА
ИЗДАТЕЛЬСТВО
"РУССКИЙ ЯЗЫК"
1987

E. VASILENKO
E. LAMM

RUSSIAN ON YOUR OWN

LEARNING
TO READ
RUSSIAN

Second Edition

RUSSKY YAZYK
PUBLISHERS
MOSCOW
1987

ББК 81.2Р–96
В 19

Translated from the Russian by
V. KOROTKY
Designed by Y. ARATOVSKY and
E. YAVORSKY

В $\frac{4306020100-237}{015(01)-87}$ 56–87

Dear friend, so you have decided to learn Russian, a language spoken by the greater part of the population of the Soviet Union and by millions of people abroad.

Having learned this language, you will be able to read Alexander Pushkin, Lev Tolstoy, Anton Chekhov, Maxim Gorky and Vladimir Mayakovsky and also contemporary Soviet writers in the original. Reading Soviet newspapers and periodicals and listening to Radio Moscow will keep you informed about life in the Soviet Union – a country which occupies one-sixth of the land surface area of the earth and has a population of 277 million.

We offer you a series of aids for Russian studies under the general title *Russian on Your Own*.

As the title itself shows, this series is intended primarily for those who are unable to get regular help from a teacher.

The series consists of six books: *An Introductory Phonetic Course; 50 Lessons in Russian; Practice Exercises; Learning to Speak Russian; Learning to Read Russian*, and a *Russian-English Vocabulary* [1], which includes all the words occurring in the five books of the series.

If you wish to learn to speak, read and write Russian and listen to Radio Moscow, then after working through Book A, you should study all the books of the series simultaneously in accordance with the recommendations given in them.

However, if your purpose is more specific, then after studying Book A, you can select those books which suit you.

Thus, if you want to get acquainted only with the Russian grammatical system and acquire only basic skills in reading, writing, and building and pronouncing Russian sentences of different types, you may confine yourself to Books A and Б.

If you want to learn to build sentences quickly and correctly and use them in conversations with Russians, then in addition to Books A and Б, you should also study Book В.

If you want to learn to speak with Russians on various subjects, you should also study Book Г.

If your main purpose is to learn to read, you may confine yourself to Books A, Б and Д.

---

[1] Hereafter the books of this series will be designated in all the references in the following way:
An Introductory Phonetic Course as Book A,
50 Lessons in Russian as Book Б,
Practical Exercises as Book В,
Learning to Speak Russian as Book Г,
Learning to Read Russian as Book Д,
Russian-English Vocabulary as Book E.

So you decided to learn to read Russian. Book Д of the series *Russian on Your Own*, which you are now holding in your hands, will help you achieve your purpose.

You can start work on it after you have completed the *Introductory Phonetic Course* (Book A) and the First Concentric Cycle of Book Б (*50 Lessons in Russian*).

By that time you will have acquired elementary reading and writing skills and will have learned the vocabulary and grammar contained in Book A and in the First Concentric Cycle of Book Б.

We recommend that you study books Б and Д simultaneously in this sequence: first work through the First Concentric Cycle of Book Б, then read Chapter One of Book Д; after that work through the Second Concentric Cycle of Book Б, then read Chapter Two of Book Д, and so on.

Book Д consists of seven chapters built on one and the same principle. Each chapter begins with a list of grammatical points to be dealt with. Then the vocabulary you came across in the relevant concentric cycle of Book Б and in the preceding chapter of Book Д is discussed. There is first an analysis of words with international roots. Such words may be divided into two groups: (1) words which have a similar spelling and meaning in Russian and in English (студе́нт – student, парк – park, ра́дио – radio), (2) words which have a similar spelling in Russian and in English, but which differ in meaning (магази́н, журна́л, фами́лия).

Then derivative patterns of Russian words, words of opposite meanings, words similar in form, etc. are considered.

All this language material is introduced in various exercises. In Chapter Two, for example, these are exercises 1-9. While doing them, you will revise many of the words learned previously, which will help you read subsequent texts.

The next group of exercises (in Chapter Two these are exercises 10-19) also contains words already familiar to you; however, the main purpose of these exercises is to teach you to read Russian fluently, for otherwise reading is no pleasure at all. Therefore, try to do them as quickly as possible.

Since one can only learn to read by reading, the focal point in each chapter – and in this book as a whole – is naturally the texts which follow the exercises previously described. Each text includes new words (for to be able to read Russian, one needs a minimum vocabulary of 3500-4000 words). But this should not dismay you. The fact is that, to understand an unfamiliar word, you do not have to look it up in your dictionary, for the meanings of many words can be inferred either from their roots (if they are common to Russian and English), or from their derivational pattern, or from context. (As a rule, such words are given in exercises A, which immediately follow the texts.)

New words whose meanings are difficult to infer are printed in the margin and are accompanied by their English translations and sometimes by illustrations. This is done in order not to distract your attention from the text and to enable you to concentrate fully on its contents, which is the ultimate aim of reading.

After each text or part of a text,[1] under the sign ❗ some new words and turns of phrase are given whose usage are of interest. They are grouped together with words already familiar to you in order to help you understand and memorise them. We recommend that you familiarise yourself with them and analyse them before doing the exercises that follow the text.

The level of difficulty of the texts given in this book will enable you to understand their message after the first reading. However, one really enjoys reading when one can understand all the details, the hidden nuances, etc. The exercises follow-

_____

[1] To facilitate your work, long texts have been divided into parts.

ing each text will teach you to do just that. By doing these exercises, you will get a deeper insight into the text and will be able to check yourself and memorise words, expressions and some grammatical constructions, which you will encounter again and again in subsequent texts.

We should like to draw your attention to the exercises of the D, E, F, G and H types on p. 173. Such "reasoning exercises" must not be skipped. In answering the questions, thinking about the text once again and reasoning together with us, you'll go deeper into the text, penetrating its inner logic and subtle undercurrents. The questions given before most texts serve the same purpose.

Each exercise is preceded either by a model (or example) or by instructions.

Most exercises are supplied with keys given at the end of each chapter. We recommend that you do the exercise yourself first and only then refer to the key.

After you have done all the exercises, read the whole text once more: you will see how much better you understand it and, consequently, how much more exciting your reading has become.

The texts are arranged in order of difficulty, the vocabulary and grammar which you have studied at every stage being taken into account. The first texts are jokes, Russian folk tales and stories with simple plots. Then come adapted works by Soviet writers and essays and articles from Soviet newspapers and magazines. The latter contain considerable information about the Soviet Union, its history, geography, economy, social system, culture, the way of life of the Soviet people, their customs, etc.

The texts gradually become longer, the last chapter containing but two slightly adapted long texts – one taken from fiction, and the other from journalistic writing.

Thus, after you have worked through this book, you will be able to read both fiction and journalese.

This book contains some 180 drawings and photographs, which will acquaint you with life in this country and give you understanding of the texts.

We shall be glad if you let us know about your doubts, problems and progress. Write to us to this address: *103012 Москва, Старопанский пер. 1/5. Издательство «Русский язык»*.

We wish you success in your studies. Good luck!

CONTENTS

ABBREVIATIONS

abbr., abbreviation
colloq., colloquial
dat., dative
dim., diminutive
f., feminine
gen., genitive
imp., imperfective
inf., infinitive
instr., instrumental

lit., literally
m., masculine
n., neuter
p., perfective
pers., person
pl., plural
sing., singular
smb., somebody
smth., something

CHAPTER ONE

Dear Friend,
To be able to study this chapter, you must know the following grammar (dealt with in the First Concentric Cycle of Book Б):

1. The gender and number of nouns, and personal pronouns in the nominative singular and plural.
2. Agreement between adjectives, possessive and demonstrative pronouns, and ordinal numerals and nouns in the singular and plural.
3. Verbs of the 1st and 2nd conjugations in the present tense.
4. Composition of Russian words (the root, prefix, suffix and the ending).
5. The use of interrogative sentences with interrogative words (кто? что? где? куда? чей? какóй? как? когдá?) and without such words.
6. The use of compound and complex sentences with the conjunctions и and а and the conjunctive words чей, какóй, кто, что, кудá, где.

You must also remember the meanings of the following words and expressions (they make up the basis of Book A and the First Concentric Cycle of Book Б):

NOUNS:

алфавѝт	дочь	кóшка	нож
америкáнец	друг	крестьянин	общежѝтие
америкáнка	дя́дя	крестья́нка	окнó
англичáнин	женá	лáмпа	отéц
англичáнка	жéнщина	лимóн	очкѝ
брат	журнáл	лóжка	пальтó
брю́ки	завóд	лы́жи	пáпка
бýква	задáние	лю́ди	парк
вещь	здáние	магазѝн	письмó
вѝлка	ѝмя	мáльчик	плáтье
водá	инженéр	мáма	плащ
газéта	инострáнец	мать	плóщадь
год	инострáнка	машѝна	пóлка
гóрод	календáрь	мéсяц	портфéль
дверь	карандáш	молодёжь	предложéние
дéвочка	квартѝра	молокó	преподавáтель
дéвушка	кинó	мóре	рáдио
дéдушка	ключ	мост	ребёнок
день	кнѝга	муж	рекá
дéньги	кóмната	мужчѝна	ресторáн
дерéвня	костю́м	музéй	родѝтели
дéти	кóфе	мышь	рóдина
дом	кóфта	недéля	рубáшка

ру́сский
ру́чка
санато́рий
семья́
сестра́
слова́рь
сло́во
соба́ка
соль
сосе́д
стака́н
стол
столи́ца
студе́нт
студе́нтка
стул
су́мка
суп
сын
сыр
таре́лка
теа́тр
текст
телеви́зор
телефо́н
тетра́дь
това́рищ
трамва́й
тури́ст
у́лица
упражне́ние
уро́к
уче́бник
учени́к
учени́ца
учи́тель
учи́тельница
фами́лия
футбо́л
футболи́ст
хлеб
цвето́к
чай
часы́
челове́к
число́
шарф
ша́хматы
шкаф

шля́па
эта́ж
ю́бка
я́блоко
язы́к
яйцо́

DAYS OF THE WEEK:

понеде́льник
вто́рник
среда́
четве́рг
пя́тница
суббо́та
воскресе́нье

MONTHS:

янва́рь
февра́ль
март
апре́ль
май
ию́нь
ию́ль
а́вгуст
сентя́брь
октя́брь
ноя́брь
дека́брь

PROPER NAMES:

Аме́рика
А́нглия
Ленингра́д
Ло́ндон
Москва́
Нью-Йо́рк
Ки́ев
Росси́я
Сове́тский Сою́з
СССР
Никола́й Ива́нович
Мари́я Серге́евна
Соколо́вы
Оле́г

Ка́тя
Ната́ша
Майкл
Джон
Ше́йла

ADJECTIVES:

англи́йский
бе́лый
большо́й
голубо́й
жёлтый
зелёный
изве́стный
иностра́нный
како́й
кори́чневый
кра́сный
ма́ленький
молодо́й
но́вый
пе́рвый
после́дний
ру́сский
си́ний
сове́тский
ста́рый
хоро́ший
чёрный

VERBS:

говори́ть
де́лать
есть
жить
занима́ться
знать
игра́ть
идти́
изуча́ть
кури́ть
лежа́ть
люби́ть
объясня́ть
отвеча́ть
петь
писа́ть

пить
понима́ть
слу́шать
смея́ться
смотре́ть
спра́шивать
стоя́ть
учи́ть
учи́ться
хоте́ть
чита́ть

ADVERBS:

бы́стро
вме́сте
где
гро́мко
до́ма
домо́й
ещё
здесь
как
когда́
краси́во
куда́
ма́ло
мно́го
неда́вно
немно́го
непло́хо
о́чень
пло́хо
по-англи́йски
по-ру́сски
пра́вильно
сейча́с
сюда́
там
ти́хо
тогда́
туда́
хорошо́

NUMERALS:

оди́н – три́дцать
пе́рвый – тридца́-
тый

а, ведь, вот,
да, и, кто, мой,
твой, его́, её,
наш, ваш, их,
не, нет, то́же,
чей, что, я, ты,
он, она́, оно́, мы,
вы, они́

**PHRASES AND
EXPRESSIONS:**

англи́йский язы́к
ру́сский язы́к
родно́й язы́к
ка́ждый день
день неде́ли
знать но́вые слова́
учи́ть но́вые слова́
игра́ть в футбо́л

изуча́ть ру́сский язы́к
слу́шать ра́дио
смотре́ть телеви́зор
мно́го (ма́ло) занима́ться
До́брый день!
Здра́вствуйте!
Как ва́ша фами́лия?
Как вас зову́т?

У вас есть...
До свида́ния
Спаси́бо
Пожа́луйста
Зна́чит
Что вы!
Како́е сего́дня число́?
Како́й сего́дня день?
Я немно́го говорю́ по-ру́сски.

If you cannot remember the meanings of some of the words, look them up in a Russian-English dictionary.

To find the necessary word in a dictionary quickly and without difficulty, you must know the Russian alphabet. Here it is:

А Б В Г Д Е Ё Ж З И Й К Л М Н О П Р С Т У Ф
Х Ц Ч Ш Щ Ъ Ы Ь Э Ю Я

In the preceding word list you have come across a considerable number of words which have English counterparts. They are formed from so-called *international roots*. Such words can be divided into two groups.

I. Words which have English counterparts with similar meaning and spelling.[1]

алфави́т	ла́мпа	ра́дио	телеви́зор
америка́нец	лимо́н	рестора́н	телефо́н
инжене́р	музе́й	студе́нт	трамва́й
календа́рь	парк	теа́тр	тури́ст
ко́фе	портфе́ль	текст	

II. Words which have English counterparts similar in spelling but different in meaning. Such words are often called "translators' false friends" and should be treated with caution.

Журна́л means either "magazine" or "journal".

Магази́н means "shop", "store". It should not be confused with the English "magazine".

Маши́на without a qualifying word, generally means "motor-car". When used with a qualifying word, it usually means "machine" (шве́йная маши́на "sewing-machine").

Санато́рий may mean "holiday centre" in addition to "sanatorium".

Фами́лия "surname", "family name" should not be confused with "family" (семья́).

Exercise 1. Read the short texts and determine the meaning of the words and phrases: *моде́ль, кио́ск, центра́льный, иностра́нная литерату́ра, ка́ждый ме́сяц.* Consult a Russian-English dictionary to make sure you have guessed right.

---

[1] Only the principal meanings of these words are meant with which they are used in this course.

A. Это его новая машина. Это его новая машина «Жигули». Это последняя модель. Есть ещё машины «Волга» и «Москвич».

B. Это не магазин, а киоск. Здесь газеты и журналы.

Э́то газе́та «Пра́вда». Э́то центра́льная газе́та. Газе́та «Пра́вда» выхо́дит ка́ждый день.

А э́то журна́л. Э́то журна́л «Иностра́нная литерату́ра». Журна́л «Иностра́нная литерату́ра» выхо́дит ка́ждый ме́сяц.

выхо́дит comes out

 Exercise 2. Read the text, supplying the missing words *фами́лия* and *семья́*. The key to this exercise is given at the end of the chapter.

Э́то де́вочка. Ка́тя – её и́мя, а Соколо́ва – её ....
Э́то ма́льчик. Его́ ... то́же Соколо́в. Мать, оте́ц, сын и дочь Соколо́вы – дру́жная ....

And now try to analyse the other Russian words given at the beginning of this chapter.

Exercise 3. Read the words. Why are they grouped together?

учи́ть	А́нглия	роди́тели	хорошо́	иностра́нец	писа́ть
учи́ться	англича́нин	ро́дина	хоро́ший	иностра́нка	письмо́
учи́тель	англича́нка	родно́й		иностра́нный	
учени́к	англи́йский				
уче́бник	по-англи́йски				

Of course, they are grouped together because they have a common root, which helps us to guess the *general* meaning of the words. However, to be able to determine the *exact* meaning of a word, you must study Russian derivational patterns. You began studying them in Lesson 5, Book Б. In this book you will be taking a closer look at them.

 Exercise 4. Complete the sentences and write them down in your exercise-book. The diagram will help you.

Это шко́ла. Здесь ... Оле́г Соколо́в. Его́ ... говори́т: «Оле́г – хоро́ший ...». Оле́г уже́ непло́хо говори́т по-англи́йски. Он всегда́ хорошо́ ... но́вые слова́. Вот его́ стол. Здесь его́ тетра́дь и англи́йский ....

 Exercise 5. Give short answers to the questions. (The diagram will help you.) Write down the answers in your exercise-book.

1. Что э́то? 2. Кто здесь живёт? 3. Како́й язы́к – их родно́й язы́к? 4. Э́то Ше́йла и её оте́ц. Кто он? 5. Э́то Ше́йла и её мать. Кто её мать? 6. Они́ говоря́т по-ру́сски?

 Exercise 6. Translate into Russian. Do you remember that the Russian equivalents of the English "man" are *муж* and *мужчи́на*?

This is Maria Sergeyevna Sokolova. And that man is Nikolai Ivanovich Sokolov. He is her husband. They are man and wife.

Exercise 7. Read the words. How do the words in the first column differ from those in the second column (in form and in meaning)?

I	II
америка́нец	– америка́нка
иностра́нец	– иностра́нка
крестья́нин	– крестья́нка
англича́нин	– англича́нка
тури́ст	– тури́стка
учени́к	– учени́ца
учи́тель	– учи́тельница

You must have noticed that the words in Column I denote males. They have the suffixes **-ец, -ик, -тель, -ин, -ист** and belong to the masculine gender.

The words in Column II denote females and belong to the feminine gender. They have the suffix **-к-а** or **-ц-а (-ниц-а).**

This derivation is extremely productive in Russian.

Exercise 8. Read the pairs of words. Why are they grouped in pairs?

муж – жена́	бы́стро – ме́дленно
дочь – мать	гро́мко – ти́хо
брат – сестра́	мно́го – ма́ло
роди́тели – де́ти	пло́хо – хорошо́
сын – оте́ц	там – здесь
ма́льчик – де́вочка	туда́ – сюда́
мужчи́на – же́нщина	давно́ – неда́вно
учени́к – учи́тель	ме́дленно – бы́стро
го́род – дере́вня	сего́дня – вчера́
спра́шивать – отвеча́ть	бе́лый – чёрный
писа́ть – чита́ть	большо́й – ма́ленький
говори́ть – слу́шать	ста́рый – но́вый
стоя́ть – лежа́ть	ста́рый – молодо́й
пить – есть	хоро́ший – плохо́й
	пе́рвый – после́дний

These are obviously words of opposite meanings.

You must have guessed the meanings of the words *ме́дленно* and *ма́ло*. Consult your dictionary to check.

Exercise 9. Give short answers to the questions. (For this you will need many of the words from the preceding exercise.) Write down the answers in your exercise-book.

Model: Москва́ – *ма́ленький* го́род? – Нет, *большо́й*.

1. Москва́ – *ма́ленький* го́род? 2. Янва́рь – *после́дний* ме́сяц? 3. Ста́рые лю́ди обы́чно говоря́т *гро́мко*? 4. Хоро́шие студе́нты занима́ются *ма́ло*? 5. Ше́йла живёт в Москве́ *давно́*? 6. Ше́йла *пло́хо* говори́т по-английски? 7. Ка́тя – *больша́я* де́вочка? 8. Её де́душка – *молодо́й* челове́к? 9. Её мать – *ста́рая* же́нщина? 10. Её ба́бушка – *молода́я* же́нщина? 11. Плохо́й учени́к занима́ется *мно́го*? 12. Как вы ду́маете, Джон говори́т по-ру́сски *бы́стро*? 13. Вот дома́. Здесь живу́т крестья́не. Это *го́род*? 14. Понеде́льник, вто́рник, среда́ – это *ме́сяцы*? 15. Май, ию́нь, ию́ль – это *дни неде́ли*? 16. Это Оле́г Соколо́в. Соколо́в – это его́ *и́мя*? 17. Это Ка́тя Соколо́ва. Ка́тя – это её *фами́лия*? 18. Ка́тя – *ма́льчик*? 19. Оле́г – *де́вочка*? 20. «М» – это *сло́во*? 21. «Москва́» – это *бу́ква*? 22. «Москва́ – столи́ца СССР» – это *сло́во*? 23. «Пра́вда» – это сове́тский *журна́л*?

Before reading the texts, you should do the following exercises. Exercises of this type will help you feel at home when reading the texts. Try to do the exercises as quickly as possible.

17

Exercise 10. In each horizontal row, find the word with the same root as the first word.

Example: 1 c (слова́рь)

		a	b	c	d
1.	сло́во	слу́шать	соль	слова́рь	сюда́
2.	ро́дина	река́	руба́шка	ру́чка	родно́й
3.	родно́й	большо́й	роди́тели	ребёнок	ру́чка
4.	страна́	стака́н	каранда́ш	иностра́нец	столи́ца
5.	домо́й	мой	жёлтый	зелёный	дом
6.	футболи́ст	фами́лия	пло́щадь	у́лица	футбо́л
7.	учи́ть	уро́к	уче́бник	язы́к	шарф
8.	письмо́	пить	петь	писа́ть	понима́ть
9.	молодо́й	муж	молодёжь	мост	мо́ре

Exercise 11. In each horizontal row, find the word which answers the question что? (Of course, you remember that it must be a noun.)

Example: 1 b (молоко́)

		a	b	c	d
1.	хорошо́	молоко́	краси́во	пло́хо
2.	ти́хо	гро́мко	сло́во	пра́вильно
3.	я́блоко	немно́го	э́то	ма́ло
4.	пра́вильно	письмо́	мно́го	краси́во

Exercise 12. In each horizontal row, find the word which answers the question как? (It must be an adverb.)

Example: 1 a (хорошо́)

		a	b	c
1.	хорошо́	я́блоко	сло́во
2.	молоко́	непло́хо	письмо́
3.	окно́	пра́вильно	оно́
4.	метро́	пальто́	краси́во
5.	кино́	его́	гро́мко

Exercise 13. In each horizontal row, find the word which answers the question кто? or что? (It must be a noun.)

Example: 1 a (дверь)

		a	b	c
1.	дверь	здесь	жить
2.	де́лать	день	пить
3.	игра́ть	о́чень	соль
4.	газе́та	всегда́	когда́
5.	учи́ть	люби́ть	календа́рь
6.	трамва́й	како́й	мой
7.	чай	чей	твой
8.	мой	по-ру́сски	де́ньги
9.	предложе́ние	си́ние	после́дние

Exercise 14. In each horizontal row, find the word with the opposite meaning to that of the first word.

Example: A. 1 d (ста́рый)

		a	b	c	d
A.	1. но́вый	молодо́й	иностра́нный	после́дний	ста́рый
	2. ста́рый	чёрный	хоро́ший	молодо́й	англи́йский
	3. после́дний	голубо́й	жёлтый	пе́рвый	зелёный
	4. хоро́ший	плохо́й	кра́сный	ма́ленький	кори́чневый
	5. ма́ленький	но́вый	после́дний	ста́рый	большо́й
B.	1. бы́стро	вме́сте	всегда́	ме́дленно	давно́
	2. гро́мко	до́ма	пра́вильно	здесь	ти́хо
	3. мно́го	домо́й	когда́	ма́ло	краси́во
	4. пло́хо	ме́дленно	неда́вно	немно́го	хорошо́
	5. там	туда́	сего́дня	сейча́с	здесь
	6. туда́	там	сюда́	куда́	где
C.	1. спра́шивать	говори́ть	отвеча́ть	игра́ть	идти́
	2. говори́ть	знать	слу́шать	занима́ться	жить
	3. стоя́ть	люби́ть	изуча́ть	кури́ть	лежа́ть

Exercise 15. In each horizontal row, find the word with the most general meaning.

Example: 1 d (мужчи́на)

	a	b	c	d	e
1.	учи́тель	крестья́нин	студе́нт	мужчи́на	сосе́д
2.	иностра́нка	учи́тельница	же́нщина	крестья́нка	сосе́дка
3.	музе́й	зда́ние	магази́н	теа́тр	общежи́тие
4.	понеде́льник	среда́	суббо́та	день	четве́рг

Exercise 16. In each horizontal row, find the word whose meaning does not match those of the other words.

Example: 1 d (плохо́й)

	a	b	c	d	e
1.	бе́лый	чёрный	голубо́й	плохо́й	си́ний
2.	се́рый	кори́чневый	кра́сный	жёлтый	молодо́й
3.	брат	сестра́	мать	учи́тельница	дочь
4.	жена́	муж	оте́ц	сын	спортсме́н
5.	роди́тели	сыновья́	сёстры	сосе́ди	де́ти
6.	стол	стул	шкаф	го́род	по́лка
7.	ви́лка	ло́жка	ключ	нож	таре́лка
8.	пла́тье	ю́бка	брю́ки	портфе́ль	плащ
9.	неде́ля	ме́сяц	год	со́лнце	день
10.	газе́та	кни́га	бу́ква	журна́л	уче́бник
11.	хлеб	я́блоко	цвето́к	сыр	соль
12.	пло́хо	ме́дленно	хорошо́	до́ма	краси́во

And now let us read these jokes. If you like them, tell them to your friends.

пей drink

Б а́ б у ш к а: – Пей молоко́! Твой брат большо́й, потому́ что он лю́бит молоко́.

почему́ why

В н у к: – А почему́ ко́шка ма́ленькая? Ведь она́ то́же о́чень лю́бит молоко́.

You must have guessed the meanings of the words *потому́ что, ба́бушка, внук*. Consult your dictionary to make sure you have guessed right.

беспоко́иться to worry
дорога́я darling

– Где де́ти?
– Не беспоко́йся, дорога́я, они́ спят.

рыболо́в angler

– Мой па́па – баскетболи́ст!
– А мой – рыболо́в!

1. What is the English for *баскетболи́ст*? What other word modelled on the same pattern do you know?
2. Whose father do you think is an angler?

 As you know, Sheila is an English student studying at Moscow University. Read the letter she has written to her relatives.

Москва́, 18 октября́

насто́йчиво hard
в свобо́дное вре́мя in one's spare time
как всегда́ as usual

Дороги́е ма́ма, па́па, брат и сестра́!
Я живу́ хорошо́. Мно́го занима́юсь. Насто́йчиво изуча́ю ру́сский язы́к. В свобо́дное вре́мя, как всегда́, мно́го рису́ю и фотографи́рую.

У меня́ здесь уже́ есть друзья́. Э́то ру́сские: Ната́ша, Ма́ша и Ви́ктор, англича́нин Майкл и америка́нец Джон.

Мы все у́чимся в университе́те. Майкл и Джон, как и я, бу́дущие фило́логи, Ната́ша–бу́дущий матема́тик, Ма́ша–хи́мик, а Ви́ктор–фи́зик.

Мои́ ру́сские друзья́ изуча́ют англи́йский язы́к, и мы разгова́риваем по-ру́сски и по-англи́йски.

А э́то–мы в гостя́х. Наш преподава́тель Никола́й Ива́нович Соколо́в не то́лько прекра́сный преподава́тель, но и до́брый, весёлый челове́к. Его́ жена́ Мари́я Серге́евна–врач. Их сын Оле́г–шко́льник, а дочь Ка́тя ещё не у́чится.

В свобо́дное вре́мя мы мно́го гуля́ем по Москве́. Ско́ро я пришлю́ но́вые фотогра́фии.

До свида́ния. Целу́ю.

Ва́ша Ше́йла.

уже́ already

учи́ться в университе́те to study at the University

как и я like me
бу́дущий future
фило́лог philologist

в гостя́х visiting
не то́лько..., но и... not only... but also...
до́брый kind
весёлый cheerful
врач doctor
шко́льник schoolboy
гуля́ть по Москве́ to walk in Moscow
ско́ро soon
я пришлю́ I will send
целу́ю many kisses

в свобо́дное вре́мя (к о г д а́?)
гость *m.*
в гостя́х (г д е?)
ещё ≠ уже́

A. In Sheila's letter, find the sentences which tell of:

1. what Sheila and her friends are going to be;
2. how she studies;
3. how she lives;
4. what she likes doing in her spare time;
5. the fact that their teacher's son goes to school.

B. Read the sentences. Which sentences contradict what Sheila has written in her letter?

1. Ше́йла ма́ло занима́ется. 2. Она́ живёт хорошо́. 3. У неё есть ру́сские друзья́. 4. У неё есть то́лько ру́сские друзья́. 5. Она́ насто́йчиво изуча́ет ру́сский язы́к. 6. Она́ не лю́бит фотографи́ровать. 7. Ше́йла и её друзья́ говоря́т то́лько по-ру́сски. 8. Ше́йла и её друзья́–студе́нты.

C. Which of Sheila's friends studies mathematics, which physics and which chemistry?

Now you have begun reading Russian. If you like it, go on to the next chapter.
We wish you success in your studies.

21

KEY TO THE EXERCISES

Exercise 2. фами́лия, фами́лия, семья́.

Exercise 4. у́чится, учи́тель, учени́к, у́чит, учѐбник.

Exercice 5. 1. А́нглия. 2. англича́не. 3. англи́йский. 4. англича́нин. 5. англича́нка. 6. по-англи́йски.

Exercise 6. Э́то Мари́я Серге́евна Соколо́ва. А э́тот мужчи́на – Никола́й Ива́нович Соколо́в. Он её муж. Они́ муж и жена́.

Exercise 9. 2. пе́рвый. 3. ти́хо. 4. мно́го. 5. неда́вно. 6. хорошо́. 7. ма́ленькая. 8. ста́рый. 9. молода́я. 10. ста́рая. 11. ма́ло. 12. ме́дленно. 13. дере́вня. 14. дни неде́ли. 15. ме́сяцы. 16. фами́лия. 17. и́мя. 18. де́вочка. 19. ма́льчик. 20. бу́ква. 21. сло́во. 22. предложе́ние. 23. газе́та.

Exercise 10. 2d, 3b, 4c, 5d, 6d, 7b, 8c, 9b.

Exercise 11. 2c, 3a, 4b.

Exercise 12. 2b, 3b, 4c, 5c.

Exercise 13. 2b, 3c, 4a, 5c, 6a, 7a, 8c, 9a.

Exercise 14. A. 2c, 3c, 4a, 5d; B. 1c, 2d, 3c, 4d, 5d, 6b; C. 1b, 2b, 3d.

Exercise 15. 2c, 3b, 4d.

Exercise 16. 2e, 3d, 4e, 5d, 6d, 7c, 8d, 9d, 10c, 11c, 12d.

Exercise B. 1, 4, 6, 7.

CHAPTER TWO

Dear Friend,

To be able to study this chapter, you must remember the following grammar (dealt with in the Second Concentric Cycle of Book Б):

1. The prepositional of personal pronouns and the prepositional singular of nouns used to denote place (где?), time (когда?), and the object of thought or speech (о ком? о чём?).

2. The accusative of personal pronouns and the accusative singular of nouns used to denote the object of an action (кого? что?), direction (куда?) and time (когда?).

3. The use of the prepositions **в, на** and **о.**

4. The tense system of the Russian verb.

5. The main uses of imperfective and perfective verbs, and the main types of formation of aspect pairs.

6. The use of the imperative.

7. The main uses of the verb **быть.**

8. The use of the infinitive after the words **мóжно, нýжно.**

9. The use of sentences of the following types: Этот журнáл нóвый. Здесь **(не)** кýрят. Он **никогдá нé был** в Москвé. Онá мнóго занимáется, **потомý что** хóчет хорошó говори́ть по-рýсски. **Когдá** я отдыхáю, я слýшаю мýзыку. Я бýду смотрéть телеви́зор, **éсли** бýдет хорóшая передáча.

We hope you remember the new words from the Second Concentric Cycle of Book Б and from Chapter One of Book Д, which you studied simultaneously.

Among those words we can also distinguish words with similar meanings and spelling in English and in Russian.

áдрес	концéрт	поликли́ника
аэродрóм	кóсмос	спортсмéн
банк	лéкция	стадиóн
баскетболи́ст	литератýра	телегрáф
вáза	матемáтик	тéннис
волейбóл	матч	университéт
гитáра	метрó	факультéт
интерéсный	модéль	флаг
кафé	мýзыка	филóлог
класс	пассажи́р	фонтáн
клуб	план	центр
		экскýрсия

Special care should be taken to discriminate between the following English and Russian words, which have a similar spelling but may differ in meaning:

Консерватóрия means "conservatoire (of music)". It does not mean "conservatory", "greenhouse".

Курс. In sentences of the Он у́чится на пе́рвом *ку́рсе* type курс is not translated by "course" ("He is a first-year student".)

Проспе́кт means "avenue", "fine wide street". It can also mean "prospectus", "circular".

Фи́зик means "physicist". It does not mean either "physic" or "physician".

Фильм means only "film, picture". It does not have the other meanings of the English word "film".

Фотогра́фия means either "photograph" or "photography".

Хара́ктер means "mental or moral constitution". It does not mean "personage".

 And now let us take a closer look at some of the Russian words you came across in the Second Concentric Cycle of Book Б, and in Chapter One of Book Д.

Exercise 1. Read the words. What parts of speech do they belong to? What formal features have helped you to determine the part of speech?

хо́лодно – холо́дный	краси́во – краси́вый
гря́зно – гря́зный	пло́хо – плохо́й
вку́сно – вку́сный	хорошо́ – хоро́ший
вре́дно – вре́дный	тру́дно – тру́дный

The words in the first column are obviously adverbs and those in the second column adjectives formed from the same roots. The formal feature of adjectives is the ending **-ый, -ий,** or **-ой,** and that of adverbs the final letter **-о.** (Do not confuse them with neuter nouns of the *окно́* type!) Since this derivational pattern is very simple, you surely had no difficulty in inferring the meaning of the words *вку́сно* and *вре́дно*.

Exercise 2. Read the words in the three columns. What parts of speech do they belong to? What questions do they answer?

весна́	весно́й	весе́нний
зима́	зимо́й	зи́мний
ле́то	ле́том	ле́тний
о́сень	о́сенью	осе́нний
у́тро	у́тром	у́тренний
ве́чер	ве́чером	вече́рний

The words in the first column are obviously nouns and answer the question что? The words in the third column are adjectives and answer the question како́й? The most difficult words to define are those in the second column, which are adverbs (answering the question когда́?), since, apart from the suffix **-о**, adverbs have no formal features distinguishing them from other parts of speech.

You surely had no difficulty in understanding the meanings of the words *у́тро, у́тренний, осе́нний* and *вече́рний*.

Exercise 3. Read the words. You will see that they all denote persons. Write them down in your exercise-book in three columns (a) words denoting men, (b) words denoting women, and (c) words denoting both men and women.

Пассажи́р, хозя́йка, продавщи́ца, иностра́нец, инжене́р, перево́дчик, спорт-сме́нка, иностра́нка, врач, пассажи́рка, това́рищ, перево́дчица, спортсме́н, хи́-мик, шко́льница, фи́зик, хозя́ин, шко́льник, матема́тик.

You probably found the last group (c) the most difficult. We hope you included the following words in the third column *инжене́р, врач, това́рищ, хи́мик, фи́зик, матема́тик.*
In Russian, the preceding words are used with respect to both men and women:

Това́рищ Соколо́в! Това́рищ Соколо́ва! Здесь рабо́тают врач Петро́в и врач Петро́ва. Э́то инжене́р Ники́тин и инжене́р Ники́тина. Его́ сестра́—хи́мик, его́ дочь—фи́зик, а его́ жена́—матема́тик.

Exercise 4. In the second group, find the words with the same roots as those in the first group.

Example: гость – гости́ница

I. гость, обе́дать, вчера́, полчаса́, ма́ленький, о́сень, писа́тель, за́втра, вре́дно, рисова́ть, иностра́нец, мо́да, вку́сный, переда́ча, америка́нец, так, хо-ло́дный, дом, весна́, шко́ла, ве́чер, рабо́тать, подру́га, тру́дный, молодо́й, кра-си́во, центра́льный, пло́хо;

II. позавчера́, осе́нний, обе́д, гости́ница, вку́сно, ма́ло, вре́дный, тако́й хо́лодно, передава́ть, послеза́втра, часы́, рису́нок, мо́дный, иностра́нный, рабо́-та, час, письмо́, до́ма, молодёжь, друг, тру́дно, весно́й, америка́нский, шко́ль-ница, краси́вый, Аме́рика, весе́нний, шко́льник, ве́чером, писа́ть, по-америка́нски, домо́й, центр, плохо́й, вече́рний.

Exercise 5. Read the words. Why are they grouped in pairs?

весна́ – о́сень	тру́дный – лёгкий	позавчера́ – послеза́втра
ле́то – зима́	зи́мний – ле́тний	везде́ – нигде́
война́ – мир	весе́нний – осе́нний	всегда́ – никогда́
за́втрак – у́жин	плохо́й – хоро́ший	ве́чером – у́тром
у́тро – ве́чер	весёлый – гру́стный	тру́дно – легко́
день – ночь		ре́дко – ча́сто
не́бо – земля́	мо́жно – нельзя́	вре́дно – поле́зно
	весно́й – о́сенью	
	ле́том – зимо́й	
	вчера́ – за́втра	

вспомина́ть – забыва́ть	начина́ть – конча́ть
брать – дава́ть	рабо́тать – отдыха́ть
надева́ть – снима́ть	открыва́ть – закрыва́ть
за́втракать – у́жинать	посыла́ть – получа́ть

Yes, you are right. They are grouped in pairs because they have the opposite meanings. You must have guessed the meaning of the words: *война́, ночь, земля́, лёгкий, гру́стный, нигде́, ле́то, поле́зно, вспомина́ть, закрыва́ть, снима́ть, дава́ть.*
Consult your dictionary to make sure you have guessed right.

Exercise 6. Give short answers to the questions. For this you will need many of the words from the preceding exercise.

Model: Янва́рь – *ле́тний* ме́сяц? – Нет, *зи́мний.*

Как вы думаете? What do you think?

кури́тельная ко́мната smoking-room

(a) 1. Янва́рь – *ле́тний* ме́сяц? 2. Ию́ль – *зи́мний* ме́сяц? 3. Май – *осе́нний* ме́сяц? 4. Октя́брь – *весе́нний* ме́сяц?

(b) 1. Как вы ду́маете, кури́ть *поле́зно*? 2. Гуля́ть в лесу́ *вре́дно*? 3. Изуча́ть ру́сский язы́к *тру́дно*? 4. Пригото́вить вку́сный обе́д *легко́*? 5. Снег идёт *весно́й*? 6. Обы́чно дождь идёт *зимо́й*? 7. Сего́дня среда́. Пя́тница бу́дет *за́втра*? 8. Сего́дня среда́. Понеде́льник был *вчера́*? 9. В метро́ в Москве́ кури́ть *мо́жно*? 10. Вот кури́тельная ко́мната. Здесь кури́ть *нельзя́*? 11. Обы́чно все иду́т на рабо́ту *ве́чером*? 12. *Когда́* вы бы́ли в Антаркти́де?

(c) 1. Де́ти иду́т в шко́лу. Сейча́с *ве́чер*? 2. Семья́ у́жинает. Сейча́с *у́тро*? 3. Семья́ за́втракает. Сейча́с *ве́чер*? 4. В до́ме ти́хо. Все спят. Сейча́с *день*?

(d) 1. У́тро. В э́то вре́мя вы *у́жинаете*? 2. Ве́чер. В э́то вре́мя вы *за́втракаете*? 3. Начался́ дождь. Вы *снима́ете* плащ? 4. Дождь ко́нчился. Вы *надева́ете* плащ? 5. Вы идёте на рабо́ту. Вы берёте ключ и *открыва́ете* дверь? 6. Сего́дня хоро́шая весе́нняя пого́да. Вы *закрыва́ете* окно́ в ко́мнате? 7. У вас день рожде́ния. Вы *посыла́ете* поздрави́тельные пи́сьма? 8. В понеде́льник, вто́рник, сре́ду, четве́рг и пя́тницу лю́ди обы́чно *отдыха́ют*? 9. В суббо́ту и воскресе́нье лю́ди обы́чно *рабо́тают*?

Exercise 7. Give short answers to the questions. (To do this exercise and the exercises which follow, you must remember the words from Chapter One of this book and from the Second Concentric Cycle of Book Б.)

Model: – Вы хоти́те пойти́ в кино́. Что вам на́до купи́ть? – Биле́ты.

ска́зка fairy-tale

го́рький bitter

1. Вы хоти́те пойти́ в кино́. Что вам на́до купи́ть? 2. У Ка́ти цветы́. Она́ хо́чет поста́вить их в во́ду. Что она́ и́щет? 3. Де́ти игра́ют на ковре́. Где лежи́т ковёр? 4. Де́ти лю́бят игра́ть на полу́. Куда́ мать положи́ла ковёр? 5. Оле́г и его́ друзья́ хотя́т поигра́ть в футбо́л. Где э́то мо́жно сде́лать? 6. Э́то авто́бус. Там сидя́т лю́ди. Кто они́? 7. Де́душка и вну́ки сидя́т на дива́не. Де́душка расска́зывает ска́зку. Что де́лают вну́ки? 8. Ба́бушка и вну́чка сидя́т в кре́сле. Вну́чка слу́шает ска́зку. Что де́лает ба́бушка? 9. Вну́чка внима́тельно слу́шает ба́бушку. Кака́я э́то ска́зка? 10. Вот чёрный ко́фе. Он го́рький. Что на́до положи́ть в ча́шку? 11. Э́ти де́вушки всегда́ вме́сте: вме́сте занима́ются в библиоте́ке, вме́сте игра́ют в те́ннис, вме́сте смо́трят но́вые фи́льмы. Кто они́?

Exercise 8. Complete the sentences, supplying the words required by the sense.

Вы по́мните, что Никола́й Ива́нович – преподава́тель в университе́те, его́ жена́ – врач, его́ сын Оле́г – шко́льник, а дочь Ка́тя ещё не у́чится.

де́тский сад kindergarten

1. У́тро. Оле́г идёт ..., Мари́я Серге́евна идёт..., Никола́й Ива́нович идёт ..., а Ка́тя ... в де́тский сад. 2. В воскресе́нье Соколо́вы пойду́т в кино́, потому́ что у них бу́дет свобо́дное .... Они́ хотя́т посмотре́ть но́вый америка́н-

ский фильм. 3. В воскресе́нье де́ти бу́дут мно́го гуля́ть, е́сли не бу́дет идти́ си́льный ... .

Exercise 9. Complete the sentences, supplying the words required by the sense.

1. Ната́ша не захоте́ла пойти́ в теа́тр. Она́ была́ це́лый ве́чер гру́стная, у неё бы́ло плохо́е настрое́ние ... . 2. Майкл – хоро́ший футболи́ст, он хорошо́ игра́ет в ... . 3. Ка́ждое у́тро мы слу́шаем по ра́дио после́дние ... . 4. Како́й фильм ... сего́дня в клу́бе? 5. Не на́до мно́го кури́ть, это о́чень ... . 6. Сове́тские и америка́нские космона́вты вме́сте бы́ли в ... . 7. Прочита́йте э́ту газе́ту: там есть интере́сная ... о ко́смосе. 8. Это большо́е зда́ние – Моссове́т.[1] На зда́нии виси́т ... флаг.

космона́вт cosmonaut, astronaut

To learn to read fluently, you should do the following exercises. Try to do them as quickly as possible.

Exercise 10. In each horizontal row, find the word which answers the question кто? or что? (It must be a noun.)

Example: 1 e (о́сень)

	a	b	c	d	e
1.	быва́ть	о́чень	отдыха́ть	де́лать	о́сень
2.	есть	ду́мать	дождь	повторя́ть	рабо́тать
3.	начина́ть	но́вость	отвеча́ть	ду́мать	звони́ть
4.	мечта́ть	чи́стить	отдыха́ть	ночь	люби́ть
5.	плохи́е	мой	брю́ки	ва́ши	на́ши
6.	здесь	уме́ть	ви́деть	дверь	целова́ть
7.	во́лосы	ва́ши	твой	вре́дные	незнако́мые
8.	на́ши	си́ние	очки́	зи́мние	дороги́е
9.	де́ньги	твой	мой	таки́е	но́чью
10.	покупа́ть	чита́ть	жить	чи́стить	жизнь
11.	моё	холо́дное	мо́дное	моро́женое	хоро́шее
12.	уме́ть	е́хать	молодёжь	иска́ть	пока́зывать
13.	нигде́	пла́тье	где	везде́	
14.	туда́	вчера́	война́	за́втра	
15.	когда́	пого́да	сюда́	всегда́	
16.	куда́	туда́	до́ма	переда́ча	
17.	семья́	моя́	нельзя́	чья	
18.	снима́ть	надева́ть	о́бувь	иска́ть	
19.	седо́й	музе́й	домо́й	весно́й	
20.	чья	земля́	твоя́	сюда́	

---

[1] **Моссове́т**, Moscow City Council of People's Deputies.

Exercise 11. In each horizontal row, find the word which answers the question что? (Obviously, it must be a noun too.)

Example: 1 a (госуда́рство)

	a	b	c	d
1.	госуда́рство	внима́тельно	бы́стро	хорошо́
2.	жа́рко	вку́сно	ма́сло	вре́дно
3.	давно́	поле́зно	у́тро	до́лго
4.	пра́вильно	прави́тельство	мо́жно	ме́дленно
5.	ме́сто	обы́чно	насто́йчиво	немно́го
6.	сла́дко	ча́сто	мя́со	краси́во
7.	неожи́данно	сты́дно	ну́жно	не́бо
8.	ле́то	обы́чно	одновре́менно	ре́дко

Exercise 12. In each horizontal row, find the word with the most general meaning.

Example: 1 c (есть)

	a	b	c	d
1.	за́втракать	у́жинать	есть	обе́дать
2.	шко́ла	гости́ница	поликли́ника	зда́ние
3.	врач	гость	космона́вт	челове́к
4.	хозя́ин	пассажи́р	продаве́ц	мужчи́на
5.	роди́тели	това́рищи	друзья́	лю́ди
6.	плато́к	коро́бка	вещь	карти́на
7.	неве́ста	хозя́йка	же́нщина	продавщи́ца

Exercise 13. In each horizontal row, find the word whose meaning does not match those of the other words.

Example: 1 d (снег)

	a	b	c	d
1.	уро́к	ле́кция	собра́ние	снег
2.	обе́д	у́жин	хлеб	за́втрак
3.	стака́н	обе́д	ча́шка	ва́за
4.	вода́	чай	мя́со	молоко́
5.	кре́сло	дива́н	шкаф	шарф
6.	у́тро	ве́чер	ве́тер	ночь
7.	мо́крый	свобо́дный	холо́дный	гря́зный
8.	ве́чером	но́чью	днём	до́ма
9.	о́сенью	всегда́	ле́том	зимо́й
10.	за́втра	позавчера́	нельзя́	сего́дня
11.	велосипе́д	маши́на	земля́	авто́бус

Exercise 14. In each horizontal row, find the word which answers the question что де́лает?

Example: 1 e (смеётся)

	a	b	c	d	e
1.	ве́шаю	ви́дишь	смея́ться	включа́ем	смеётся
2.	вспомина́ете	встаёшь	находи́ться	нахо́дится	встреча́ем
3.	говори́шь	учи́ться	у́чится	ска́жут	гуля́ем

4. беспоко́иться	де́лать	ду́мать	беспоко́ится	есть
5. ем	едя́т	конча́ться	ешь	конча́ется
6. начина́ется	е́хать	ждать	начина́ться	живу́
7. забу́ду	продолжа́ться	за́втракаю	продолжа́ется	зна́ешь
8. игра́ете	и́щете	ката́ется	ката́ться	курю́
9. наде́ну	улыба́ться	улыба́ется	кладёте	обе́даю
10. за́втракать	знать	занима́ется	занима́ться	петь

Exercise 15. In each horizontal row, find an infinitive and a finite form derived from it.

Example: 1 a–d (взять – возьму́)

	a	b	c	d	e
1.	взять	ве́шаю	ви́жу	возьму́	включа́ю
2.	ви́деть	вспомина́ю	встаю́	встреча́ю	ви́жу
3.	сиди́м	встава́ть	вста́ну	встать	встре́чу
4.	поиска́ть	есть	уви́дим	еди́м	дади́м
5.	вспо́мню	пое́м	положу́	покурю́	пое́сть
6.	ждут	ждёшь	живу́	жить	жди́те
7.	забу́ду	зна́ю	бу́ду	зна́ют	забы́ть
8.	идёшь	пойдёшь	позвоню́	пойти́	положи́ть
9.	иска́ть	иду́	игра́ю	изучу́	ищу́
10.	иду́	бу́ду	кладу́	курю́	класть
11.	наде́ну	начина́ю	находи́ться	наде́ть	мечта́ть
12.	объясня́ть	начну́	мечта́ть	начина́ть	нача́ть
13.	открыва́ть	объясня́ть	откро́ю	обе́дать	откры́ть
14.	переводи́ть	звони́ть	положи́ть	перевожу́	прочита́ть
15.	пить	петь	повторя́ть	покупа́ю	пою́
16.	поздра́вить	получа́ть	понима́ю	поздра́влю	посижу́
17.	повторю́	куплю́	покупа́ть	посиде́ть	купи́ть
18.	сижу́	слу́шаю	спрошу́	ста́вить	сиде́ть
19.	спо́рить	ста́вить	поста́влю	поста́вить	спроси́ть
20.	рассказа́ть	расска́зывать	расскажу́	решу́	реша́ю
21.	учи́ть	хоте́ть	уме́ть	хочу́	захоте́ть
22.	хочу́	целу́ю	поцелу́ю	целова́ть	учу́сь
23.	получа́ть	получи́ть	перевести́	перевози́ть	переведу́
24.	встре́чу	встреча́ю	ви́жу	встре́тить	вспо́мнить

Exercise 16. In each horizontal row, find the imperfective verb. What formal features have helped you?

Example: 1 c (спра́шивать – the suffix **-ива-**)

	a	b	c	d	e
1.	суме́ть	спеть	спра́шивать	сде́лать	спроси́ть
2.	рассказа́ть	расска́зывать	сказа́ть	поспо́рить	вы́учить
3.	открыва́ть	поцелова́ть	посиде́ть	уви́деть	откры́ть
4.	позвони́ть	узна́ть	забыва́ть	забы́ть	подожда́ть
5.	осмотре́ть	осма́тривать	пригото́вить	купи́ть	получи́ть
6.	взять	встава́ть	встать	наде́ть	поня́ть
7.	дать	сде́лать	дава́ть	подожда́ть	поза́втракать

8. позвони́ть	надева́ть	вы́пить	спеть	наде́ть
9. отве́тить	объясня́ть	повтори́ть	пригласи́ть	объясни́ть
10. вспо́мнить	приглаша́ть	захоте́ть	пове́сить	пригласи́ть
11. прове́рить	класть	проверя́ть	перевести́	поня́ть
12. встре́тить	встреча́ть	вы́пить	послу́шать	посиде́ть
13. поздра́вить	поду́мать	поздравля́ть	поду́ть	позвони́ть
14. изучи́ть	вы́учить	пове́сить	изуча́ть	поста́вить
15. конча́ть	прове́рить	ко́нчить	откры́ть	спроси́ть
16. получи́ть	пригласи́ть	купи́ть	получа́ть	вспо́мнить
17. объясни́ть	отве́тить	улыбну́ться	отвеча́ть	реши́ть

Exercise 17. In each horizontal row, find the verb form expressing a request or a command.

Example: 1 c (дай)

	a	b	c	d
1.	домо́й	трамва́й	дай	мой
2.	пой	зимо́й	большо́й	твой
3.	май	чей	музе́й	пей
4.	дверь	жизнь	гото́вь	о́бувь
5.	ищи́	ве́щи	това́рищи	плащи́
6.	такси́	кури́	словари́	роди́тели
7.	поста́вь	пло́щадь	молодёжь	петь
8.	ию́нь	наде́нь	день	о́сень
9.	учи́сь	здесь	гость	есть
10.	ешь	мышь	стои́шь	спеши́шь

Exercise 18. (a) Read through the first group of words which are verb forms expressing a request or a command; (b) In the second group, find the infinitive corresponding to each of the verb forms in the first group.

Example: пей – пить.

I. пей, поцелу́й, пой, дай, клади́, ешь, встань, пойми́, будь, возьми́, наде́нь, переведи́, расскажи́, живи́, начни́, откро́й, забу́дь, начина́й;

II. быть, начина́ть, нача́ть, встава́ть, встать, открыва́ть, откры́ть, пить, дава́ть, петь, дать, класть, забы́ть, жить, расска́зывать, рассказа́ть, переводи́ть, перевести́, есть, надева́ть, наде́ть, поцелова́ть, поня́ть, взять.

Exercise 19. In which sentences do the italicised words answer the question куда́? and in which do they answer the question где?

1. Мы бы́ли в музе́е *в суббо́ту*. 2. Де́ти иду́т *в шко́лу*. 3. Я иду́ *на рабо́ту*. 4. Её пла́тья вися́т *в шкафу́*. 5. Мы бы́ли в теа́тре *в сре́ду*. 6. Кре́сло стои́т *в углу́*. 7. Он пове́сил карти́ну *на сте́ну*. 8. Он поста́вил кни́гу *на по́лку*. 9. Де́ти игра́ют *на полу́*. 10. Студе́нты е́дут *на ро́дину*.

Exercise 20. Foreign students of Russian often confuse the verbs

ста́вить – поста́вить			стоя́ть	
класть – положи́ть	что? куда́?		лежа́ть	где?
ве́шать – пове́сить			висе́ть	

Look at the pictures, read the captions and try to remember the meanings of these verbs.

Куда́ она́ *ста́вит* ва́зу?
Она́ *ста́вит* ва́зу на стол.

Она́ *поста́вила* ва́зу на стол.

Где тепе́рь *стои́т* ва́за?
Ва́за *стои́т* на столе́.

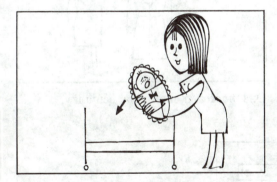

Куда́ она́ *кладёт* ребёнка?
Она́ *кладёт* ребёнка в крова́тку. (кро-
ва́тка *dim. of* крова́ть cot)

Она́ *положи́ла* ребёнка в крова́тку.

Где тепе́рь *лежи́т* ребёнок?
Ребёнок *лежи́т* в крова́тке.

Куда́ она́ *кладёт* письмо́?

Она́ *кладёт* письмо́ в конве́рт.
Она́ *положи́ла* письмо́ в конве́рт и пи́шет а́дрес.

Где тепе́рь *лежи́т* письмо́?
Письмо́ *лежи́т* в конве́рте.

Куда́ она́ *ве́шает* плащ?
Она́ *ве́шает* плащ на ве́шалку.

Она́ *пове́сила* плащ на ве́шалку.

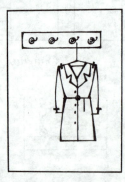

Где тепе́рь *виси́т* плащ?
Плащ *виси́т* на ве́шалке.

And now work at the texts and do the exercises. In some texts you will come across your old friends Sheila, John, Michael, Natasha and Victor.

Read the text. Is Natasha a good hostess?

ДЕНЬ РОЖДЕ́НИЯ

Сего́дня Ната́ша о́чень весёлая: у неё день рожде́ния и её друзья́ приду́т в го́сти. Она́ ждёт их. Она́ пригото́вила сего́дня вку́сный обе́д: ведь Ната́ша – хоро́шая хозя́йка.

(они́) приду́т в го́сти (they) will visit (her)
хоро́шая хозя́йка good hostess

Ната́ша начала́ накрыва́ть на стол. Сейча́с она́ ста́вит на стол таре́лку, ря́дом кладёт нож, ви́лку, ло́жку и салфе́тку. Э́то ме́сто лю́бит Майкл. Сле́ва она́ поста́вит та́кже таре́лку и поло́жит нож, ви́лку, ло́жку и салфе́тку: здесь ся́дет она́, Ната́ша.

накрыва́ть (*imp.*) **на стол** to lay the table
ря́дом beside
сле́ва on the left

Ма́ша и Джон ся́дут напро́тив, Ше́йла и Ви́ктор – спра́ва.
Ната́ша посмотре́ла на стол. На столе́ краси́вая посу́да, белосне́жные салфе́тки и ска́терть, цветы́, на ку́хне – вку́сные блю́да. Неплохо!
Но где же го́сти?
Звоня́т! Вот и они́!

напро́тив opposite
спра́ва on the right
посу́да service
белосне́жный snow-white
ку́хня kitchen
блю́до dish

Ра́да вас ви́деть! I'm glad to see you!
Входи́те! Come in!

на у́лице outside
ра́зве don't you...?
Пра́вда? Really?
заме́тить *p.* to notice

зо́нтик
остальны́е the others

Ната́ша открыва́ет дверь.

– Здра́вствуйте, друзья́! Ра́да вас ви́деть! Входи́те, пожа́луйста!

– Здра́вствуй, Ната́ша! Мы то́же ра́ды ви́деть тебя́.

– Почему́ у вас плащи́ мо́крые?

– На у́лице дождь, ра́зве ты не зна́ешь?

– Пра́вда? А я и не заме́тила. Снима́йте скоре́е плащи́!

Майкл снима́ет плащ и ве́шает его́ на ве́шалку. Ше́йла то́же ве́шает плащ на ве́шалку и кладёт на по́лку зо́нтик.

Остальны́е де́лают то́ же са́мое.

поздравля́ть с днём рожде́ния to wish many happy returns of the day
здоро́вье health
сча́стье happiness
пласти́нка (gramophone) record
пода́рок present

– Поздравля́ем тебя́, Ната́ша, с днём рожде́ния и жела́ем тебе́ здоро́вья и сча́стья! А э́ти цветы́, кни́ги и пласти́нки – на́ши пода́рки, – говоря́т друзья́.

чуде́сный wonderful
приглаша́ть *imp.* to invite
«Лебеди́ное о́зеро» *Swan Lake*

– Каки́е краси́вые цветы́! Каки́е чуде́сные пода́рки! А что лежи́т в конве́рте?

– Мы приглаша́ем тебя́ сего́дня в Большо́й теа́тр на бале́т «Лебеди́ное о́зеро», – говори́т Майкл. – Ты лю́бишь бале́т?

34

– Что за вопро́с? Коне́чно, люблю́.
– Вот и чуде́сно. В конве́рте – биле́т на бале́т.

– Спаси́бо. А тепе́рь, друзья́, прошу́ к столу́.

биле́т на бале́т ticket for a ballet
Прошу́ к столу́. Please take your seats at the table.

быть в гостя́х (где?)	гостеприи́мная хозя́йка
прийти́ в го́сти (куда́?)	хоро́шая хозя́йка

сле́ва
спра́ва ⎪ (где?)
напро́тив⎪

белосне́жный
(бе́лый + снег)

посу́да *only sing.*
ска́терть *f.*
пода́рок – пода́рки

биле́т ⎪ на бале́т
на о́перу
на конце́рт
на футбо́л

but:

накрыва́ть / накры́ть
замеча́ть / заме́тить
приглаша́ть / пригласи́ть кого́?
на конце́рт куда́?

биле́т ⎪ в кино́
в теа́тр

чуде́сный – чуде́сно

A. You must have guessed the meanings of: *белосне́жный, зо́нтик, бале́т, чуде́сно*. However, the word *зо́нтик* corresponds to two English words. Consult a dictionary to make sure you've guessed right.

B. In the text, find the sentences corresponding to these:

1. Natasha is a good hostess.
2. The doorbell is ringing! They have arrived.
3. I'm glad to see you! Please come in!
4. The others do the same.
5. We wish you many happy returns of the day; we also wish you good health and happiness.
6. "Do you like ballet?" "What a question!"
7. And now, my friends, please take your seats at the table.

C. Read the sentences. Which sentences contradict the text?

1. Сего́дня Ната́ша гру́стная.
2. У неё есть друзья́, и она́ ждёт их.
3. У неё есть друзья́, но они́ не приду́т.
4. Ната́ша пригото́вила вку́сный обе́д.
5. Она́ накры́ла на стол, но забы́ла положи́ть салфе́тки.
6. Друзья́ поздра́вили её с днём рожде́ния.
7. Ната́ша получи́ла пода́рок – биле́т на о́перу.
8. Ната́ша получи́ла пода́рки – кни́ги, пласти́нки и биле́т в Большо́й теа́тр на бале́т.

Read the text. Do you think Sheila likes Moscow?

ШÉЙЛА ПИ́ШЕТ ПИСЬМÓ ДОМÓЙ

Москвá, 20 ноября́

Здра́вствуйте, мои́ дороги́е!

в про́шлый раз last time

В про́шлый раз я писа́ла о Ната́ше, Ви́кторе, Ма́ше, Ма́йкле и Джо́не. Э́то мои́ но́вые друзья́. Я писа́ла та́кже о Никола́е Ива́новиче Соколо́ве и его́ жене́ Мари́и Серге́евне, об их сы́не Оле́ге и до́чери Ка́те.

обеща́ть *impf.* to promise
присла́ть *p.* to send
ита́к so

Я начала́ расска́зывать о Москве́ и обеща́ла присла́ть но́вые фотогра́фии.

Ита́к, я продолжа́ю расска́з.

Как я уже́ писа́ла, в свобо́дное вре́мя мы лю́бим гуля́ть по Москве́.

се́рдце heart

Э́то Кра́сная пло́щадь. Кра́сная пло́щадь – се́рдце Москвы́. Здесь нахо́дится Кремль и Мавзоле́й Ле́нина. В Кремле́ нахо́дится прави́тельство СССР. Вы ви́дите на зда́нии кра́сный флаг.

Э́то кремлёвские ба́шни. На них кра́сные звёзды, осо- **ба́шня** tower
бенно краси́вые но́чью. **звезда́** star
осо́бенно particularly

Са́мая изве́стная кремлёвская ба́шня – Спа́сская.

гла́вный main
бой chimes

На ней вы ви́дите часы́ – э́то гла́вные часы́ СССР. У них краси́вый бой. Его́ передаю́т по ра́дио в 6 часо́в, в 12 часо́в и в 24 часа́.

вели́кий great
наве́рное probably

проходи́ть to be held
междунаро́дный international

А э́то Пу́шкинская пло́щадь. Здесь па́мятник Пу́шкину. Вы хорошо́ зна́ете, что Пу́шкин – вели́кий ру́сский поэ́т и, наве́рное, са́мый изве́стный.

На пло́щади нахо́дится та́кже кинотеа́тр «Росси́я». В нём прохо́дят междунаро́дные кинофестива́ли. Э́то са́мый изве́стный кинотеа́тр в Москве́, и я его́ о́чень люблю́.

Это центр, у́лица Го́рького. У́лица Го́рького – гла́вная моско́вская у́лица. Здесь нахо́дится зда́ние Моссове́та, теа́тры, больши́е магази́ны, кафе́, рестора́ны. Здесь всегда́ оживлённо: иду́т маши́ны, тролле́йбусы, гуля́ют тури́сты, спеша́т москвичи́. Вы зна́ете – москвичи́ всегда́ спеша́т!

оживлённо (it is) lively, busy

Это Большо́й теа́тр. Я уже́ была́ здесь на бале́те «Спарта́к».

Спарта́к Spartacus

дéрево (*pl.* дерéвья) tree

А э́то бульва́р. Я люблю́ моско́вские бульва́ры, их ста́рые дере́вья, краси́вые цветы́. Москвичи́ лю́бят гуля́ть и отдыха́ть здесь. Здесь всегда́ игра́ют де́ти.

Э́то магази́н «Моско́вский», большо́й универса́льный магази́н.

Я обы́чно де́лаю поку́пки в магази́не «Моско́вский». Сего́дня мы получи́ли стипе́ндию и то́же сде́лали поку́пки здесь.

стипе́ндия grant

40

Ста́нция метро́ «Ле́нинские го́ры» нахо́дится на мосту́. Отсю́да мо́жно ви́деть Москву́-реку́ и Ле́нинские го́ры. Ле́том, говоря́т, здесь лю́бят купа́ться москвичи́ и осо́бенно студе́нты – ведь университе́т ря́дом.

гора́ hill
отсю́да from here

купа́ться *imp.* to bathe

Когда́ я смотрю́ на Москву́-реку́, я вспомина́ю Те́мзу.

Вы ви́дите – пассажи́ры чита́ют. Москвичи́ чита́ют везде́.

снару́жи outside
внутри́ inside
я́рко-кра́сный bright red
я бы сказа́ла, у́ютно I would say, cosy
неда́ром (it is) not without reason
назнача́ть *imp.* to fix
свида́ние date
назнача́ть свида́ние to make a date

Э́то ста́нции метро́ – «Пу́шкинская» (снару́жи) и «Мая-ко́вская» (внутри́). Е́сли вы ви́дите бу́кву «М» (она́ боль-ша́я и но́чью я́рко-кра́сная) – зна́чит, э́то ста́нция метро́. В метро́ о́чень чи́сто, тепло́ и, я бы сказа́ла, у́ютно. Неда́ром москвичи́ лю́бят здесь назнача́ть свида́ния.

Вот после́дняя фотогра́фия.

Э́то Черта́ново, но́вый жило́й райо́н. Здесь всё но́вое – но́вые дома́, но́вые магази́ны, но́вые у́лицы, но́вые шко́лы. Здесь живёт моя́ подру́га Ната́ша. Её семья́ получи́ла здесь неда́вно кварти́ру. Мы бы́ли вчера́ у них в гостя́х. Э́то о́чень ми́лая и приве́тливая семья́. Вообще́ москвичи́ – приве́тливые лю́ди.

Тепе́рь конча́ю. Послеза́втра мы е́дем на экску́рсию в Ленингра́д. Тогда́ напишу́ опя́ть.

Кре́пко целу́ю.

Ва́ша Шейла.

жило́й райо́н residential district

ми́лый nice
приве́тливый friendly

опя́ть again
кре́пко целу́ю many, many kisses

❗ в э́тот раз
в про́шлый раз │ (когда́?)

внутри́
снару́жи │ (где?)

звезда́ – звёзды
обеща́ть + *infinitive*

жить
жило́й райо́н

обеща́ть / пообеща́ть
присыла́ть / присла́ть

ночь – но́чью
день – днём

кинотеа́тр
кинофестива́ль *m.*

кинофи́льм
са́мый + *adj.* = superlative degree

(с)де́лать поку́пки
назнача́ть / назна́чить свида́ние

кре́пко целова́ть
Те́мза the Thames

43

A. You must have guessed the meaning of:

расска́з, кремлёвский, но́чью, са́мый изве́стный, па́мятник, кинотеа́тр, кино-
фестива́ль, тролле́йбус, бульва́р, поку́пка, де́лать поку́пки, универса́льный мага-
зи́н, ста́нция, райо́н, са́мые гла́вные часы́.

Consult a dictionary to make sure you have guessed right.

B. In the text, find the sentences corresponding to the following ones:

1. Red Square is the heart of Moscow.
2. "Rossiya" is the cinema where international film festivals are held.
3. I usually do my shopping in the "Moskovsky" store.
4. They say that Muscovites like to bathe there in summer.
5. If you see the letter "M", remember that it stands for a Metro station.
6. The Metro is very clean, warm and, I would say, cosy.
7. It is a new residential district.
8. Her family received a flat there recently.

C. We hope that now you know more about the Soviet capital.
    Here are some photographs of Moscow. Look at them and point out those which show places
not mentioned by Sheila in her letter. You will find out what is represented in them by consulting
the key.

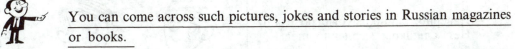

You can come across such pictures, jokes and stories in Russian magazines or books.

Look at the pictures, read the sentences and choose those which could be used as captions under the pictures.

1   2

3

4

объе́кт object

(a) Ну что ты на неё так смо́тришь? Ведь у неё то́чно тако́е пла́тье, как у меня́!
(b) Интере́сный объе́кт.
(c) У них си́льные хара́ктеры.
(d) – Улыбни́тесь, пожа́луйста.
 – А я давно́ уже́ улыба́юсь.

You must have guessed the meanings of: *си́льный хара́ктер, то́чно тако́е.* Consult your dictionary to make sure you have guessed right.

Read these jokes. If you like them, tell them to your friends.

– Автомоби́льная катастро́фа?
– Да!
– Наве́рно, сли́шком бы́стро е́хали?
– Нет, сли́шком ме́дленно шёл.

сли́шком too
бы́стро fast

Of course, you have guessed what *автомоби́льная катастро́фа* means.[1]

---

[1] You may always check whether you have guessed right by consulting a dictionary. In future refer to your dictionary without being reminded.

* * *

– Что вы сегóдня дéлали, дéти? – спросúл отéц, когда́ пришёл домóй вéчером.

– Я мы́ла посу́ду, – отвéтила ста́ршая дочь.
– А я вытира́ла посу́ду, – отвéтила срéдняя дочь.
– А я, – отвéтила мла́дшая, – собира́ла оско́лки.

* * *

Пятилéтний Ми́ша и егó ма́ма гуля́ют. Навстрéчу идёт их но́вый сосéд.

– Здра́вствуйте, дя́дя, – говори́т Ми́ша. – Как вас зову́т?
– Бори́с Васи́льевич. А тебя́ как, малы́ш?
– Ми́ша. А дéти у вас есть?
– Нет.
– А жена́?
– Стра́нный вопро́с... Нет, то́же нет.
Ми́ша смо́трит на мать и говори́т:
– Ма́ма, что́ ты хотéла ещё узна́ть?

пятилéтний five-year-old
навстрéчу in the other direction
малы́ш kiddy

стра́нный strange

Дя́дя is the usual word used by little children in addressing men they do not know; *тётя* is the word used by little children in addresing strange women.

– Что у негó?
– У негó кани́кулы, до́ктор.

кани́кулы *pl.* holidays

Что у него?, Что у вас? questions asked by a doctor to find out what is troubling his patient.

Каникулы is used to denote schoolchildren's and college and university students' holidays. Workers and office employees enjoy *отпуск*.

не волну́йтесь don't be nervous

ви́дите ли... you see...
больно́й patient

— Прошу́ вас, не волну́йтесь,— говори́т хиру́рг.

— Ви́дите ли, до́ктор, э́то моя́ пе́рвая опера́ция,— отвеча́ет больно́й.

— Я хорошо́ вас понима́ю,— говори́т хиру́рг.— Э́то и моя́ пе́рвая опера́ция.

You must have guessed the meanings of: *хиру́рг* and *опера́ция*. Do you think the patient (a) was reassured, (b) remained as worried as before?

жена́ wife
гла́вным о́бразом mainly, most of the time

Репортёр: —Скажи́те, пожа́луйста, что де́лает профе́ссор в после́днее вре́мя? Что он и́щет?

Жена́ профе́ссора: —Гла́вным о́бразом он и́щет очки́.

You must have guessed the meanings of: *репортёр, профе́ссор*.

Did they understand each other? Did the professor's wife give the reporter the answer he had expected?

All children (and not children alone) like fairy-tales. Read this very popular Russian folk tale. Like many other Russian folk tales, it is based on rhythmical repetition.

РÉПКА

Посади́л дед ре́пку.

Вы́росла ре́пка больша́я-пребольша́я. Пошёл дед ре́пку рвать. Тя́нет-потя́нет, вы́тянуть не мо́жет.

ре́пка-ре́па turnip
посади́ть *p.* to plant
рвать *imp.* to pick, to dig
тя́нет-потя́нет he pulled and he pulled
вы́тянуть *p.* to pull out

Позва́л дед ба́бку.

Ба́бка за де́дку, де́дка за ре́пку, тя́нут-потя́нут, вы́тянуть не мо́гут.

позва́ть *p.* to call

ба́бка за де́дку the old woman pulled the old man

Позвала́ ба́бка вну́чку. Вну́чка за ба́бку, ба́бка за де́дку, де́дка за ре́пку. Тя́нут-потя́нут, вы́тянуть не мо́гут.

51

Позвала́ вну́чка Жу́чку. Жу́чка за вну́чку, вну́чка за ба́бку, ба́бка за де́дку, де́дка за ре́пку, тя́нут-потя́нут, вы́тянуть не мо́гут.

Жу́чка *commonly used dog's name*

Позвала́ Жу́чка ко́шку. Ко́шка за Жу́чку, Жу́чка за вну́чку, вну́чка за ба́бку, ба́бка за де́дку, де́дка за ре́пку. Тя́нут-потя́нут, вы́тянуть не мо́гут.

Позвала́ ко́шка мы́шку. Мы́шка за ко́шку, ко́шка за Жу́чку, Жу́чка за вну́чку, вну́чка за ба́бку, ба́бка за де́дку, де́дка за ре́пку и...

вы́тянули ре́пку!

A. You must have noticed that nearly all the verbs in this tale govern the accusative: **сажа́ть / посади́ть** что?, **тяну́ть / (по-, вы-)тяну́ть** что?, **звать** кого́?

B. As you know, the suffix **-к(а)** is used to denote women: *крестья́нка, англича́нка* (see Chapter One, Exercise 7). The same suffix is used to form diminutives of feminine nouns: *мышь – мы́шка, ре́па – ре́пка.*
The corresponding suffix for masculine nouns is **-ик**: *дождь – до́ждик.*

C. The words *дед* and *ба́ба* are frequently used in folk tales to mean "old man" and "old woman", respectively.

D. Repetition of words with the same root emphasises the meaning of the words: *больша́я-пребольша́я* (or *больша́я-больша́я*) means "very, very big"; *тя́нут-потя́нут* means "they pulled and they pulled".

E. Did you like the tale? If you did, tell it to some children of your acquaintance.

Everybody likes to travel, but packing is a different matter. Have you ever experienced what happened to the characters of this story?

МЫ УКЛА́ДЫВАЕМ ЧЕМОДА́Н

Мы укла́дываем чемода́н, потому́ что е́дем на маши́не на не́сколько дней отдыха́ть в Ри́гу. Моя́ жена́ Мари́на положи́ла в чемода́н, ка́жется, уже́ все свои́ пла́тья и тепе́рь вопроси́тельно смо́трит на меня́.

М. – Что ты возьмёшь с собо́й?

Я. – Я? Немно́го. За́втра ра́но у́тром я положу́ в чемода́н зубну́ю щётку и бри́тву. Я не люблю́ брать с собо́й ненужные ве́щи.

М. – Вот каранда́ш и бума́га. Ты соста́вишь спи́сок, что возьмёшь с собо́й, а я всё э́то положу́ в чемода́н.

Я. – Не ну́жно. Ведь я возьму́ с собо́й то́лько зубну́ю щётку и...

М. – А пото́м ты бу́дешь говори́ть, что забы́л то одно́, то друго́е. Возьми́, пожа́луйста, бума́гу и всё запиши́. Ничего́ не забу́дь.

Я. – Хорошо́. Запи́сываю, запи́сываю: крем, бри́тва, зубна́я па́ста и зубна́я щётка.

М. – Руба́шки! Ра́зве ты не возьмёшь с собо́й руба́шки?

Я. – Да, пра́вильно. Я забы́л.

М. – Если забы́л, тогда́ запиши́.

Я. – Хорошо́...

М. – Пижа́ма!

Я. – Хо-ро-шо́...

М. – Хала́т.

Я. – Это абсолю́тно необходи́мо?

М. – Что за вопро́с?

Я. – Я записа́л хала́т.

М. – Ту́фли.

укла́дывать чемода́н to pack a suitcase
на не́сколько дней for a few days
свой one's (own)
взять с собо́й to take
ра́но early

зубна́я щётка
бри́тва razor
бума́га paper
соста́вить спи́сок to make a list
спи́сок list
то одно́, то друго́е this, that and the other
записа́ть *p.* to write down
зубна́я па́ста toothpaste
ра́зве... won't you...?
е́сли... тогда́ if ... then

хала́т

Гото́во O.K.

та́почки

легли́ спать went to bed
просну́ться *p.* to wake (up)
кто́-то somebody
буди́ть *imp.* to wake

носки́

уе́хать *p.* to leave
ночева́ть *imp.* to spend the night
ла́сковый gentle
в э́тот раз this time
не пра́вда ли? isn't it?

всё ещё still
ко́е-что́ something

Я. – Гото́во...

М. – Та́почки.

Я. – Гото́во... Ведь ты, коне́чно, не ду́маешь, что мы смо́жем закры́ть чемода́н?

Мари́на не отве́тила. Бы́ло уже́ по́здно, и мы легли́ спать. Но́чью я просну́лся, потому́ что кто́-то меня́ буди́л.

М. – Носки́!

Я. – Где?

М. – Что «где»?

Я. – Ты ничего́ не говори́ла?

М. – Да, я сказа́ла: «носки́». Запиши́, что ну́жно взять с собо́й носки́.

Я. – Да-да, коне́чно...

М. – Запиши́ в спи́сок!

Я. – Хорошо́, хорошо́, сейча́с включу́ свет.

Я записа́л в спи́сок носки́. У́тром мы уе́хали. В пе́рвую ночь мы должны́ бы́ли ночева́ть в гости́нице. Когда́ мы пошли́ смотре́ть наш но́мер, Мари́на была́ така́я ми́лая и така́я ла́сковая...

М. – Как хорошо́, когда́ зна́ешь, что в э́тот раз ты ничего́ не забы́л, не пра́вда ли?

Я. – Коне́чно, дорога́я.

Я всё ещё не мог сказа́ть ей, что забы́л ко́е-что́, я забы́л... чемода́н!

! ра́но ≠ по́здно

е́сли... тогда́

ложи́ться *imp.* ля́гу, ля́жешь, ля́гут / лечь *p., past* лёг, легла́, легли́

брать / взять

укла́дывать / уложи́ть

уезжа́ть / уе́хать

составля́ть / соста́вить

просыпа́ться / просну́ться

буди́ть / разбуди́ть

A. You must have guessed the meaning of:

абсолю́тно, вопроси́тельно смотре́ть, нену́жные ве́щи, ра́но у́тром, крем, пижа́ма.

B. In the text, find the sentences (or parts of sentences) corresponding to these:

1. She is looking at me inquiringly.
2. I don't like to take unnecessary things.
3. And then you'll say that you forgot this, that and the other.
4. Don't forget anything.
5. Aren't you going to take your shirts with you?
6. If you forgot, then write it down.
7. What a question!
8. It was late, and we went to bed.
9. All right, all right, I'll switch on the light.
10. I still couldn't bring myself to tell her that I had forgotten something.

C. Read these sentences twice: first the way they are pointed, and then without the italicised words.

Ра́зве ты не возьмёшь с собо́й руба́шки? Хала́т? *Неуже́ли* э́то абсолю́тно необходи́мо?

Has the general meaning of the sentences changed? And what about their emotive nuance?

The italicised words are *particles*, i. e. syntactic words which have no material meaning of their own and cannot fulfil the function of a part of the sentence. Therefore, should they be removed from the sentence, the general meaning of the latter would remain the same; however, the interrogative particles *ра́зве* and *неуже́ли* lend an additional emotive nuance of uncertainty and surprise to the sentence.

The naive slyness of children never fails to make people smile. Read the text and, perhaps, you will agree.

ЗА ЧТО Я ЛЮБЛЮ́ ПА́ПУ

В шко́ле да́ли дома́шнее зада́ние: написа́ть сочине́ние «За что я люблю́ па́пу». Та́ня аккура́тно написа́ла назва́ние и заду́малась.

«Па́па у меня́ хоро́ший. Он рабо́тает на заво́де. Он хорошо́ рабо́тает. Его́ портре́т напеча́тали в газе́те. По ра́дио передава́ли его́ люби́мую пе́сню. Но я люблю́ его́ не то́лько за э́то. И не за моро́женое. Моро́женое и ма́ма покупа́ет».

– Что она́ там де́лает?–спроси́л па́па.

– Пи́шет сочине́ние.

«...А па́па прихо́дит уста́лый. Но, е́сли я спрошу́ у него́, как реши́ть зада́чу, он никогда́ не отка́зывается реши́ть и обяза́тельно реши́т».

– Зна́ешь, Ли́да, она́ пло́хо понима́ет матема́тику. Са́мые просты́е зада́чи не мо́жет реши́ть.

– Стра́нно. В че́тверти[1] у неё 5[2].

– Мо́жет быть, учи́тельница до́брая?

– Я бы не сказа́ла.

«...То́лько удивля́ется иногда́: зада́ча о́чень проста́я, а я не могла́ её реши́ть. Он не зна́ет, что я её уже́ давно́ реши́ла. Я все зада́чи сама́ реша́ю. А пото́м уже́ па́пу прошу́ реши́ть. Мне о́чень нра́вится, что он никогда́ не отка́зывается реши́ть и всегда́ пра́вильно реша́ет. За э́то я его́ и люблю́. За то, что он тако́й у́мный».

дать дома́шнее зада́ние to give homework
сочине́ние essay
заду́маться *p.* to fall to thinking
напеча́тать *p.* to publish
пе́сня song
люби́мый favourite
моро́женое ice-cream

уста́лый tired
отка́зываться *imp.* to refuse (to do)

стра́нно (it is) strange
че́тверть *f.* term

удивля́ться *imp.* to be surprised
сам, сама́ oneself
проси́ть *imp.* to ask
Мне о́чень нра́вится. I like it very much.
у́мный clever
тако́й у́мный so clever

---

[1] The academic year in the Soviet schools is divided into four parts, each of which is called че́тверть, a quarter or term.

[2] Academic achievement in Soviet educational establishments is rated in accordance with a five-grade system, "five" being the highest grade.

55

! давно́ ≠ неда́вно

любить к о г о ? за ч т о ?
люби́мый

передава́ть по ра́дио ч т о ?

заду́мываться / заду́маться
отка́зываться / отказа́ться
печа́тать / напеча́тать
удивля́ться / удиви́ться

звать
назва́ние
спроси́ть у к о г о ?
попроси́ть к о г о ? + *infinitive*

A. You must have guessed the meanings of: *аккура́тно, назва́ние, портре́т.*

B. In the text, find the sentences (or parts of sentences) corresponding to these:

1. The class was given homework.
2. She wrote the title carefully and fell to thinking.
3. He has had his picture in the paper.
4. They played his favourite song on the radio (i. e. in a request programe).
5. That's not the only reason I love him for.
6. If I ask him to do a problem, he never refuses and will always solve it.
7. She has 5 (i. e. the highest mark) in the term.
8. I wouldn't say so.
9. I solve all problems myself.
10. I'm really glad he never refuses.
11. I love him because he's so clever.

C. Complete the sentences in accordance with the preceding text.

1. Де́вочка лю́бит отца́ за то, что
   (a) его́ портре́т напеча́тали в газе́те;
   (b) он покупа́ет моро́женое;
   (c) уста́лый, он никогда́ не отка́зывается помо́чь;
   (d) он пра́вильно реша́ет зада́чи.
2. Де́вочка про́сит отца́ реши́ть зада́чу, потому́ что
   (a) она́ не мо́жет реши́ть её сама́;
   (b) зада́ча о́чень тру́дная;
   (c) она́ не понима́ет матема́тику;
   (d) он никогда́ не отка́зывается реши́ть и обяза́тельно реша́ет.
3. В че́тверти у неё 5, потому́ что
   (a) она́ хорошо́ зна́ет матема́тику;
   (b) оте́ц реша́ет все её зада́чи (problems);
   (c) у неё до́брая учи́тельница.

Dear Friend!
You have worked hard and learned quite a lot of new material.
If you like this kind of work, go on to the next chapter.
We wish you success in your studies!

KEY TO THE EXERCISES

Exercise 4. обе́дать – обе́д; вчера́ – позавчера́; полчаса́ – часы́, час; ма́ленький – ма́ло; о́сень – осе́нний; писа́тель – письмо́, писа́ть; за́втра – послеза́втра; вре́дно – вре́дный; рисова́ть – рису́нок; иностра́нец – иностра́нный; мо́да – мо́дный; вку́сный – вку́сно; переда́ча – передава́ть; америка́нец – америка́нский, Аме́рика, по-америка́нски; так – тако́й; холо́дный – хо́лодно; дом – до́ма, домо́й; весна́ – весно́й, весе́нний; шко́ла – шко́льница, шко́льник; ве́чер – ве́чером, вече́рний; рабо́тать – рабо́та; подру́га – друг; тру́дный – тру́дно; молодо́й – молодёжь; краси́во – краси́вый; центра́льный – центр; пло́хо – плохо́й.

Exercise 6. (a) 2. ле́тний. 3. весе́нний. 4. осе́нний. (b) 1. вре́дно. 2. поле́зно. 3. легко́. 4. тру́дно. 5. зимо́й. 6. весно́й (о́сенью). 7. послеза́втра. 8. позавчера́. 9. нельзя́. 10. мо́жно. 11. у́тром. 12. никогда́. (c) 1. у́тро. 2. ве́чер. 3. у́тро. 4. ночь. (d) 1. за́втракаю. 2. у́жинаю. 3. надева́ю. 4. снима́ю. 5. закрыва́ю. 6. открыва́ю. 7. получа́ю. 8. рабо́тают. 9. отдыха́ют.

Exercise 7. 2. ва́зу. 3. на полу́. 4. на́ пол. 5. на стадио́не. 6. пассажи́ры. 7. слу́шают. 8. расска́зывает. 9. интере́сная. 10. са́хар. 11. подру́ги.

Exercise 8. 1. в шко́лу, в поликли́нику, в университе́т, идёт. 2. вре́мя. 3. дождь.

Exercise 9. 1. настрое́ние. 2. футбо́л. 3. изве́стия. 4. идёт. 5. вре́дно. 6. ко́смосе. 7. статья́. 8. кра́сный.

Exercise 10. 2c, 3b, 4d, 5c, 6d, 7a, 8c, 9a, 10e, 11d, 12c, 13b, 14c, 15b, 16d, 17a, 18c, 19b, 20b.

Exercise 11. 2c, 3c, 4b, 5a, 6c, 7d, 8a.

Exercise 12. 2d, 3d, 4d, 5d, 6c, 7c.

Exercise 13. 2c, 3b, 4c, 5d, 6c, 7b, 8d, 9b, 10c, 11c.

Exercise 14. 2d, 3c, 4d, 5e, 6a, 7d, 8c, 9c, 10c.

Exercise 15. 2a-e, 3d-c, 4b-d, 5e-b, 6d-c, 7e-a, 8d-b, 9a-e, 10e-c, 11d-a, 12e-b, 13e-c, 14a-d, 15b-e, 16a-d, 17e-b, 18e-a, 19d-c, 20a-c, 21b-d, 22d-b, 23c-e, 24d-a.

Exercise 16. 2, 3, 4, 5 – the suffix **-ыва-(-ива-)**; 6, 7, 8 – the suffix **-ва-**; 9, 10, 11, 12, 13, 14, 15, 16, 17 – the suffix **-а-(-я-)**.

Exercise 17. 2a, 3d, 4c, 5a, 6b, 7a, 8b, 9a, 10a.

Exercise 18. поцелу́й – поцелова́ть, пой – петь, дай – дать, клади́ – класть, ешь – есть, встань – встать, пойми́ – поня́ть, будь – быть, возьми́ – взять, наде́нь – наде́ть, переведи́ – перевести́, расскажи́ – рассказа́ть, живи́ – жить, начни́ – нача́ть, откро́й – откры́ть, забу́дь – забы́ть, начина́й – начина́ть.

Exercise 19. к у д а́? 2, 3, 7, 8, 10. где? – 4, 6, 9.

Text *День рожде́ния. Exercise C.* 1, 3, 5, 7.

Text *Ше́йла пи́шет письмо́ домо́й. Exercise C.*
1. Кра́сная пло́щадь. 2. Кремль. 3. Библиоте́ка и́мени Ле́нина. 4. Телеба́шня в Оста́нкине. 5. Большо́й теа́тр. 6. Монуме́нт покори́телям ко́смоса.

Captions under the pictures: 1-b, 2-d, 3-c, 4-a.

Text *За что я люблю́ па́пу. Exercise C.* 1c, 2d, 3a.

CHAPTER THREE

Dear Friend,

To be able to study this chapter, you must remember the following grammar (dealt with in the Third Concentric Cycle of Book Б):

1. The dative and the genitive singular of nouns, and the dative and the genitive of the personal pronouns.

2. The use of the dative to denote the addressee or recipient (говори́т **бра́ту**), in constructions expressing one's age (ему́ два го́да) and in impersonal sentences (мне хо́лодно).

3. The use of the genitive to denote possession (кни́га **бра́та**), quantity (две **кни́ги**), an attribute of an object (зда́ние **университе́та**), a part of a whole (буты́лка **молока́**), and in combinations with the comparative degree of an adjective (брат ста́рше **сестры́**) and in negative sentences (нет **вре́мени**).

4. The use of sentences with the conjunctive word **кото́рый** in the nominative (Я ду́маю о дру́ге, **кото́рый** живёт в Москве́).

5. The use of the pronoun **себя́**.

6. Direct and indirect speech.

We hope you remember the new words from the Third Concentric Cycle of Book Б and from Chapter Two of Book Д. Among them we can also distinguish words with similar meanings and spelling in Russian and in English.

абсолю́тно	коме́дия	пионе́р	спорт
аккура́тно	космона́вт	плюс	ста́нция
бале́т	крем	портре́т	такси́
бульва́р	ми́нус	поэ́т	телегра́мма
грамм	мину́та	профе́ссор	тра́нспорт
до́ктор	объе́кт	репортёр	тролле́йбус
катастро́фа	о́пера	сала́т	фестива́ль
килогра́мм	опера́ция	секре́т	центр
киломе́тр	пижа́ма	се́рия	экза́мен
кли́мат			

We would like to draw your attention to a second group of tricky words which have English counterparts differing from them in meaning:

Арти́ст means "actor", "artiste", but is never used to mean "artist", "painter".

Ваго́н means "railway carriage", "box waggon", but is never used to mean "motor-waggon" or "waggon pulled by horses or oxen".

Кабине́т means "study", "office", but not "cabinet" (cupboard).

Спекта́кль usually means "performance", but it also may mean "spectacle".

Now let us take a closer look at some of the Russian words you came across in the Third Concentric Cycle of Book Б and in Chapter Two of Book Д.

Exercise 1. Read the words:

до́ктор, зри́тель, иностра́нец, перево́дчик, де́ятель, молоде́ц, пассажи́р, председа́тель, студе́нт, тракторрист, президе́нт, шко́льник, хи́мик.

You know that all the preceding words denote persons. What formal features help you to determine that? Write down the words in two columns, the first one containing the words with suffixes similar to English ones, and the second the words with purely Russian suffixes.

The first column will, of course, consist of words with the suffixes **-ор, -авт, -ир, -ер, -ент, -ист** and the second of words with the suffixes **-тель, -ец, -чик, -ник, -ик.**

Now you see for yourself that, to denote persons, Russians use not only purely Russian suffixes, but also suffixes similar to those used in English.

Exercise 2. (a) Read the words:

буты́лка, пассажи́рка, запи́ска, ве́шалка, соба́ка, игру́шка, копе́йка, де́вушка, скаме́йка, коро́бка, официа́нтка, ло́дка, ло́жка, сосе́дка, ма́рка, му́зыка, пионе́рка, оши́бка, пласти́нка, поку́пка, арти́стка, поликли́ника, иностра́нка, ру́чка, фа́брика, спортсме́нка, ча́шка, ю́бка, хозя́йка, вы́ставка.

You must have noticed that all the preceding words are feminine, are derived by means of the suffix **-к(а)** and may be either animate or inanimate.

(b) Write out first the animate nouns and then the inanimate ones.

You must have noticed that words denoting persons according to their profession or occupation often have masculine counterparts:

пассажи́рка – пассажи́р
спортсме́нка – спортсме́н
официа́нтка – официа́нт
пионе́рка – пионе́р

Sometimes the masculine counterparts of words with the suffix **-к(а)** contain the suffix **-ец**: америка́нка – америка́нец, иностра́нка – иностра́нец; and sometimes the suffix **-ин**: англича́нка – англича́нин, крестья́нка – крестья́нин, хозя́йка – хозя́ин.

Exercise 3. (a) Read the words:

па́мятник, буди́льник, племя́нник, уче́бник, учени́к.

You must have noticed that all the preceding words are masculine, are derived by means of the suffix **-ник** and may be either animate or inanimate.

(b) Point out the nouns which have a feminine counterpart.

They are, of course, the nouns племя́нник and учени́к, the corresponding feminine words with the suffix **-ниц-** being племя́нница and учени́ца.

No inanimate noun derived by means of the suffix **-ник** has a feminine counterpart.

59

Exercise 4. Read the words. Why are they grouped in pairs?

тяжёлый	– лёгкий	темно́	– светло́
сла́бый	– си́льный	до́рого	– дёшево
ни́зкий	– высо́кий	тепло́	– хо́лодно
мла́дший	– ста́рший	ра́но	– по́здно
дли́нный	– коро́ткий	гру́стно	– ве́село
тёплый	– холо́дный	легко́	– тру́дно
гру́стный	– весёлый	чи́сто	– гря́зно
лёгкий	– тру́дный	спра́ва	– сле́ва
чи́стый	– гря́зный	отсю́да	– сюда́
мир	– война́	ча́сто	– ре́дко
плюс	– ми́нус	за́втра	– вчера́
снима́ть	– надева́ть	послеза́втра	– позавчера́
выи́грывать	– проѝгрывать	всегда́	– никогда́
		поле́зно	– вре́дно
		мо́жно	– нельзя́

Yes, you are right: the words grouped in pairs have the opposite meanings.
Try to guess the meanings of the words: *чѝсто, поле́зно, проѝгрывать.*

Exercise 5. Give short answers to the questions. For this you will need many of the words from the preceding exercise.

Model: – У́лицы Москвы́ *у́зкие?* – Нет, *широ́кие.*

1. У́лицы Москвы́ *у́зкие?* 2. Э́то большо́й чемода́н. В нём кни́ги. Он *лёгкий?* 3. Студе́нты-фи́зики реша́ют *лёгкие* зада́чи? 4. Спортсме́н – *сла́бый* челове́к? 5. Зда́ние МГУ[1] *ни́зкое?* 6. Кури́ть *поле́зно?* 7. Днём *темно́?* 8. Биле́т в метро́ в СССР сто́ит 5 копе́ек. Э́то *до́рого?* 9. Моро́женое прия́тно есть, когда́ *хо́лодно?*

Exercise 6. Complete the sentences, supplying the words required by the sense. For this you will have to remember the new words from the Third Concentric Cycle of Book Б and from Chapter Two of Book Д.

1. Хозя́йка купи́ла в магази́не ... молока́, ... ча́я, ... варе́нья и ... мы́ла. 2. «Дина́мо» – изве́стная сове́тская футбо́льная .... 3. Ма́льчик лю́бит сла́дкое, и поэ́тому оте́ц купи́л ему́ ба́нку .... 4. Когда́ мы спеши́м, мы е́дем не на авто́бусе и́ли тролле́йбусе, а на метро́ и́ли на .... 5. Сего́дня в спекта́кле игра́ют изве́стные арти́сты. Я э́то зна́ю, потому́ что прочита́л на у́лице .... 6. Сего́дня комсомо́льское собра́ние. Комсомо́льцы[2] зна́ют э́то, потому́ что в клу́бе виси́т .... 7. Он мно́го ку́рит и никогда́ не забыва́ет покупа́ть .... 8. Сто копе́ек – э́то .... 9. Его́ сестра́ лю́бит Пу́шкина, поэ́тому она́ пове́сила на сте́ну его́ .... 10. Ка́тя – до́брая де́вочка. Она́ раздели́ла апельси́н попола́м и дала́ бра́ту .... 11. Я был в до́ме о́тдыха, потому́ что в ма́е у меня́ был .... 12. Ле́том студе́нты и школь-

попола́м in half

---

[1] **МГУ** (Моско́вский госуда́рственный университе́т), Moscow State University.

[2] **Комсомо́л** (Всесою́зный Ле́нинский Коммунисти́ческий Сою́з Молодёжи), Komsomol (All-Union Leninist Young Communist League), a mass socio-political organisation of Soviet youth.

ники не у́чатся, потому́ что у них ле́том ... . 13. Мы попро-
си́ли официа́нтку дать нам ..., потому́ что хоте́ли знать,
что мо́жно заказа́ть. 14. Байка́л – са́мое глубо́кое ... в ми́ре.

заказа́ть to order

15. В рубле́ сто ... . 16. В ча́се шестьдеся́т ... . 17. У пле-
мя́нника за́втра день рожде́ния. Я хочу́ ... ему́ пласти́нку.
18. Мне нра́вится гуля́ть в лесу́ и слу́шать, как пою́т ... .
19. Коме́дия была́ о́чень весёлая, и все гро́мко и ве́село ... .
20. В конце́ письма́ я проси́л дру́га переда́ть ... его́ жене́
и ма́тери. 21. У меня́ за́втра начина́ется о́тпуск. Я купи́л уже́
биле́т и сейча́с бу́ду укла́дывать ... .

Exercise 7. Complete the sentences according to the model.

Model: Э́то спортсме́нка, а э́то *спортсме́н.*

1. Э́то спортсме́нка, а э́то ... . 2. Э́то пионе́рка, а э́то ... . 3. Э́то пасса-
жи́рка, а э́то ... . 4. Э́то арти́стка, а э́то ... . 5. Э́то тури́стка, а э́то ... .
6. Э́то англича́нка, а э́то ... . 7. Э́то иностра́нка, а э́то ... . 8. Э́то крестья́нка,
а э́то ... . 9. Э́то америка́нка, а э́то ... . 10. Э́то официа́нтка, а э́то ... .
11. Э́то студе́нтка, а э́то ... . 12. Э́то перево́дчица, а э́то ... . 13. Э́то продав-
щи́ца, а э́то ... . 14. Э́то учени́ца, а э́то ... . 15. Э́то учи́тельница, а э́то ... .

**To learn to read fluently, you should do the following exercises. Try
to do them as quickly as possible.**

Exercise 8. In each horizontal row, find the word with the same root as the first word.

Example: 1d (сказа́ть–ска́зка)

	a	b	c	d	e
1.	сказа́ть	сты́дно	сли́шком	ска́зка	сюда́
2.	игра́ть	е́хать	реша́ть	продолжа́ть	проигрывать
3.	час	чуде́сно	чи́стить	сейча́с	чита́ть
4.	день	дверь	двор	де́ньги	днём
5.	сча́стье	сейча́с	ча́сто	счастли́вый	ску́чно
6.	начина́ть	надева́ть	находи́ться	назнача́ть	нача́ло
7.	пода́рок	план	дари́ть	пласти́нка	плюс
8.	писа́ть	спеши́ть	приглаша́ть	запи́ска	переда́ть
9.	ста́рый	ска́терть	стари́к	скаме́йка	страни́ца
10.	люби́мый	легко́	лека́рство	лимо́н	люби́ть
11.	спи́сок	спекта́кль	проспе́кт	письмо́	пти́ца
12.	ста́рый	ста́нция	ста́рший	статья́	стака́н
13.	молодо́й	моро́женое	молодёжь	моро́з	мост
14.	переводи́ть	переда́ча	передава́ть	перево́дчик	пра́вда
15.	поку́пка	па́чка	пого́да	по́лка	покупа́ть
16.	пе́сня	плюс	паке́т	петь	плато́к
17.	рабо́тать	ребёнок	руба́шка	рубль	рабо́чий
18.	ро́дина	ры́ба	ру́чка	рабо́чий	роди́тели

Exercise 9. In each horizontal row, find the word whose meaning is incompatible with those of the other words.

Example: 1d (ясно)

	a	b	c	d
1.	однажды	всегда	навсегда	ясно
2.	универмаг	телеграф	почта	птица
3.	физика	одежда	химия	математика
4.	рядом	внизу	осенью	слева
5.	площадь	набережная	проспект	настроение
6.	озеро	река	сердце	море
7.	пижама	носки	халат	список
8.	старший	будущий	младший	средний
9.	физик	химик	математик	будильник
10.	сумка	чемодан	портфель	начало
11.	слева	справа	рядом	слишком
12.	зимой	осенью	весной	ночью
13.	школа	конверт	университет	институт
14.	дождь	снег	велосипед	ветер
15.	колбаса	мороженое	время	масло
16.	птица	рыба	собака	билет
17.	сахар	соль	стена	мясо
18.	туфли	перчатки	платье	характер

Exercise 10. In each horizontal row, find the word which answers the question как? or когда? (It must be an adverb.)

Example: 1c (грязно)

	a	b	c
1.	окно	яйцо	грязно
2.	зеркало	легко	письмо
3.	доказательство	озеро	настойчиво
4.	особенно	утро	масло
5.	лето	рано	молоко
6.	слово	скоро	яблоко
7.	мясо	начало	чудесно
8.	блюдо	вкусно	дерево
9.	пальто	правительство	обычно
10.	часто	метро	кино
11.	озеро	редко	правило
12.	молоко	полкило	долго

Exercise 11. In each horizontal row, find the word which answers the question кто? or что? (It must, of course, be a noun.)

Example: 1c (дверь)

	a	b	c	d
1.	любить	шутить	дверь	учить
2.	прислать	четверть	включить	забыть
3.	закрыть	встать	фестиваль	вспомнить

4. ска́терть	дать	дуть	иска́ть
5. отве́тить	откры́ть	купи́ть	ночь
6. печа́тать	рвать	сажа́ть	зри́тель
7. стоя́ть	снять	гость	спеши́ть
8. поня́ть	дочь	помо́чь	уме́ть
9. мыть	но́вость	реши́ть	спать
10. уста́ть	спать	о́сень	хоте́ть
11. уме́ть	люби́ть	жить	спекта́кль

Exercise 12. In each horizontal row, find the word with the opposite meaning to the first word.

Example: 1d (ста́рый)

	a	b	c	d
1. но́вый	вре́дный	бу́дущий	вели́кий	ста́рый
2. гря́зный	гла́вный	го́рький	чи́стый	дли́нный
3. ста́рший	до́брый	мла́дший	жа́ркий	ка́ждый
4. дли́нный	ла́сковый	больно́й	коро́ткий	у́мный
5. ра́но	насто́йчиво	навстре́чу	по́здно	осо́бенно
6. лёгкий	люби́мый	у́мный	тяжёлый	стра́нный
7. сюда́	туда́	ря́дом	ско́ро	отсю́да
8. сле́ва	спра́ва	иногда́	неда́ром	навстре́чу
9. мла́дший	тёплый	ста́рший	приве́тливый	неизве́стный
10. мир	двор	лист	война́	пода́рок
11. снима́ть	погиба́ть	знать	надева́ть	ждать
12. ре́дко	внима́тельно	ча́сто	мо́жно	гря́зно
13. вчера́	никогда́	везде́	за́втра	нельзя́
14. позавчера́	ве́чером	обы́чно	вме́сто	послеза́втра
15. всегда́	сли́шком	почти́	обы́чно	никогда́
16. вре́дно	внима́тельно	поле́зно	одновре́менно	сла́дко
17. мо́жно	ра́но	чуде́сно	нельзя́	стра́нно

Exercise 13. In each horizontal row, find the imperfective verb. What formal features have helped you?

Example: 1a (разреша́ть – the suffix -a-)

	a	b	c	d
1. разреша́ть	посмотре́ть	взять	разреши́ть
2. сказа́ть	объясни́ть	положи́ть	объясня́ть
3. помо́чь	помога́ть	поста́вить	спроси́ть
4. пове́сить	вспо́мнить	вспомина́ть	попроси́ть
5. сообщи́ть	напеча́тать	просну́ться	сообща́ть
6. передава́ть	купи́ть	переда́ть	получи́ть
7. уви́деть	устава́ть	присла́ть	уста́ть
8. положи́ть	опусти́ть	наде́ть	опуска́ть
9. оби́деть	снять	обижа́ть	пойти́
10. приглаша́ть	реши́ть	подари́ть	пригласи́ть
11. забы́ть	успока́иваться	успоко́иться	улыбну́ться
12. позвони́ть	посыла́ть	посла́ть	погуля́ть
13. удивля́ться	понра́виться	оде́ться	удиви́ться

Exercise 14. In the second group, find the words with the same roots as the words in the first group.

Example: рабо́та – рабо́чий, рабо́тать

I. рабо́та, час, мо́да, центр, ну́жно, люби́ть, рису́нок, гости́ница, жена́, письмо́, ви́деть, де́ти, ду́мать, обе́д, дари́ть, сча́стье, день, расска́зывать, ста́рый, стол, шко́ла, молодёжь, переводи́ть, дава́ть, нача́ло, буди́льник, покупа́ть, ры́ба, петь;

II. рабо́чий, же́нщина, свида́ние, спи́сок, люби́мый, днём, гость, рабо́тать, жени́х, писа́ть, ска́зка, стари́к, писа́тель, часы́, начина́ть, пода́рок, счастли́вый, мо́дный, ну́жный, рисова́ть, сказа́ть, столо́вая, поку́пка, рыболо́в, де́тский, шко́льник, заду́мываться, обе́дать, молодо́й, перево́дчик, пе́сня, передава́ть, буди́ть.

Exercise 15. In which sentences are the italicised words used as attributes answering the question како́й? (кака́я? како́е? каки́е?) or чей? (чья? чьё? чьи?).

моря́к sailor

шум patter

A. 1. Теа́тр нахо́дится в це́нтре *го́рода*. 2. Я не люблю́ больши́е *города́*. 3. Ста́рый моря́к зна́ет все *моря́* и океа́ны. 4. Мы сиди́м на берегу́ *мо́ря*. 5. На Ура́ле есть краси́вые *озёра*. 6. Берега́ *о́зера* Байка́л о́чень краси́вы. 7. Сего́дня нет *дождя́* и све́тит со́лнце. 8. Я люблю́ шум *дождя́*.

B. 1. Это кни́га *бра́та*. 2. Я зна́ю его́ *бра́та*. 3. У него́ нет *бра́та*. 4. Он получи́л письмо́ от *отца́*. 5. Он прочита́л письмо́ *отца́*. 6. Я не ви́дел его́ *отца́*. 7. Я хочу́ ви́деть *отца́*. 8. Я пригласи́л к себе́ *врача́*. 9. Я был в кабине́те *врача́*. 10. Я пришёл от *врача́*.

C. 1. У него́ нет *до́чери*. 2. У него́ две *до́чери*. 3. Это его́ *до́чери*. 4. Это фотогра́фия его́ *до́чери*.

Exercise 16. In which sentences do the italicised words answer the question кому́?

1. Он написа́л письмо́ *това́рищу*. 2. Он рассказа́л ска́зку *ребёнку*. 3. Он получи́л *телегра́мму*. 4. Он встре́тил *сестру́* на стадио́не. 5. Он присла́л мне *запи́ску*. 6. Он купи́л кни́гу *племя́ннику*. 7. *Ма́льчику* на́до мно́го занима́ться. 8. Он лю́бит *племя́нницу*. 9. *Бра́ту* на́до е́хать на стадио́н.

Exercise 17. Students of Russian frequently confuse the verbs:

встава́ть / встать
ложи́ться / лечь

| куда́? and

стоя́ть
лежа́ть

| где?

Look at these pictures and read the text. We hope that now you will understand the meanings of these verbs and remember them.

Э́то Ва́нька-Вста́нька. Ва́нька-Вста́нька – ру́сская наро́дная игру́шка.

Ва́нька никогда́ не лежи́т: он не мо́жет лежа́ть. Он всегда́ стои́т: он мо́жет то́лько стоя́ть.

Е́сли вы поло́жите его́ – он всё равно́ вста́нет.

Поэ́тому его́ и зову́т Ва́нька-Вста́нька!

You must have understood the meanings of: *наро́дный, наро́дная игру́шка, Вста́нька.*

Ва́нька *dim. of* **Ива́н**
наро́дный traditional
Вста́нька *derived from*
вста́нь-ка stand up!
всё равно́ all the same

Here is another folk tale (illustrated by G. Karlov). Does it remind you of any English folk tale?

КУ́РОЧКА-ХЛОПОТУ́НЬЯ

Гуля́ла по́ двору Ку́рочка-Хлопоту́нья.

ку́рочка (*dim. of*
ку́рица) hen
двор courtyard

66

Нашла́ пшени́чные зёрнышки и спра́шивает:

— Кто посе́ет э́ти зёрнышки?

— То́лько не я! — сказа́л Гусь-Гоготу́н.
— То́лько не я! — сказа́ла У́тка-Кряку́шка.
— Ну что́ же! Тогда́ я сама́ посе́ю, — сказа́ла Ку́рочка.
Вспаха́ла зе́млю и посе́яла зёрнышки.

нашла́ *past of*
найти́ to find
пшени́чный wheat
зёрнышко *(dim. of*
зерно́) grain
посе́ять *p.* to sow
То́лько не я! Not I!
Ну что́ же! Well!
Тогда́... Then...
вспаха́ть *p.* to plough

Шли дожди́.

греть *imp.* to be warm   Гре́ло со́лнышко.

Вы́росла пшени́ца.

вы́расти to grow

повезти *p.* to take

Собрала́ Ку́рочка урожа́й и говори́т:
— Кто повезёт пшени́цу на ме́льницу?

— То́лько не я! — сказа́л Гусь-Гоготу́н.
— То́лько не я! — сказа́ла У́тка-Кряку́шка.

– Ну что́ же! Тогда́ я сама́ повезу́, – сказа́ла Ку́рочка-Хлопоту́нья и повезла́ пшени́цу на ме́льницу.

На ме́льнице из пшени́цы сде́лали муку́.

привезти́ *p.* to bring

Привезла́ Ку́рочка муку́ домо́й и спра́шивает:

испе́чь хлеб to bake bread

румя́ный golden-crusted

– Кто испечёт из муки́ хлеб?
– То́лько не я! – сказа́л Гусь-Гоготу́н.
– То́лько не я! – сказа́ла У́тка-Кряку́шка.
– Ну что́ же, тогда́ я сама́ испеку́, – сказа́ла Ку́рочка и испекла́ вку́сный румя́ный хлеб.

– А кто бу́дет хлеб есть? – спроси́ла Ку́рочка.

– Я! – закрича́л Гусь-Гоготу́н.
– Я! – закрича́ла У́тка-Кряку́шка.

лентя́й lazy-bones

– Нет, лентя́и! Ничего́ я вам не дам.

цыплёнок (*pl.* цыпля́та) chicken

– Цыпля́та! Иди́те есть! – позвала́ она́.

Се́ли они́ за стол.

74

А Гусь-Гоготу́н и У́тка-Кряку́шка гру́стные пошли́ домо́й.

Пришёл Гусь-Гоготу́н домо́й, посмотре́л на стол, а на столе́ пуста́я таре́лка.

Пришла́ У́тка-Кряку́шка домо́й, откры́ла шкаф, а в шкафу́ пу́сто.

Неда́ром говори́тся: «Кто паха́ть лени́тся – у того́ хлеб не роди́тся!»

пу́сто (it is) empty
говори́тся is said
паха́ть to plough
лени́ться to be lazy

!

зерно́ – зёрнышко   ребёнок – ребя́та
со́лнце – со́лнышко   цыплёнок – цыпля́та
ку́рица – ку́рочка   пшени́ца – пшени́чный

румя́ный ребёнок   лентя́й – лени́ться
румя́ное я́блоко   пойти́ – прийти́
румя́ный хлеб   повезти́ – привезти́

находи́ть / найти́   паха́ть / вспаха́ть
се́ять / посе́ять   расти́ / вы́расти
печь / испе́чь   собира́ть / собра́ть

A. This folk tale contains numerous repetitions, which makes it easier for you to understand it.
You must have guessed the meanings of the words *гусь* and *у́тка*. Since a goose *гого́чет* "cackles" and a duck *кря́кает* "quacks", the goose in the tale is called *Гоготу́н* and the duck *Кряку́шка*. Since a hen will always bustle about *(хлопо́чет)*, the hen is called *Хлопоту́нья*.

The pictures must have helped you understand the meanings of: *ме́льница, мука́, цыпля́та, пшени́ца, сесть за стол.*

B. In the folk tale *Ре́пка* you came across the diminutive suffix **-к(а)**: ре́пка, мы́шка. In this tale, you are introduced to two more diminutive suffixes: **-ышк(о)**, used with neuter nouns (со́лнце – со́лнышко, зерно́ – зёрнышко), and **-очк(а)**, used with feminine nouns (ку́рица – ку́рочка).

In the same tale, you came across one more new suffix, **-онок (-ёнок)**, which is found in the names of the offspring of animals and birds. In the plural the corresponding suffix is **-ата(-ята)**: цыплёнок – цыпля́та, котёнок – котя́та.

The same suffix is found in the word **ребёнок**, whose corresponding plural form is **де́ти**; **ребя́та** being the colloquial term of address to children.

C. In the proverb Кто паха́ть лени́тся, у того́ хлеб не роди́тся, the word *хлеб* "bread" has the meaning "grain". Literally, this proverb means "No grain is born to him who is too lazy to plough".

Is there an English equivalent of this proverb?
If you like this tale, tell it to children of your acquaintance.

And now let us read some other stories. Their characters are children, big and small.

Read the text. Is the boy right in his own way? What would you have done had you been his mathematics teacher?

оби́да offence	## ОБИ́ДА
дво́йка (2) "two", "poor" (the lowest mark); **поста́вить дво́йку** to give a "two"	Пришёл Ва́ся домо́й гру́стный. – Ты почему́ сего́дня тако́й? – спроси́ла ма́ма. – Мне дво́йку поста́вили, – отве́тил ма́льчик. – За ко́шку.
	– Как за ко́шку?
Вот так. Yes.	– Вот так. А ра́зве я пло́хо нарисова́л? Смотри́!

и пра́вда and indeed   Ко́шка и пра́вда была́ чуде́сная: хвост дли́нный, усы́ больши́е, шерсть как у ти́гра.

– Хоро́шая ко́шка, – сказа́ла ма́ма.

– А учи́тельнице не понра́вилась. Дво́йку поста́вила.

– Ты, мо́жет быть, шали́л на уро́ке рисова́ния?

– Нет, – отве́тил Ва́ся. – У нас сего́дня не́ было рисова́ния. Я рисова́л на уро́ке матема́тики.

мо́жет быть perhaps
шали́ть to be naughty

поста́вить цветы́ на стол
поста́вить дво́йку (кому́? за что?)

уро́к | рисова́ния
матема́тики
фи́зики

рисова́ть
рисова́ние

A. You must have guessed the meanings of: *тигр, рисова́ние, матема́тика*. As for *хвост, шерсть* and *усы́*, their meanings are clear from the picture.

B. In the text, find the sentences (or parts of sentences) corresponding to these:

1. Why are you like that today?
2. I've got a "two" ... for a cat.
3. But have I drawn it badly?
4. Perhaps you were naughty at your drawing lesson?

Victor Dragunsky is the author of a number of short stories whose hero, a junior schoolboy, Denis (Deniska), tells the reader about himself and his friend, Mishka. Deniska has become so popular with Soviet readers that more and more parents name their children after him. Read one of Victor Dragunsky's stories.

ЧТО ЛЮ́БИТ МИ́ШКА

Оди́н раз я и Ми́шка вошли́ в зал, где у нас быва́ют уро́ки пе́ния. Бори́с Серге́евич сиде́л и что́-то ти́хо игра́л на роя́ле.

Мы се́ли и не ста́ли ему́ меша́ть, да он нас и не заме́тил, а продолжа́л игра́ть, и мы слу́шали что́-то о́чень приве́тливое и ра́достное. Мне о́чень понра́вилось, и я мог бы до́лго так сиде́ть и слу́шать, но Бори́с Серге́евич ско́ро ко́нчил игра́ть. Он закры́л роя́ль, уви́дел нас и сказа́л:

– О! Каки́е лю́ди! Сидя́т, как два воробья́ на де́реве! Ну, так что́ ска́жете?

– Это вы что́ игра́ли, Бори́с Серге́евич?..

Он отве́тил:

– Это Шопе́н. Я его́ о́чень люблю́.

Я сказа́л:

– Коне́чно, вы учи́тель пе́ния, поэ́тому вы и лю́бите пе́сенки.

Он сказа́л:

– Это не пе́сенка. Хотя́ я и пе́сенки люблю́, но э́то не

зал hall
войти́ *p.* to go into

роя́ль
меша́ть *imp.* to interfere
не ста́ли ему́ меша́ть did not interfere
ра́достный cheerful
я мог бы... сиде́ть I could have sat
ско́ро soon
воробе́й sparrow
Ну, так что́ ска́жете? Well, what can I do for you?
Шопе́н Chopin
пе́сенка song

хотя́ although

бо́льшим... чем more serious ... than
серьёзно seriously
я́сно clearly
компози́тор composer
бо́льше всего́ на све́те more than anything else in the world
тут at this point

слон
кра́сные кавалери́сты i.e. Red Army cavalrymen
лань *f.* fallow deer
дре́вний во́ин ancient warrior
заду́мчивый thoughtful
це́лый мир the whole world
бо́льше, чем... more (things) than...
бу́лка roll, bun
бато́н long loaf
торт cake
пиро́жное fancy cake
пря́ник gingerbread
су́шка ring-shaped biscuit
пирожо́к patty
котле́та rissole
конфе́та sweet
Ну что ж Well
мно́гое *noun* many things
съедо́бное edible
получа́ется, что it means that
живо́тное *noun* animal

покрасне́ть *p.* to blush
смущённо in embarrassment
Чуть не забы́л I nearly forgot

пе́сенка. То, что я игра́л, называ́ется бо́льшим сло́вом, чем про́сто пе́сенка.

– Како́е же э́то сло́во?

Он серьёзно и я́сно отве́тил:

– Му́-зы-ка. Шопе́н – вели́кий компози́тор. Му́зыка у него́ чуде́сная. А я люблю́ му́зыку бо́льше всего́ на све́те.

Тут он посмотре́л на меня́ внима́тельно и сказа́л:

– Ну, а ты что лю́бишь? Бо́льше всего́ на све́те?

Я отве́тил:

– Я мно́го чего́ люблю́.

И я рассказа́л ему́, что я люблю́. Э́то бы́ли и соба́ки, и слоны́, и кра́сные кавалери́сты, и ма́ленькая лань, и дре́вние во́ины, и прохла́дные звёзды, и ло́шади, и всё, всё...

Он слу́шал меня́ внима́тельно, у него́ бы́ло заду́мчивое лицо́, когда́ он слу́шал, а пото́м он сказа́л:

– А я и не знал. Ты ведь ещё ма́ленький, а лю́бишь так мно́го! Це́лый мир!

В э́то вре́мя Ми́шка сказа́л:

– А я ещё бо́льше люблю́, чем он.

Бори́с Серге́евич засмея́лся:

– О́чень интере́сно! Что же ты лю́бишь?

Ми́шка сказа́л:

– Я люблю́ бу́лки, бато́ны и кекс! Я люблю́ хлеб, торт, пиро́жные и пря́ники. Су́шки то́же люблю́, и пирожки́. Я люблю́ пече́нье. Колбасу́ люблю́. О́чень люблю́ ры́бу, макаро́ны, сыр. Ещё люблю́ я́блоки, котле́ты, суп, мя́со, конфе́ты, са́хар, чай, я́йца, моро́женое...

Но тут Бори́с Серге́евич сказа́л:

– Ну что ж, Ми́ша, ты мно́гое лю́бишь. Но всё, что ты лю́бишь, съедо́бное. Получа́ется, что ты лю́бишь це́лый проду́ктовый магази́н и то́лько... А лю́ди? Кого́ ты лю́бишь? Или живо́тные?

Тут Ми́шка весь покрасне́л:

– Ой! – сказа́л он смущённо. – Чуть не забы́л: ещё – котя́т! И ба́бушку!

петь – пе́ние	пе́сня – пе́сенка
рад – ра́достный	Дени́с – Дени́ска
кра́сный – покрасне́ть	Ми́ша – Ми́шка
съесть – съедо́бный	входи́ть / войти́
заду́маться – заду́мчивый	красне́ть / покрасне́ть
	меша́ть / помеша́ть

A. You must have guessed the meanings of:

уро́к пе́ния, пе́сенка, макаро́ны, кекс.

B. In the text, find the sentences (or parts of sentences) corresponding to these:

1. We sat down and did not interfere with him, but he didn't even notice us.
2. He went on playing and we listened to something very nice and cheerful.
3. I could have sat there listening for a long time.
4. And I like music more than anything else in the world.
5. I like lots of things.
6. His face was thoughtful.
7. You are still very young, but you like so many things! The whole world!
8. I nearly forgot!

C. In the texts, find the sentences telling about the new things the teacher had learned (a) about Deniska; (b) about Mishka.

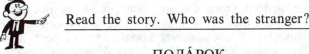

Read the story. Who was the stranger?

ПОДА́РОК

Де́вочку зва́ли И́ра. Когда́ ей испо́лнилось 13 лет, оте́ц подари́л ей биле́т в теа́тр, а мать подари́ла кни́гу. И́ра была́ о́чень ра́да.

Ве́чером она́ наде́ла пальто́, положи́ла в су́мку биле́т и кни́гу и пошла́ в теа́тр.

В теа́тре И́ре ну́жно бы́ло снять пальто́ в гардеро́бе. Пото́м она́ купи́ла програ́ммку, и билетёрша показа́ла И́ре её ме́сто. У неё был биле́т в ло́жу. И́ра се́ла и начала́ внима́тельно осма́тривать теа́тр. Ей бы́ло о́чень интере́сно: большо́й зри́тельный зал, я́ркие огни́, сце́на, тяжёлый краси́вый за́навес.

Шла но́вая пье́са. Игра́ли в ней изве́стные арти́сты. Ко́нчилось пе́рвое де́йствие, но И́ра не пошла́ в фойе́. У неё была́ но́вая кни́га. Де́вочка начала́ чита́ть её и не могла́ оторва́ться, потому́ что кни́га ей о́чень понра́вилась. Ря́дом сиде́л высо́кий худо́й мужчи́на. Он посмотре́л на кни́гу и спроси́л:

– Что вы чита́ете? Мо́жно мне посмотре́ть?

– «Де́тство». А́втор – Го́рький, – отве́тила И́ра не о́чень приве́тливо.

– И вам нра́вится? Вам интере́сно?

– Да, о́чень. Но прошу́ вас, не меша́йте мне, пожа́луйста, – сказа́ла И́ра. – Ско́ро начнётся второ́е де́йствие, и мне нельзя́ бу́дет чита́ть. А кни́га така́я интере́сная!

– Ну, хорошо́, не бу́ду, не бу́ду, – улыбну́лся он.

Когда́ в за́ле сно́ва пога́сли огни́, он спроси́л де́вочку шёпотом:

– Вам всё ещё интере́сно?

– Да, о́чень, – отве́тила она́.

Когда́ начался́ второ́й антра́кт, И́ра то́же никуда́ не

когда́ ей испо́лнилось 13 лет on the day she was 13

гардеро́б cloak-room
програ́ммка programme
ло́жа box
осма́тривать *imp.* to look round
огни́ (*sing.* **ого́нь**) lights
сце́на stage
за́навес curtain
пье́са play
де́йствие act
не могла́ оторва́ться could not tear herself away (from it)
худо́й thin

де́тство childhood

така́я интере́сная so interesting
хорошо́ all right
пога́снуть *p.* to go out, to be extinguished
шёпотом in a whisper
всё ещё still

антра́кт interval

79

пла́кать *imp.* to cry
жаль to be sorry for
сирота́ orphan
хозя́ин master
бить *imp.* to beat

проводи́ть *p.* to see off
по доро́ге on the way
ей каза́лось, что it seemed to her that

пошла́: она́ чита́ла и пла́кала. Ей бы́ло жаль Алёшу. Как ему́, сироте́, бы́ло тру́дно жить! Как ему́ хоте́лось учи́ться! Как его́ бил хозя́ин! Ей бы́ло сты́дно, но она́ продолжа́ла пла́кать.

Её сосе́д уви́дел, что Йра пла́чет, и сказа́л:

– Не на́до пла́кать, де́вочка. Всё ко́нчилось хорошо́. Тепе́рь Алёша вы́рос. Он писа́тель, и, говоря́т, изве́стный.

Они́ на́чали разгова́ривать. Когда́ ко́нчился спекта́кль, бы́ло уже́ по́здно. Незнако́мец проводи́л её домо́й. По доро́ге Йра рассказа́ла ему́ о себе́.

Они́ разгова́ривали, и де́вочке каза́лось, что они́ ста́рые друзья́. Незнако́мец посове́товал ей мно́го чита́ть.

– То́лько не в теа́тре,– улыбну́лся он.

Кто был э́тот челове́к, Йра не зна́ла.

Когда́ ей испо́лнилось 14 лет, она́ получи́ла посы́лку. На посы́лке был а́дрес и её и́мя. В посы́лке бы́ли кни́ги и коро́ткое письмо́. В письме́ она́ прочита́ла: «Йре в день рожде́ния. Э́ти кни́ги весёлые. Когда́ вы бу́дете их чита́ть, вам не на́до бу́дет пла́кать». Внизу́ стоя́ла по́дпись: М. Го́рький.

❗ зри́тель – зри́тельный   не-знако́м-ец
билет – билетёрша

де́ти   провожа́ть / проводи́ть
де́тский   осма́тривать / осмотре́ть
де́тство   кому́? жаль кого́?

посыла́ть – посы́лка   врач осма́тривал де́вочку
                                де́вочка осма́тривала зал

A. You must have guessed the meanings of:

билетёрша, зри́тельный зал, незнако́мец, посы́лка, по́дпись.

B. In the text, find the sentences (or parts of sentences) corresponding to these:

1. On the day Ira was 13 her father gave her a ticket for the theatre.
2. The usherette showed Ira to her seat.
3. She had a ticket for a box.
4. The first act had ended, but Ira did not go to the foyer.
5. The girl started reading (it) and could not tear herself away from it.
6. When the lights had gone out again.
7. He asked the girl in a whisper.
8. She was sorry for the boy.
9. It all ended well.
10. On the way Ira told him about herself.
11. They began talking.

C. In the text, find the sentences which bear out that:

1. В семье́ Йры люби́ли теа́тр и кни́ги.
2. На у́лице в э́тот день бы́ло хо́лодно.

3. И́ра чита́ла в теа́тре кни́гу, кото́рая была́ о́чень интере́сная.
4. Незнако́мец разгова́ривал ти́хо.
5. У Алёши, геро́я (hero) кни́ги, бы́ло тяжёлое де́тство.
6. У него́ не́ было ни отца́, ни ма́тери.
7. У И́ры бы́ло до́брое се́рдце.
8. Незнако́мец был до́брый и внима́тельный челове́к.
9. Незнако́мец – э́то писа́тель М. Го́рький.

D. Is the name of Gorky (1868-1936) familiar to you? He was the most renowned Soviet Russian writer. Gorky's childhood was very hard, as was his adolescence. He described them in his novels *Childhood*, *In the World* and *My Universities*. We recommend that you read them.

Read the story. Where did its characters work?

СО́ЛНЕЧНАЯ СТОРОНА́

У Са́ши Нефёдова глаза́ ви́дят всегда́ то́лько хоро́шее. Так сказа́л о нём ста́рый ма́стер.

Това́рищи ча́сто шу́тят, говоря́т, что Са́ша – «со́лнечная сторона́».

«Со́лнечная сторона́» – люби́мое его́ определе́ние. Са́ша счита́ет, что у челове́ка есть своя́ со́лнечная сторона́, ну́жно то́лько уме́ть уви́деть её.

Са́ша уме́ет. Вот, наприме́р, Ли́да Гера́симова.

Незаме́тная, углова́тая. Ребя́та ре́дко остана́вливались о́коло её станка́. Подходи́ли то́лько по де́лу – инструме́нт попроси́ть и́ли помо́чь «прочита́ть» чертёж: Ли́да вече́рний те́хникум конча́ет.

Одна́жды Са́ша сказа́л:

– На́ша Ли́да могла́ бы игра́ть роль княжны́ Ма́рьи в фи́льме «Война́ и мир». Глаза́ у неё удиви́тельные, как глубо́кие све́тлые озёра.

– Смотри́ не утони́! – ирони́чески улыбну́лся Ви́тя Вороно́к. – А мы ещё пожи́ть хоти́м.

Но слова́ Са́ши запо́мнили. Ста́ли ча́ще смотре́ть на Ли́ду – всё-таки интере́сно посмотре́ть в глаза́-озёра.

И, действи́тельно, глаза́ у Ли́ды оказа́лись удиви́тельные. Да́же стра́нно, что ра́ньше никто́ э́того не замеча́л.

Е́сли тепе́рь Ви́те Воронку́ кто́-нибудь хоть сло́во про́тив Ли́ды ска́жет – беда́! Ка́ждый день её провожа́ет, когда́ конча́ется рабо́та.

со́лнечный sunny
сторона́ side
глаза́ eyes
ма́стер foreman
определе́ние definition
счита́ть *imp.* to believe
наприме́р for example
углова́тая awkward
остана́вливаться to stop
о́коло at
стано́к machine-tool
подходи́ть to come up (to)
де́ло business
по де́лу on business
чертёж blueprint
те́хникум technical college
могла́ бы игра́ть could play
игра́ть роль to play the part of
княжна́ princess
све́тлый limpid, clear
утону́ть *p.* to get drowned

запо́мнить to remember
всё-таки still
ча́ще more often
оказа́ться *p.* to turn out
действи́тельно really
стра́нно (it is) strange
хоть even
про́тив against
кто́-нибудь anybody
беда́ there'll be trouble
провожа́ть to see off

81

у́гол – углова́тый		в те́ннис
со́лнце – со́лнечный		на гита́ре
замеча́ть – незаме́тный	игра́ть	на роя́ле
удивля́ться – удиви́тельный		в спекта́кле
		роль к о г о́?

встреча́ть ≠ провожа́ть   ока́зываться / оказа́ться
запомина́ть / запо́мнить   провожа́ть / проводи́ть
остана́вливаться / останови́ться   шути́ть / пошути́ть
                                    подходи́ть / подойти́

A. You probably had no difficulty in understanding the words and phrases:

инструме́нт, ирони́чески *adv.*, прочита́ть чертёж.

In the text, you came across the word *ребя́та*. We have already said that this word is used by adults in addressing children. However, it is also used by young people with respect to their coevals. Since the story is told by one of Sasha's friends, he calls his workmates *ребя́та*.

B. In the text, find the sentences (or parts of sentences) corresponding to these:

1. "Sunny side" is Sasha's favourite phrase.
2. He believes that a man always has a "sunny side", one must only be able to see it.
3. Lida was inconspicuous and awkward.
4. Boys rarely stopped at her machine-tool.
5. Her eyes were wonderful, like clear and deep lakes.
6. And, indeed, her eyes turned out to be wonderful.
7. It even was strange that nobody had noticed that before.

C. Complete the sentences in accordance with the text.

1. У Са́ши Нефёдова глаза́ ви́дели то́лько хоро́шее:
   (a) так говори́ла о нём Ли́да Гера́симова;
   (b) так говори́л о нём ста́рый ма́стер.

2. Са́ша счита́ет, что
   (a) есть лю́ди плохи́е и хоро́шие;
   (b) у челове́ка всегда́ есть своя́ со́лнечная сторона́.

3. Ребя́та проси́ли Ли́ду помо́чь им, потому́ что
   (a) Ли́да им нра́вилась;
   (b) Ли́да была́ до́брая де́вушка;
   (c) Ли́да конча́ла вече́рний те́хникум.

D. In the text, find the sentences which bear out these statements:

1. Са́ша был внима́тельный и до́брый.
2. Са́ша и его́ друзья́ рабо́тают на заво́де.
3. О Ли́де мо́жно сказа́ть, что она́ студе́нтка.
4. Ви́тя Вороно́к измени́л своё отноше́ние (attitude) к Ли́де.

E. Does Deniska from the story *Что лю́бит Ми́шка* remind you more of Vitya Voronok or Sasha? Why do you think so?

F. Who is Princess Marya? Why did Sasha remember her when he looked at Lida? If you do not know, read the novel *War and Peace* by Lev Tolstoy (1828-1910) or see a film made after the novel.

Read the text. Where did the events described in it take place?

ХОРО́ШАЯ ТРАДИ́ЦИЯ

Э́тот посёлок нахо́дится на целине́[1]. На снегу́ его́ ви́дно издалека́. У́лицы посёлка широ́кие, ро́вные, а дома́ наря́дные и весёлые.

Е́сли вы бу́дете здесь в кану́н и́ли в пе́рвые дни Но́вого го́да, обяза́тельно уви́дите, что ка́ждый де́ржит ве́тку ёлки и́ли сосны́.

Така́я тради́ция родила́сь в кану́н 1955 го́да.

На целину́ присла́ли пода́рки, и среди́ них была́ ёлка. Одна́-еди́нственная на весь совхо́з!

Её мо́жно бы́ло поста́вить в клу́бе, но клуб то́лько на́чали стро́ить.

– Зна́ете что? – предложи́л дире́ктор совхо́за. – Дава́йте пода́рим э́ту ёлку сра́зу всем. Она́ така́я густа́я – ка́ждый полу́чит ве́точку.

С тех пор здесь в день Но́вого го́да да́рят друг дру́гу ве́тку ёлки и́ли сосны́.

посёлок	settlement
его́ ви́дно издалека́	it can be seen from a distance
наря́дный	gay
кану́н Но́вого го́да	New Year's Eve
обяза́тельно	without fail
держа́ть	to hold
ве́тка	branch
ёлка	fir-tree
сосна́	pine-tree
присла́ть	*p.* to send
среди́	among
еди́нственный	(the) only
весь	whole
стро́ить	*imp.* to build
Зна́ете что?	You know
предложи́ть	*p.* to suggest
Дава́йте пода́рим	Let us give
сра́зу	at once
всем	(*dat. of* все) to all
густа́я	bushy
с тех пор	since then
друг дру́гу	each other

далеко́ (г д е?)   ве́тка – ве́точка
издалека́ (о т к у́ д а?)

совхо́з (*abbr. of* сове́тское хозя́йство)
колхо́з (*abbr. of* коллекти́вное хозя́йство)

присыла́ть / присла́ть
стро́ить / постро́ить
предлага́ть / предложи́ть

A. You must have understood the words *тради́ция* and *ве́точка*.

B. In the text, find the sentences (or parts of sentences) corresponding to these:

1. Everybody holds a fir or pine branch.
2. This tradition was born on the eve of 1955.
3. Only one single fir-tree for all the workers of the state farm!
4. The fir-tree is so bushy: everybody will get a branch.

---

[1] Virgin land cultivation began in the Soviet Union in 1954-1960. As a result, 41.8 million hectares of land has been put under the plough in the Kazakh Soviet Socialist Republic, the Urals, the Volga region, and some other areas of the country.

C. Read these statements. Do they accord with the story? If not, find the sentences in the text which bear out your opinion.

1. У́лицы посёлка у́зкие, а дома́ ску́чные.
2. Дари́ть ве́тки ёлки и́ли сосны́ в кану́н Но́вого го́да – о́чень ста́рая тради́ция.
3. На целину́ присла́ли пода́рки, и среди́ них мно́го ёлок (*gen. pl. of* ёлка).

And now for something different!

Choose a caption for each of these pictures.

(a) Иску́сство и жизнь.
(b) Где́ же я мог ви́деть э́тот рису́нок?
(c) Несбы́точная мечта́ пешехо́да.
(d) Конси́лиум.
(e) Награ́да победи́телю.
(f) Вход 10 копе́ек, вы́ход 50.

иску́сство art
несбы́точная мечта́ vain dream
награ́да reward
победи́тель winner

(!) пешехо́д (пешко́м + ходи́ть)   входи́ть ≠ выходи́ть
    мечта́ сбыла́сь – несбы́точная мечта́   вход ≠ вы́ход

You must have guessed the meanings of: *пешехо́д, вход* and *вы́ход*.

Read this joke. Perhaps, you will remember a friend of yours when you read it.

Я просну́лся и, как всегда́, гро́мко и хри́пло зака́шлял.
– Кака́я поро́да? – спроси́л незнако́мый мужско́й го́лос в прихо́жей.
– У кого́? – услы́шал я го́лос жены́.
– У соба́ки?
– Э́то ка́шляет мой муж. Днём и ве́чером он ку́рит, а у́тром ка́шляет.
– Мо́жно поду́мать, что вы живёте в лесу́, – сказа́л тот же мужско́й го́лос. – Почему́ вы не ле́чите му́жа от куре́ния?
– Ра́зве есть сре́дство?
– Что за вопро́с! Коне́чно, есть. У меня́ оно́ до́ма. Хоти́те, я дам его́ вам?
– Спаси́бо. Я приду́.
Я слы́шал, как закры́лась дверь и жена́ вошла́ в ко́мнату.
– Никуда́ ты не пойдёшь! – сказа́л я. – Кто э́тот челове́к?
– Наш но́вый сосе́д све́рху. Успоко́йся. У него́ есть сре́дство от куре́ния.
– И он бу́дет меня́ лечи́ть! – я опя́ть на́чал ка́шлять, и жена́ дала́ мне во́ду. – Ведь о́н же не врач! И ты пойдёшь?
– Неуже́ли ты ду́маешь, что я бу́ду ждать, когда́ сосе́ди начну́т жа́ловаться, что ты ла́ешь и не даёшь им поко́я? Сосе́дка давно́ меня́ спра́шивает, кака́я у нас соба́ка.
Жена́ всё-таки пошла́ к сосе́ду. Она́ пришла́, и глаза́ её сия́ли.
– Са́шенька! – она́ показа́ла мне коро́бочку. В коро́бочке бы́ло что́-то жёлтое.
– Что э́то?
– Гомеопати́ческое сре́дство.
– Э́того ещё не хвата́ло!

просну́ться *p.* to wake up
хри́пло hoarsely
зака́шлять *p.* to begin coughing
поро́да breed
го́лос voice
прихо́жая entrance hall

тот же the same
лечи́ть *imp.* to treat
сре́дство remedy

све́рху from above
успоко́иться to calm down
куре́ние smoking
сре́дство от remedy for
жа́ловаться *imp.* to complain
ла́ять *imp.* to bark
поко́й peace
глаза́ её сия́ли her eyes were beaming
что́-то something

Э́того ещё не хвата́ло! What do I need it for?

85

следующий next
карман pocket
расписание time-table
приём лекарства taking the medicine
открывать *imp.* to open
глотать *imp.* to swallow
крупинка grain

смеяться to laugh

снова again
пилюля pill
случилось чудо – a miracle had happened

между прочим by the way
пшено millet

Но надо знать, что такое моя жена. На следующий день, когда я поехал на работу, коробочка была у меня в кармане. Там лежало расписание приёма лекарства. 467 раз в день мне нужно было открывать коробочку и глотать крупинку лекарства. (Крупинка была жёлтая и похожа на микроба.) Хорошо, что на моих часах была секундная стрелка.

Мои товарищи выходили в коридор и курили. Я тоже выходил в коридор. Они курили – я глотал. Они смеялись надо мной, а я слушал и думал, что у меня есть ещё 17 секунд, а потом мне снова нужно принять пилюлю.

Прошло два месяца. Коробочка была пустая. Но случилось чудо. В квартире стало тихо: я больше не лаял утром. Недавно я спросил жену:

– Слушай, как называлось то лекарство?

– Какое?

– Ты разве не замечаешь, что я уже не курю и не лаю?

Жена засмеялась:

– Между прочим, это было обыкновенное пшено.

коробка – коробочка
Саша – Сашенька
чудо – чудесный
мужчина – мужской

курить – курение
открывать ≠ закрывать

принять лекарство
приём лекарства

глотать / проглотить
жаловаться / пожаловаться
кашлять / закашлять
лаять / залаять
лечить / вылечить
открывать / открыть
успокаиваться / успокоиться

A. You must have guessed the meanings of:

курение, коридор, секунда, микроб, гомеопатическое средство, секундная стрелка, мужской голос.

You probably understood the meaning of the word *коробочка*, which contains the diminutive suffix **-очк(а)**, already familiar to you. The suffix **-еньк(а)** in Сашенька has the same diminutive meaning with a nuance of affection. Diminutives of feminine names can also be formed on this model: Маша – Машенька, Наташа – Наташенька, Катя – Катенька.

B. In the text, find the sentences (or parts of sentences) corresponding to these:

1. Why don't you treat your husband for smoking?
2. What a question!
3. He has a remedy for smoking.
4. But he's not a doctor!
5. But you should know what sort of woman my wife is!
6. But a miracle had happened.

C. Which of the four titles suggested below would you choose for the story? Why?

Сре́дство от куре́ния.
Чу́до.
Така́я жена́ – зо́лото.
Спаси́бо жене́.

If a friend of yours cannot give up smoking, advise him to use this miraculous remedy. Perhaps it will prove effective?

 You surely remember that our old friends Sheila, John and Michael often visit Nikolai Ivanovich, whose wife was born in Leningrad and often tells people about her native city. This is what she told Sheila, John and Michael one day.

ЛЕНИНГРА́Д

Ленингра́д – э́то чу́до, кото́рое навсегда́ оста́нется у меня́ в се́рдце. Я закрыва́ю глаза́ и ви́жу э́тот неповтори́мый го́род. И я хочу́, что́бы уви́дели его́ и вы.

Ленингра́д – второ́й по величине́ го́род СССР. Исто́рия его́ начина́ется в XVIII ве́ке, когда́ 16 ма́я 1703 го́да царь Пётр I заложи́л кре́пость Санкт-Петербу́рг, и́ли про́сто

оста́ться *p.* to remain
я хочу́, что́бы... + *past tense* I want you to...
величина́ size
второ́й по величине́ second largest
век century
царь tsar
заложи́ть кре́пость to found a fortress
про́сто simply

Ле́тний дворе́ц Петра́ I.

жило́й dwelling
строе́ние house, structure
ме́дный copper, bronze
вса́дник horseman
изображе́ние representation
ка́к бы as it were
побере́жье coast
Фи́нский зали́в the Gulf of Finland
де́льта delta
красота́ beauty
ка́мень *m.* stone

Петербу́рг. До́мик Петра́ – пе́рвое жило́е строе́ние го́рода. Его́ мо́жно ви́деть и сейча́с. А вот «Ме́дный вса́дник» – так называ́л Пу́шкин э́тот па́мятник Петру́. Изображе́ние его́ мо́жно встре́тить о́чень ча́сто – э́то как бы визи́тная ка́рточка го́рода.

Ленингра́д нахо́дится на побере́жье Фи́нского зали́ва в де́льте реки́ Невы́.

Неповтори́мая красота́ Ленингра́да в гармо́нии воды́, ка́мня и не́ба. Смотри́те, каки́е краси́вые э́ти на́бережные!

А мосты́ Ленингра́да че́рез Неву́ и ти́хие кана́лы! Их о́чень мно́го. Дли́нные и коро́ткие, широ́кие и у́зкие, ка́менные и деревя́нные.

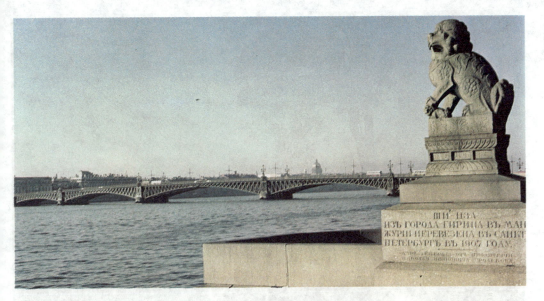

А как интере́сно смотре́ть, когда́ разво́дят мосты́! Ведь Ленингра́д – кру́пный морско́й порт, и но́чью мосты́ разво́дят, что́бы теплохо́ды могли́ войти́ в Неву́. Вот как э́то вы́глядит:

разводи́ть мосты́ to raise the bridges
кру́пный large
как э́то вы́глядит what it looks like

Пра́вда, интере́сно?

Как я уже́ сказа́ла, мосты́ разво́дят но́чью. И э́тот сни́мок я сде́лала но́чью. Да, да но́чью! Не удивля́йтесь – ведь в Ленингра́де ле́том бе́лые но́чи. Как э́то краси́во! Неда́ром оди́н поэ́т сказа́л: «Все влюблённые ми́ра зави́дуют бе́лым ноча́м».

Пра́вда, интере́сно? It's interesting, isn't it?
сни́мок photo
влюблённый *noun* lover
зави́довать *imp.* to be jealous

В Ленингра́де чуде́сные па́рки. Вот, наприме́р, Ле́тний сад. Смотри́те, како́й он: многоле́тние дере́вья, садо́вые скульпту́ры, неповтори́мая решётка. Весь го́род зелёный. А ведь Ленингра́д – э́то 60-я се́верная паралле́ль! Эту красоту́ со́здали и подде́рживают ру́ки челове́ка: ленингра́дцы о́чень лю́бят свой го́род.

решётка railing

созда́ть to create
подде́рживать to preserve

В Ленингра́де о́чень краси́вые архитекту́рные анса́мбли. Посмотри́те: э́то Дворцо́вая пло́щадь. Здесь Зи́мний дворе́ц, бы́вший Генера́льный штаб, Алекса́ндровская коло́нна – па́мятник Оте́чественной войны́ 1812 го́да.

В Ленингра́де есть зда́ния, кото́рые расска́зывают нам о Вели́кой Октя́брьской социалисти́ческой револю́ции[1]. 24 – 25 октября́ (7 – 8 ноября́) 1917 го́да здесь произошло́ Октя́брьское вооружённое восста́ние.

дворе́ц palace
бы́вший former
штаб headquarters
Оте́чественная война́
Patriotic War

вооружённое armed

---

[1] The Great October Socialist Revolution, the first socialist revolution in history, was accomplished by the working class in alliance with the poor peasants under the leadership of the Communist Party headed by V. I. Lenin.

по сигна́лу after the signal was given
ору́дие gun
кре́йсер cruiser
штурм storm

Зи́мний дворе́ц, и́ли про́сто Зи́мний,—бы́вшая резиде́нция царя́, а пото́м—Вре́менного прави́тельства. 26 октября́ 1917 го́да по сигна́лу ору́дий кре́йсера «Авро́ра» начался́ штурм Зи́мнего дворца́. Кре́йсер и сейча́с стои́т на Неве́ как па́мятник исто́рии. А в Зи́мнем дворце́ сейча́с музе́й Эрмита́ж.

А это Смольный. Здесь в 5 часов утра 26-го октября 1917 года II съезд Советов провозгласил, что социалистическая революция совершилась.

Съезд Советов выбрал первое Советское правительство во главе с Лениным и принял первые декреты: Декрет о мире, Декрет о земле и Декрет о власти.

съезд Советов Congress of Soviets
провозгласил announced
совершилась had taken place
выбрать *p.* to choose
во главе с Лениным headed by Lenin
декрет decree
принять декрет to adopt a decree
власть power

Ленинград – крупнейший культурный центр страны. Какие здесь музеи, театры, библиотеки, институты! Достаточно сказать, что здесь находится знаменитый Пушкинский дом, где хранятся все рукописи поэта.

крупнейший (one of the) largest
достаточно сказать suffice it to say that
знаменитый famous
храниться *imp.* to be kept
рукопись manuscript

Здесь нахо́дится и Эрмита́ж – крупне́йший худо́жественный музе́й в стране́.

О Ленингра́де мо́жно расска́зывать бесконе́чно. И я ещё мно́го расскажу́ вам. И каки́е фотогра́фии я вам покажу́! Там бу́дут и проспе́кты Ленингра́да (гла́вный проспе́кт – Не́вский), и па́мятники, и теа́тры, и ста́нции метро́, и университе́т, и промы́шленные предприя́тия (ведь Ленингра́д – крупне́йший промы́шленный центр), и но́вые жилы́е райо́ны, и совреме́нные архитекту́рные анса́мбли.

Расскажу́ та́кже и о го́роде фонта́нов – Петродворце́.

Но всё сра́зу рассказа́ть нельзя́.

Совсе́м забы́ла сказа́ть, что Петербу́рг снача́ла переименова́ли в Петрогра́д. Это бы́ло в 1914 году́.

А в 1924 году́, по́сле сме́рти Ле́нина, его́ назва́ли Ленингра́д.

!

архитекту́ра – архитекту́рный
медь – ме́дный
ка́мень – ка́менный
де́рево – деревя́нный
стро́ить – строе́ние
жить – жило́й
повторя́ть – неповтори́мый
люби́ть – влюблённый
нача́ло – снача́ла

и́мя – пере-имен-ова́ть
держа́ть – под-де́рж-ивать
мног-о-ле́т-ние дере́вья
ру́к-о-пись (рука́ + писа́ть)

мо́ре – морско́й
сад – садо́вый
дворе́ц – дворцо́вый
краси́вый – красота́

вре́мя
совреме́нный

бе́рег
побере́жье
на́бережная

сни́мок = фотогра́фия
снима́ть = фотографи́ровать

выбира́ть / вы́брать
остава́ться / оста́ться
подде́рживать / поддержа́ть
создава́ть / созда́ть

We would like to draw your attention to the compound words *ру́копись* and *многоле́тний*, which consist of two roots connected by the letter **o**. This is the most common model of formation of compound words. (Sometimes the letter **e** is used instead of **o** e.g. пешехо́д.).

A. You must have guessed the meanings of:

неповтори́мый, исто́рия, визи́тная ка́рточка, гармо́ния, ка́менный, кана́л, порт, морско́й порт, бе́лая ночь, многоле́тний, скульпту́ра, паралле́ль, анса́мбль, архитекту́рный, коло́нна, резиде́нция, стиль, социалисти́ческий, револю́ция, институ́т, культу́рный, райо́н, анса́мбль.

B. In the text, find the sentences (or parts of sentences) corresponding to these:

1. Leningrad is a wonder which will remain in my memory as long as I live.
2. The second largest city in the country.
3. The unique beauty of the city lies in the harmony of the water, the stone and the sky.
4. This beauty was created and preserved by human hands: the Leningraders are very fond of their city.
5. The Congress of Soviets announced that the socialist revolution in Russia had been accomplished.
6. The Congress of Soviets ... adopted the first decrees.
7. One can speak about Leningrad endlessly.

C. Which of these sentences contradict the text?

1. Ленингра́д – о́чень большо́й го́род.
2. Э́то крупне́йший культу́рный и промы́шленный центр.
3. В 1988 году́ Ленингра́ду испо́лнилось 285 лет.
4. Ленингра́д – о́чень дре́вний го́род.
5. Морски́е теплохо́ды не мо́гут входи́ть в Неву́.
6. Но́чью ленингра́дские мосты́ разво́дят и морски́е теплохо́ды вхо́дят в Неву́.
7. Бе́лые но́чи в Ленингра́де быва́ют зимо́й.
8. Эрмита́ж – литерату́рный музе́й.
9. Го́роду да́ли и́мя Ле́нина в 1924 году́.

Don't you want to see Leningrad with your own eyes?

Dear Friend, this is the end of Chapter Three.
You have studied hard and learned a lot. If you want to learn more, go on to the next chapter.
We wish you success!

KEY TO THE EXERCISES

Exercise 5. 2. тяжёлый. 3. тру́дные. 4. си́льный. 5. высо́кое. 6. вре́дно. 7. светло́. 8. дёшево. 9. тепло́.

Exercise 6. 1. буты́лку, па́чку, ба́нку, кусо́к. 2. кома́нда. 3. варе́нья. 4. такси́. 5. афи́шу. 6. объявле́ние. 7. сигаре́ты. 8. рубль. 9. портре́т. 10. полови́ну. 11. о́тпуск. 12. кани́кулы. 13. меню́. 14. о́зеро. 15. копе́ек. 16. мину́т. 17. подари́ть. 18. пти́цы. 19. смея́лись. 20. приве́т. 21. чемода́н.

Exercise 7. 2. пионе́р. 3. пассажи́р. 4. арти́ст. 5. тури́ст. 6. англича́нин. 7. иностра́нец. 8. крестья́нин. 9. америка́нец. 10. официа́нт. 11. студе́нт. 12. перево́дчик. 13. продаве́ц. 14. учени́к. 15. учи́тель.

Exercise 8. 2e, 3d, 4e, 5d, 6e, 7c, 8d, 9c, 10e, 11d, 12c, 13c, 14d, 15e, 16d, 17e, 18e.

Exercise 9. 2d, 3b, 4c, 5d, 6c, 7d, 8b, 9d, 10d, 11d, 12d, 13b, 14c, 15c, 16d, 17c, 18d.

Exercise 10. 2b, 3c, 4a, 5b, 6b, 7c, 8b, 9c, 10a, 11b, 12c.

Exercise 11. 2b, 3c, 4a, 5d, 6d, 7c, 8b, 9b, 10c, 11d.

Exercise 12. 2c, 3b, 4c, 5c, 6c, 7d, 8a, 9b, 10c, 11c, 12b, 13c, 14d, 15d.

Exercise 13. 2d, 3b, 4c, 5d, 8d, 9c, 10a, 13a,–the suffix **-a- (-я-)**; 6a, 7b–the suffix **-ва-**; 11b, 12b–the suffix **-ива-**

Exercise 14. час – часы́; мо́да – мо́дный; центр – центра́льный; ну́жно – ну́жный; люби́ть – люби́мый; рису́нок – рисова́ть; гости́ница – гость; жена́ – же́нщина, жени́х; письмо́ – спи́сок, писа́ть, писа́тель; ви́деть – свида́ние; де́ти – де́тский; ду́мать – заду́мываться; обе́д – обе́дать; дари́ть – пода́рок; сча́стье – счастли́вый; день – днём; расска́зывать – ска́зка, сказа́ть; ста́рый – стари́к; стол – столо́вая; шко́ла – шко́льник; молодёжь – молодо́й; переводи́ть – перево́дчик; дава́ть – передава́ть; нача́ло – начина́ть; буди́льник – буди́ть; покупа́ть – поку́пка; ры́ба – рыболо́в; петь – пе́сня.

Exercise 15. A. 1, 4, 6, 8. B. 1, 5, 9. C. 4.

Exercise 16. 1, 2, 6, 7, 9.

Text *Со́лнечная сторона́. Exercise C.* 1b, 2b, 3c.

Text *Хоро́шая тради́ция. Exercise C.* None of the sentences correspond to the story.

Captions under the pictures: 1-f, 2-d, 3-c, 4-b, 5-a, 6-e.

CHAPTER FOUR

Dear Friend,
To be able to study this chapter, you must remember the following grammar (dealt with in the Fourth Concentric Cycle of Book Б).

I. The use of the verbs (a) идти́ – пойти́ – прийти́ and éхать – поéхать – приéхать, (b) идти́ – ходи́ть and éхать – éздить.

II. The use of the constructions:

(1) в, на + *the accusative* and к + *the dative* to express direction куда́? (в шко́лу, на стадио́н, к врачу́);

(2) в, на + *the prepositional* and у + *the genitive* to express place где? (в шко́ле, на стадио́не, у врача́);

(3) из, с, от + *the genitive* to express direction отку́да? (из шко́лы, со стадио́на, от врача́);

(4) на + *the prepositional* to express movement in a conveyance (éхать на авто́бусе).

III. The use of the dative with the preposition к to express direction and with the preposition по to express movement along a surface (éдут к фи́нишу, éдут по у́лице).

IV. The use of the constructions:

(a) че́рез + *the accusative*; (b) *the accusative* + наза́д; (c) с, до, по́сле + *the genitive* to express time (че́рез мину́ту; неде́лю наза́д; с утра́ до ве́чера, по́сле обе́да).

V. The instrumental singular of nouns and the instrumental of personal pronouns.

VI. The use of the instrumental:

(a) to express joint action с кем? (разгова́ривать с дру́гом);

(b) to express the instrumental of action чем? (писа́ть карандашо́м);

(c) after the link verbs станови́ться – стать, явля́ться – яви́ться (стал инжене́ром, явля́ется дире́ктором);

(d) with the prepostion с and of the genitive with the preposition без to express an attribute of an object како́й? (чай с лимо́ном, ко́фе без са́хара) or manner как? (занима́ться с удово́льствием, учи́ться без труда́);

VII. The use of the construction with the prepositions над, под, пе́ред, за, ря́дом с + *the instrumental* to express place где? (над столо́м, под столо́м, пе́ред шка́фом, за шка́фом, ря́дом со шка́фом) and with the prepositions под and за + *the accusative* to express direction куда́? (под шкаф, за шкаф).

VIII. The use of short-form adjectives as predicates.

Peculiarities in the use of the short-form adjectives рад, дово́лен, гото́в, до́лжен, уве́рен.

IX. The formation and use of the comparative and superlative degrees of adverbs and adjectives.

X. Complex sentences with the conjunction поэ́тому expressing result.

XI. The use of the imperative of the verb дава́ть + *the 1st person plural* to express exhortation to joint action.

We hope that you remember the new words from the Fourth Concentric Cycle of Book Б and from Chapter Three of Book Д.

As we did in the preceding chapters, let us discuss some of those words in greater detail.

Here are a number of words with a similar form and meaning in Russian and in English.

анса́мбль	гармо́ния	институ́т
архитекту́ра	дире́ктор	интере́с

исто́рия	матема́тика	социалисти́ческий
кана́л	микро́б	специали́ст
коло́нна	паралле́ль	стиль
коме́дия	порт	тигр
коридо́р	резиде́нция	тради́ция
кре́йсер	револю́ция	фи́зика
культу́рный	секу́нда	фи́ниш
макаро́ны	скульпту́ра	фото́граф
ма́стер	со́ус	

We would like to draw your attention to a number of words which have English counterparts with different meanings:

Компози́тор "composer", do not confuse with "compositor";

Котле́та "rissole", do not confuse with "cutlet";

Пье́са "play", do not confuse with "piece", but: музыка́льная пье́са "piece of music".

Note the word **гармо́ния** "harmony", in which **г = h**, and **исто́рия** "history", in which **h** at the beginning of the Latin word has been dropped.

In the word **матема́тика** "mathematics", **т = th**.

And now let us take a closer look at some words you came across in the Fourth Concentric Cycle of Book Б and in Chapter Three of Book Д.

Exercise 1. Read the words in (a), (b) and (c). Why are they grouped together?

(a) многоле́тний, пешехо́д, самолёт, ру́копись;
(b) колхо́з, универма́г, совхо́з;
(c) СССР, МГУ.

You must have noticed that these words are *compound* ones, i. e. they consist of two or more stems. They represent three types of formation of compound words in Russian:

Group (a) contains compounds formed by means of the linking vowel **о** or **е** (мног-**о**-ле́тний);

Group (b) contains compounds formed by abbreviating each of their components (колхо́з – **коллекти́вное хозя́йство**, совхо́з – **сове́тское хозя́йство**, универма́г – **универса́льный магази́н**);

The compounds in group (c) consist of the names of the initial letters of their components (СССР – Сою́з Сове́тских Социалисти́ческих Респу́блик – эс-эс-эс-эр; МГУ – Моско́вский госуда́рственный университе́т – эм-гэ-у).

Exercise 2. Read the words. Note that they are grouped in pairs of antonyms.

ску́чный – весёлый	ску́чно – ве́село
бли́зкий – далёкий	бли́зко – далеко́
ни́зкий – высо́кий	ни́зко – высоко́
тёплый – холо́дный	тепло́ – хо́лодно
тёмный – све́тлый	темно́ – светло́
глубо́кий – ме́лкий	глубоко́ – ме́лко
закры́тый – откры́тый	закры́то – откры́то

запомина́ть – забыва́ть   вход – вы́ход
пла́кать – смея́ться   се́вер – юг
проигра́ть – вы́играть   за́пад – восто́к
                             жизнь – смерть
                             вопро́с – отве́т

You must have guessed the meanings of: *све́тлый, светло́, ме́лкий, ме́лко, отве́т.*

Exercise 3. Give short answers to the questions. For this you will need many of the words from the preceding exercise.

Model: – О́зеро Байка́л – са́мое *ме́лкое* о́зеро в ми́ре?
– Нет, са́мое *глубо́кое.*

1. О́зеро Байка́л – са́мое *ме́лкое* о́зеро в ми́ре? 2. Э́тот челове́к всегда́ улыба́ется. У него́ всегда́ хоро́шее настрое́ние. Он *ску́чный* челове́к? С ним *ску́чно?* 3. Э́тот челове́к всегда́ недово́лен. Он никогда́ не улыба́ется. У него́ всегда́ плохо́е настрое́ние. Он *весёлый* челове́к? 4. Перево́дчик перево́дит статью́ из журна́ла. Журна́л лежи́т пе́ред ним *закры́тый?* 5. Вы е́дете на маши́не и хоти́те поверну́ть. Вы должны́ смотре́ть то́лько *вперёд?* 6. Вы смо́трите на ка́рту СССР. Вот Москва́. Сиби́рь нахо́дится на *за́паде* от Москвы́? Арха́нгельск нахо́дится на *юге?* Со́чи нахо́дится на *се́вере?* Ри́га нахо́дится *на восто́ке?* 7. Когда́ нам ве́село, мы *пла́чем?* 8. Но́чью на у́лице *светло́?* 9. Днём на у́лице *темно́?*

Exercise 4. Complete the sentences, supplying the words required by the sense. For this you must remember the new words from the Fourth Concentric Cycle of Book Б and from Chapter Three of Book Д.

A. 1. Е́сли вы спеши́те, то, коне́чно, на́до лете́ть на ..., но, е́сли вы хоти́те уви́деть страну́, на́до е́хать на ... и́ли на .... 2. Мы мо́ем ру́ки ..., вытира́ем ..., чи́стим зу́бы .... 3. Ма́льчик – то́чный портре́т отца́. Сле́довательно, он ... на отца́. 4. Ле́том жа́рко, поэ́тому все о́кна в ко́мнате .... 5. Прости́те, я не слы́шал, о чём вы меня́ спроси́ли. Повтори́те, пожа́луйста, ваш ... .

B. 1. Самолёт пошёл на поса́дку и сел на .... 2. Ма́льчик заболе́л, и врач дал ему́ .... 3. Де́душка лю́бит вну́чку бо́льше всех, она́ его́ .... 4. Я пью то́лько ко́фе с молоко́м, потому́ что я не люблю́ .... 5. На стене́ виси́т .... Покажи́те на ней, где нахо́дится Сиби́рь. 6. Матема́тик – челове́к, кото́рый занима́ется ..., а фи́зик – челове́к, кото́рый занима́ется .... 7. Мой брат – хоро́ший спортсме́н. Он мно́го и серьёзно ... спо́ртом. 8. Со́чи – краси́вый куро́ртный го́род, кото́рый стои́т на ... мо́ря. 9. Учи́тель за́дал вопро́с ученику́ и хо́чет получи́ть от него́ .... 10. Сего́дня должна́ прие́хать моя́ сестра́. Я е́ду встреча́ть её на вокза́л, потому́ что она́ прие́дет на ... .

куро́ртный го́род health resort

C. 1. Сто лет – э́то .... 2. Пти́ца сиде́ла на ... де́рева и пе́ла. 3. Де́вушка хорошо́ поёт, потому́ что у неё хоро́ший .... 4. Ка́менный дом – э́то дом из ка́мня, а деревя́нный дом – э́то дом из .... 5. Челове́к, кото́рый ле́нится, – ... .

6. Что́бы сде́лать хлеб, нужна́ пре́жде всего́ ... . 7. Я люблю́ слу́шать, как пою́т пти́цы. Их ... так краси́во! 8. Из Ло́ндона в Ленингра́д мо́жно прие́хать на теплохо́де, потому́ что Ленингра́д – кру́пный морско́й ... . 9. Е́сли ты хо́чешь узна́ть, когда́ придёт ну́жный тебе́ по́езд, посмотри́ в ... . 10. Весно́й крестья́не се́ют пшени́цу, а о́сенью собира́ют ... .

Exercise 5. In each horizontal row, find the word which answers the question как? or когда́? (It must be an adverb.) This exercise, like all the other exercises of this type, should be done as quickly as possible.

Example: 1 a (сно́ва)

	a	b	c	d
1.	сно́ва	дру́жба	весна́	страни́ца
2.	иску́сство	лицо́	мы́ло	про́сто
3.	сре́дство	чу́до	серьёзно	нача́ло
4.	ма́сло	о́зеро	лека́рство	я́сно
5.	ёлка	беда́	вчера́	сирота́
6.	стре́лка	сце́на	целина́	за́втра
7.	му́ха	секу́нда	звезда́	иногда́
8.	мечта́	всегда́	трава́	величина́
9.	глаза́	красота́	тогда́	ме́льница
10.	мука́	навсегда́	сторона́	стена́

Exercise 6. In each horizontal row, find the word with a diminutive suffix.

Example: 1 b (пе́сенка)

	a	b	c	d
1.	откры́тка	пе́сенка	буты́лка	решётка
2.	крова́тка	коро́бка	оши́бка	поликли́ника
3.	стари́к	до́мик	фи́зик	матема́тик
4.	лицо́	со́лнышко	сре́дство	прави́тельство
5.	пионе́рка	Ма́шенька	студе́нтка	ска́зка
6.	коро́бочка	щётка	скаме́йка	посы́лка

Exercise 7. In each horizontal row, find the word with the opposite meaning to that of the first word.

Example: 1 d (вы́ход)

	a	b	c	d	e
1.	вход	век	челове́к	вы́ход	го́лос
2.	жизнь	день	смерть	глаза́	ко́лос
3.	за́пад	восто́к	зал	кана́л	ка́мень
4.	се́вер	лес	карма́н	сни́мок	юг
5.	бли́зкий	бы́вший	далёкий	еди́нственный	дре́вний
6.	ни́зкий	деревя́нный	жило́й	высо́кий	кру́пный
7.	запомина́ть	покупа́ть	забыва́ть	мечта́ть	отвеча́ть
8.	пла́кать	простуди́ться	остава́ться	просыпа́ться	смея́ться
9.	проигра́ть	выбира́ть	получа́ть	вы́играть	опа́здывать
10.	тёплый	ме́дный	ка́менный	наро́дный	холо́дный

Exercise 8. In each horizontal row, find the word with the same root as the first word.

Example: 1 d (незнако́мец)

	a	b	c	d	e
1.	знать	гря́зный	жизнь	незнако́мец	шерсть
2.	ду́мать	дуть	заду́мчивый	домо́й	де́ло
3.	смотре́ть	смерть	ска́терть	ра́зный	осма́тривать
4.	замеча́ть	мечта́ть	незаме́тный	меша́ть	нача́ть
5.	люби́мец	лимо́н	бить	бри́тва	влюблённый
6.	всегда́	когда́	тогда́	навсегда́	иногда́
7.	друг	вдруг	га́лстук	внук	дру́жба
8.	кра́сный	кру́пный	покрасне́ть	румя́ный	ра́достный
9.	мы́ло	ми́лый	ма́ленький	мыть	мла́дший
10.	мо́ре	моё	морско́й	моро́з	мир

Exercise 9. In each horizontal row, find the word denoting a person.

Example: 1 d (ма́стер)

	a	b	c	d
1.	о́пыт	вопро́с	бе́рег	ма́стер
2.	дворе́ц	чертёж	незнако́мец	коне́ц
3.	колхо́з	пешехо́д	вход	вы́ход
4.	урожа́й	воробе́й	трамва́й	лентя́й
5.	жизнь	ру́копись	победи́тель	по́дпись
6.	ме́льница	пшени́ца	учени́ца	страни́ца
7.	беда́	сирота́	целина́	издалека́
8.	салфе́тка	посы́лка	де́вушка	бу́лка
9.	скаме́йка	у́тка	поликли́ника	иностра́нка
10.	мужчи́на	дру́жба	се́рдце	самолёт

Exercise 10. In the second group of words, find the words with the same roots as the words in the first group.

Example: вре́мя – совреме́нный

I. вре́мя, пешехо́д, исто́рия, и́мя, жить, люби́ть, со́лнце, де́ти, бе́рег, объявля́ть, краси́вый, чу́до, муж, де́рево, ка́мень, стро́ить, посла́ть, сад, петь, кури́ть, рад, интере́сно, повторя́ть, удивля́ться, лентя́й, наро́д;

II. люби́мец, мужчи́на, со́лнечный, де́тский, объявле́ние, чудеса́, деревя́нный, побере́жье, строи́тель, красота́, садо́вый, пе́сня, куре́ние, истори́ческий, неповтори́мый, удиви́тельный, ра́достный, лени́ться, наро́дный, ходи́ть, жило́й, де́тство, на́бережная, чуде́сный, мужско́й, пе́ние, посы́лка, интересова́ться, совреме́нный, переименова́ть, влюблённый, ка́менный.

Exercise 11. In each horizontal row, point out the word which answers the question како́й? (It must be an adjective in the comparative degree.)

Example: 1 c (ни́же)

	a	b	c
1.	ра́зве	уже́	ни́же
2.	то́же	ху́же	да́же

3. ле́гче   нигде́   вме́сте
4. пла́тье   мо́ре   коро́че
5. се́рдце   кафе́   лу́чше
6. бо́льше   по́ле   мо́ре
7. со́лнце   ни́же   лы́жи
8. ра́ньше   ме́ньше   по́сле

Exercise 12. In each horizontal row, mark the perfective verb. What formal features have helped you?

Example: 1 b (повтори́ть – the suffix **-и-**)

a	b	c	d
1. та́ять	повтори́ть	печа́тать	повторя́ть
2. отдыха́ть	уме́ть	отдохну́ть	устава́ть
3. открыва́ть	рвать	конча́ть	ко́нчить
4. снима́ть	объясни́ть	класть	объясня́ть
5. отве́тить	сажа́ть	включа́ть	отвеча́ть
6. реша́ть	изуча́ть	изучи́ть	забыва́ть
7. иска́ть	ката́ться	звать	поката́ться
8. лете́ть	спать	пригласи́ть	приглаша́ть
9. улыба́ться	улыбну́ться	хоте́ть	находи́ть
10. пошути́ть	шути́ть	предлага́ть	задава́ть
11. е́хать	идти́	пове́рить	ве́рить
12. просыпа́ться	просну́ться	дежу́рить	боле́ть
13. постро́ить	стро́ить	е́здить	ходи́ть
14. занима́ться	изуча́ть	верну́ться	возвраща́ться
15. интересова́ться	станови́ться	чи́стить	почи́стить

Exercise 13. In which sentences do the italicised words answer the question куда́?

1. Рабо́чие иду́т на *заво́д*. 2. Э́тот *заво́д* постро́или 10 лет наза́д. 3. Соба́ка зале́зла под *стол*. 4. Посреди́ ко́мнаты стои́т *стол*. 5. Поста́вьте *стол* о́коло окна́. 6. Э́то моё люби́мое *кафе́*. 7. Я люблю́ э́то *кафе́*. 8. Пойдём в э́то *кафе́*. 9. Мы до́лго сиде́ли в *кафе́*. 10. Шофёр поста́вил маши́ну за́ *угол*. 11. Поста́вьте кре́сло в *у́гол*. 12. 90° – э́то прямо́й *у́гол*.

Exercise 14. In which sentences do the italicised words answer the question (a) куда́?, (b) где?

1. Ковёр лежи́т *на полу́*. 2. Де́ти иду́т *в шко́лу*. 3. Де́вушки иду́т *по бульва́ру*. 4. Я разгова́риваю с дру́гом *по телефо́ну*. 5. По́сле рабо́ты я пойду́ *к врачу́*. 6. Сеа́нс начнётся *че́рез мину́ту*. 7. Де́ти бе́гают *по са́ду*. 8. *По телеви́зо- ру* пока́зывают интере́сный фильм. 9. Ле́том я хочу́ пое́хать *в Ри́гу*. 10. В воскресе́нье я ходи́л *к дру́гу*.

Exercise 15. Translate into English, paying attention to the italicised words and phrases.

A. 1. *Уче́бный год* в *Сове́тском Сою́зе* начина́ется *в сентябре́*. 2. *В сре́ду* мы бы́ли *в теа́тре*, а *в воскресе́нье* пойдём *на вы́ставку*. 3. Мы пое́дем *на вы́ставку на авто́бусе*. 4. Биле́ты *на вы́ставку* лежа́т *на столе́*. 5. Мы бы́ли *на вы́ставке* с двух до пяти́ часо́в. 6. Мы осмотре́ли вы́ставку *с интере́- сом*. 7. Мы верну́лись *с вы́ставки* о́чень дово́льные.

В. 1. *У меня́* боли́т голова́. 2. *У меня́* анги́на. 3. *У меня́* есть ста́ршая сестра́. 4. *У меня́* краси́вая сестра́. 5. *У неё* хоро́ший хара́ктер. 6. *У неё* есть жени́х. 7. *У неё* краси́вый и у́мный жени́х. 8. Я прие́хал *от отца́ и ма́тери* в а́вгусте. 9. Я получи́л сего́дня письмо́ *от отца́ и ма́тери.*

And now let us study some texts. The texts in the chapter are longer and somewhat more difficult than those in the preceding chapters.

ДОМА́ШНЕЕ СОЧИНЕ́НИЕ

I

том volume
свет world
мысль idea
пришла́ в го́лову мысль an idea occurred to him
перелиста́ть *p.* to leaf through
двойно́й double
лист leaf
по́черк handwriting
от неожи́данности in surprise
вскри́кнуть *p.* to cry out
Что тебе́? What is it?
Ничего́. Nothing.
Я про́сто так. No reason at all.
прове́рить *p.* to make sure
к сча́стью fortunately
прости́(те) forgive me
заголо́вок heading
су́дя по заголо́вку judging by the heading
одна́ко however
то́чно accurately

Когда́ Ди́ма прочита́л все де́тские кни́ги в до́ме, он реши́л чита́ть энциклопе́дию. Её тяжёлые тома́, где мо́жно бы́ло прочита́ть всё на све́те, лежа́ли в шкафу́ отца́. Ди́ме пришла́ в го́лову мысль, что е́сли всё э́то прочита́ть, мо́жно сра́зу стать образо́ванным челове́ком.

И вот он взял том на бу́кву «А». Снача́ла он реши́л перелиста́ть его́, посмотре́ть карти́нки... И неожи́данно остано́вился. Ме́жду страни́цами лежа́л двойно́й лист из тетра́ди. По́черк был незнако́м ему́:

«Письмо́ 1973-му го́ду. Дома́шнее сочине́ние ученика́ 9-го кла́сса Влади́мира Пла́това».

– Ба́бушка! – от неожи́данности вскри́кнул Ди́ма.

– Что тебе́? – услы́шал он из друго́й ко́мнаты.

– Ничего́... Я про́сто так. Хоте́л прове́рить: ты спишь и́ли нет.

– К сча́стью, не сплю. А то́ бы ты разбуди́л меня́.

– Прости́, пожа́луйста.

Ди́ма реши́л снача́ла прочита́ть письмо́ сам. Су́дя по заголо́вку, учени́к 9-го кла́сса до́лжен был адресова́ть его́ не челове́ку, а го́ду, кото́рый неда́вно начался́. Одна́ко пе́рвые же стро́чки говори́ли, что учени́к не о́чень то́чно вы́полнил зада́ние учи́тельницы...

«Дорога́я Ва́ля! Мари́я Ники́тична сказа́ла, что ну́жно обраща́ться к го́ду, а я обраща́юсь к тебе́. К тебе́, кото́рая живёт в э́том году́!

предста́вь себе́ imagine

Прошло́ три́дцать лет, как я написа́л э́то письмо́. И вот ты его́ чита́ешь... Предста́вь себе́, что я стою́ ря́дом и разгова́риваю с тобо́й.

му́чить *impr.* to worry
переме́на break
на переме́не during the break
про́сто так just like friends do

За э́то вре́мя произошло́ гла́вное: я получи́л отве́т на вопро́с, кото́рый му́чил меня́ в шко́льные го́ды. До́ма, на уро́ке, на переме́не я ду́мал: «Кого́ же всё-таки она́ лю́бит: Лёшку Фили́ппова и́ли меня́?!»

Тепе́рь я уже́ давно́ зна́ю, что ты лю́бишь меня́. А с Лёшкой разгова́ривала на переме́не про́сто так. И́ли потому́, что вы о́ба занима́лись в литерату́рном кружке́. Это бы́ло еди́нственное, что вас объединя́ло в то далёкое вре́мя. Тепе́рь я уже́ то́чно зна́ю...

Все э́ти три́дцать лет я был о́чень сча́стлив, потому́ что ты люби́ла меня́, а не Лёшку Фили́ппова! Хотя́ он хоро́ший па́рень (тепе́рь-то уж хоро́ший пожило́й челове́к). Я сочу́вствовал ему́ все э́ти три́дцать лет. Но что поде́лаешь, Ва́лечка! Если ты лю́бишь меня́... Тут уж ничего́ не поде́лаешь!..

Никогда́ не ду́мал, что мечты́ мо́гут сбыва́ться так то́чно. Мы рабо́таем с тобо́й в одно́й больни́це.

Сего́дня мы с тобо́й вме́сте опери́ровали одного́ больно́го. А пото́м мы о́ба спусти́лись вниз, где ждала́ его́ мать, и я сказа́л ей: «Всё в поря́дке!» Она́ не пове́рила.

А мы ста́ли уверя́ть её:

– Опа́сности нет. Опа́сности бо́льше нет!..

Что́бы име́ть возмо́жность хоть раз сказа́ть это, сто́ит жить на земле́! Ты согла́сна?

Пото́м мы верну́лись домо́й... На́ша дочь уже́ студе́нтка. Не зна́ю, в како́м институ́те... Но э́то не име́ет значе́ния!

А сын тебя́ огорча́ет. Но он похо́ж на отца́!.. И э́то тебе́ нра́вится. Ведь ты лю́бишь меня́...»

Здесь дома́шнее сочине́ние обрыва́лось.

о́ба both
кружо́к circle, study group
объединя́ть to unite

па́рень fellow
пожило́й middle-aged
сочу́вствовать *imp.* to sympathise

больни́ца hospital
спуска́ться (*imp.*) вниз to go downstairs
поря́док order

уверя́ть *imp.* to reassure
опа́сность danger

Ты согла́сна? Do you agree?
значе́ние meaning
име́ть значе́ние to matter
огорча́ть *imp.* to disappoint
обрыва́ться *imp.* to come abruptly to an end

! дома́шняя хозя́йка
дома́шнее сочине́ние

лист де́рева
лист тетра́ди
лист
перели́стывать кни́гу

переры́в в ву́зе, в магази́не
переме́на в шко́ле

жить
пожило́й челове́к

боле́ть
больно́й
больни́ца

ве́рить к о м у́?
уверя́ть к о г о́?

а́дрес
адресова́ть

ждать
неожи́данно
неожи́данность

счастли́вый ≠ несча́стный
сча́стье

голова́
заголо́вок

два
двойно́й

опера́ция
опери́ровать

литерату́ра – литерату́рный
матема́тика – математи́ческий

обрыва́ться / оборва́ть
объединя́ть / объедини́ть
огорча́ть / огорчи́ть
перели́стывать / перелиста́ть
проверя́ть / прове́рить
спуска́ться / спусти́ться

A. You must have guessed the meanings of:

энциклопе́дия, адресова́ть, шко́льные го́ды, литерату́рный кружо́к, опери́-ровать.

B. In Part I of the text, find the sentences (or parts of sentences) corresponding to these:

1. Judging by the heading, the ninth-form pupil was to address his essay not to a person, but to the year which had begun shortly before.
2. Imagine that I am standing near you.
3. I have received an answer to a question which tormented me during my school years.
4. It was the only thing you had in common in that distant past.
5. I have sympathised with him for the past thirty years.
6. It cannot be helped!..
7. Everything is all right!
8. Life is worth living if only to be able to say that but once.
9. It does not matter.

C. In the text, find the sentences bearing out that:

1. Ди́ма о́чень люби́л чита́ть.
2. Он удиви́лся, когда́ уви́дел в кни́ге письмо́.
3. Влади́мир не увлека́лся в шко́ле литерату́рой.
4. Ва́ля и Влади́мир хоте́ли стать врача́ми.
5. Влади́мир не зако́нчил письмо́.

II

– Ба́бушка! – кри́кнул Ди́ма.

– Что тебе́?

появи́ться *p.* to appear
поро́г threshold
когда́-то at one time, formerly
каза́лось it seemed
ги́бель *f.* death

умере́ть *p.* to die

как бы верну́лась seemed to have returned

протяну́ть *p.* to hand

Ди́ма молча́л. Ба́бушка появи́лась на поро́ге... Говори́ли, что когда́-то она́ была́ о́чень весёлая. И да́же люби́ла петь. А пото́м ста́ла ти́хая и, каза́лось, всё ду́мала о чём-то одно́м. Ду́мала, ду́мала... Она́ ста́ла така́я в тот день, в феврале́ 1945 го́да[1], когда́ узна́ла о ги́бели сы́на Воло́ди.

У́мерло её весе́лье, её пе́сни, пога́сли глаза́. И то́лько че́рез мно́го лет, когда́ роди́лся её внук Ди́ма, жизнь как бы верну́лась к ней. Но не та, что была́ ра́ньше, а совсе́м друга́я... Она́ ста́ла ба́бушкой.

– Это... его́ сочине́ние, – сказа́л Ди́ма. И протяну́л ей лист тетра́ди.

Ба́бушка прочита́ла. Пото́м ещё раз... Пото́м ещё. Ди́ма ждал. А она́ всё чита́ла и чита́ла. И не могла́ оторва́ться. И ма́льчику каза́лось, что э́то не ко́нчится никогда́.

– А где э́та Ва́ля? – спроси́л он ти́хо.

– Ва́ля Фили́ппова? Как и ра́ньше, живёт над на́ми, на шесто́м этаже́.

---

[1] i. e., during the Great Patriotic War (1941-1945).

– Фили́ппова?! – переспроси́л Ди́ма.

– Ну да...

– Она́ вы́шла за́муж за Лёшку?!

– Её му́жа зову́т Алексе́й Петро́вич, – отве́тила ба́бушка.

– Э́то тот, кото́рый уступа́ет всем доро́гу в лифт, а пото́м сам остаётся?

– Воспи́танный челове́к, – сказа́ла ба́бушка. – И её ты зна́ешь. Одна́жды, когда́ у тебя́ была́ высо́кая температу́ра, мы позва́ли её. Она́ сде́лала тебе́ уко́л... По́мнишь?

– По́мню, – отве́тил Ди́ма. – Она́ ста́ла хиру́ргом?

– Нет, педиа́тром.

– Кем?

– Де́тским врачо́м.

– И он то́же врач?

– Он преподаёт литерату́ру.

– Ну да... он же занима́лся в литерату́рном кружке́! А сын их тако́й высо́кий и углова́тый?

– О́чень тала́нтливый ма́льчик, – сказа́ла ба́бушка.

– Отку́да ты зна́ешь?

– У́чится в аспиранту́ре. Его́ зову́т Воло́дя...

переспроси́ть *p.* to ask (to repeat or confirm smth.)	
уступа́ть *imp.* to let (smb. pass)	
воспи́танный well brought up	
уко́л injection	
преподава́ть *imp.* to teach	
Ну да... Of course...	
аспиранту́ра post-graduate course	

в́есело
весёлый
весе́лье

поги́бнуть
ги́бель *f.*

смерть
умере́ть

высо́кий ма́льчик
высо́кая температу́ра

Ди́ма – Дми́трий
Воло́дя – Влади́мир
Лёша – Алексе́й
Ва́ля – Валенти́на

преподава́ть ч т о?
преподава́тель

аспира́нт
аспиранту́ра

переспра́шивать / переспроси́ть
появля́ться / появи́ться
протя́гивать / протяну́ть
умира́ть / умере́ть
уступа́ть / уступи́ть

Она́ за́мужем з а к е м?
Она́ вы́шла за́муж з а к о г о?

A. You must have guessed the meanings of:

лифт, тала́нтливый.

B. In Part II of the text, find the sentences (or parts of sentences) corresponding to these:

1. That's how she was on the day she learned about her son's death.
2. Her gaiety had died, she no longer sang, and the sparkle had gone from her eyes.
3. It was only many years later that life seemed to have returned to her.
4. But she kept reading and rereading (it).

C. Complete the sentences in accordance with the text.

1. Ба́бушка измени́лась (had changed),
   (a) потому́ что до́лго боле́ла;
   (b) когда́ постаре́ла;
   (c) когда́ узна́ла о ги́бели сы́на.
2. Ва́ля ста́ла де́тским врачо́м,
   (a) потому́ что всегда́ люби́ла дете́й;
   (b) хотя́ в шко́льные го́ды мечта́ла стать хиру́ргом.
3. Она́ вы́шла за́муж за челове́ка,
   (a) с кото́рым познако́милась по́сле войны́;
   (b) кото́рый учи́лся вме́сте с ней и с Воло́дей.

III

темне́ть to grow dark
спусти́ться вниз to go downstairs
подъе́зд entrance door

Когда́ на́чало темне́ть, Ди́ма спусти́лся вниз и стал ждать во дворе́, во́зле подъе́зда...

«Воло́дя мечта́л, что домо́й они́ бу́дут возвраща́ться вме́сте...– вспо́мнил Ди́ма.– Бу́дет хорошо́, е́сли сего́дня она́ вернётся одна́!»

кра́сный крест red cross

Она́ прие́хала на бе́лой маши́не с кра́сным кресто́м.

– Я то́лько скажу́ му́жу и сы́ну, что я бу́ду занята́, и сра́зу наза́д,–сказа́ла она́ шофёру.

– Пое́шьте,–посове́товал он.

мо́жет быть perhaps

– Тогда́, мо́жет быть, и вы?

– Я уже́ пое́л...

вслед за ней after her

Ди́ма вошёл в подъе́зд вслед за ней и ти́хо сказа́л:

– Прости́те, пожа́луйста...

Что с тобо́й? What's the matter with you?

– Что с тобо́й?–спроси́ла она́.

– Вам письмо́.

– Мне?!

впервы́е for the first time
по-де́тски child-like
удивлённый surprised
па́лец finger
ша́почка cap
моло́же younger
ша́почка... ей идёт the cap ... becomes her
всё ещё still
почему́-то for some reason or other
огорче́ние disappointment
подня́ться p. to go upstairs

Он впервы́е так бли́зко ви́дел её. Глаза́ бы́ли до́брые, по-де́тски удивлённые.

– Мне?!– она́ показа́ла па́льцем на себя́.

На ней был бе́лый хала́т. На голове́–бе́лая медици́нская ша́почка, кото́рая де́лает моло́же же́нщину-до́ктора и всегда́ ей идёт.

«Всё ещё краси́вая...»–почему́-то поду́мал с огорче́нием Ди́ма. И протяну́л ей дома́шнее сочине́ние Воло́ди.

– Прочита́йте...

– Что э́то?–спроси́ла она́.

– Э́то письмо́. Прочита́йте!..

– Хорошо́. То́лько дава́йте подни́мемся к нам. А то здесь не о́чень светло́.

– Нет, лу́чше тут...–отве́тил ей Ди́ма.

– Ну, хорошо́.–Она́ наде́ла очки́ и начала́ чита́ть.

«Хоть бы никто́ не помеша́л ей!–ду́мал Ди́ма.–Хоть бы никто́...»

Она́ сняла́ очки́... Бе́лая ша́почка уже́ не де́лала её моло́же. Она́ ме́дленно пошла́ вверх по ле́стнице, забы́ла, что в до́ме есть лифт.

– Скажи́те, пожа́луйста,...– спроси́л Ди́ма.– Вы люби́ли его́?

Она́ останови́лась.

– Вы люби́ли его́? – почти́ шёпотом повтори́л он.

If you want to know the end of the story, see the key.

❗ темно́ – темне́ть / потемне́ть   огорча́ть
спуска́ться / спусти́ться   огорче́ние
поднима́ться / подня́ться   с огорче́нием (к а к ?)

она́ наде́ла (сняла́) ко́фту, очки́   удивля́ться
она́ но́сит ко́фту, очки́   удивлённые глаза́

де́тский (к а к о́ й ?)   Ва́ля – Ва́л-еч-ка
по-де́тски (к а к ?)   ша́пка – ша́п-оч-ка

вниз ≠ вверх (к у д а́ ?)   е́здить

Она́ идёт по у́лице.   подъе́зд
Ей идёт э́та ша́почка.

A. You must have guessed the meanings of:

медици́нская ша́почка, ле́стница.

B. In Part III of the text, find the sentences (or parts of sentences) corresponding to these:

1. When it began growing dark, Dima went downstairs and waited in the courtyard, near the entrance door.
2. Dima followed her into the entrance-hall.
3. The doctor's cap makes a woman doctor look younger, and always becomes her.
4. Only let us go upstairs to my flat.
5. I do hope nobody comes up to distract her.

C. Do you think Valya had loved Volodya? What makes you think so? How did she answer Dima's question?

And here is a story describing one tradition.

ВЫПУСКНО́Й ВЕ́ЧЕР

Одна́жды меня́ пригласи́ли в шко́лу на выпускно́й ве́чер.

Я пришла́ немно́го ра́ньше. В шко́ле хлопота́ли ма́мы. Они́ гото́вили у́жин и не могли́ пове́рить, что их де́ти уже́ сда́ли экза́мены, получи́ли сре́днее образова́ние и мо́гут сего́дня танцева́ть и гуля́ть до утра́. Ма́мы о́чень волнова́лись.

ле́стница

выпускно́й ве́чер graduation assembly

получи́ть образова́ние to receive an education
сре́днее образова́ние secondary education
волнова́ться *imp.* to be excited

111

впереди in front
конец end, back
затем then
гора mountain
не за горами not far off

аттестат certificate
нарядный smart
вести себя to behave
как будто as if
надоесть to be tired (of smth.)
знание knowledge
уверенно confidently
выступить *p.* to take the floor
тонкий slender
смело bravely
звонко in a ringing voice
из-за about, for

совсем тихо in quite a low voice

клумба flower-bed

усталый tired

отовсюду from every-where

Наконец праздник начался. На сцене сидели учителя, в зале впереди ученики, затем родители и гости. В конце зала сидели младшие братья и сёстры, дошкольники. Они сидели тихо-тихо, и было ясно, что они понимают, что и у них такой вечер не за горами.

Начали давать аттестаты. Девочки выходили на сцену и охотно показывали свои нарядные светлые платья. Мальчики вели себя так, как будто эта церемония им уже давно надоела.

Затем было поздравление директора. Он сказал, что выпускники получили немалые знания, и он надеется, что теперь молодые люди уверенно пойдут по дороге жизни, которая открывается перед ними.

Затем выступила тоненькая девушка. Она начала говорить смело и звонко. Кончила она так: «Мы знаем, что наш класс был очень трудный, что вы много работали и часто волновались из-за нас, что мы могли учиться лучше». Вдруг она остановилась и кончила совсем тихо: «Но всё это мы поняли лишь сегодня, когда услышали последний звонок».

Затем девушки положили на стол цветы, и сцена стала похожа на клумбу.

А потом был весёлый и вкусный ужин, были танцы и игры. В два часа ночи усталые мамы стали собираться домой, а их совсем не усталые дети—на Красную площадь.

Шёл тёплый летний дождь. Город спал. А на площадь отовсюду по традиции шли вчерашние школьники. Они шли на Красную площадь встречать утро. Утро новой жизни.

выпускать
выпускной
выпускник

образованный
образование

получить образование

получить письмо

звонко (как?)
звонить
звонок

впереди (где?)
вперёд (куда?)

кончать
конец

школьник
дошкольник

устать
усталый

тонкий
тоненький

средний сын
среднее образование

поздравлять
поздравление
поздравительный

знать
знание

среднее образование
высшее образование

верить
уверять
уверенно

выпархивать / выпорхнуть
выступать / выступить

A. You must have guessed the meanings of:

хлопота́ть, дошко́льник, ти́хо-ти́хо, церемо́ния, поздравле́ние, выпускни́к, и́гры, све́тлые пла́тья, доро́га жи́зни, звоно́к, вчера́шний шко́льник.

B. In the text, find the sentences (or parts of sentences) corresponding to these:

1. Their children had already passed their examinations and received a secondary education.
2. The school-leavers had received a considerable amount of knowledge.
3. The young people would confidently go along the road life had chosen for them.
4. But the schoolpupils of yesterday kept arriving at the square from all directions.
5. They were coming to Red Square to greet tomorrow, the dawn of a new life.

If you come to Moscow at the end of June, you will be able to see for yourself a scene like the one described in the text.

 The author of the text given below concludes it with the words *Хлеб храни́т в себе́ тепло́ жи́зни.* Read the text and say whether you agree with him.

хлеб cereal
храни́ть to keep
тепло́ warmth

О ХЛЕ́БЕ

ко́лос (*pl.* коло́сья) ear
ще́дрость *f.* generosity

Как ребёнок явля́ется си́мволом жи́зни, так коло́сья хле́ба ста́ли си́мволом ще́дрости земли́ и ми́ра на ней.

Герб СССР State Emblem of the USSR
голо́дный hungry
кро́шка хле́ба a crumb of bread
рот mouth
бе́дность *f.* poverty
нет на кусо́к хле́ба had no money for a piece of bread
наде́жда hope
трево́га anxiety
оборо́на defence

Хле́бом и со́лью всегда́ встреча́ли го́стя на Руси́[1]. Хле́бу отдаю́т лу́чшие поля́. Хле́бные коло́сья мы ви́дим на Гербе́ СССР.

Когда́ челове́к хо́чет сказа́ть, что он го́лоден, он говори́т, что у него́ и кро́шки хле́ба не́ было во рту. И когда́ хоте́ли сказа́ть о бе́дности, то́же говори́ли, что у челове́ка нет на кусо́к хле́ба. О хле́бе ду́мали с ра́достью, с наде́ждой, а иногда́ и с трево́гой.

В Музе́е оборо́ны в Ленингра́де храни́тся дневна́я но́рма хле́ба (125 гра́ммов). Её получа́ли жи́тели Ленингра́да

---

[1] **Русь**, Rus is the old name of Russia. Some foreigners make no distinction between the concepts "Russia" and "the Soviet Union". However, Russia or, more exactly, the Russian Soviet Federative Socialist Republic (*abbr.* RSFSR) is only a part (admittedly the largest) of the Soviet Union, one of the 15 republics which constitute the USSR. Therefore, it is inexact to call the Soviet Union "Russia".

114

в дни блока́ды[1] го́рода, когда́ шла Вели́кая Оте́чественная война́ 1941-1945 гг.

Э́тот чёрный кусо́чек хле́ба, ма́ленький, как спи́чечная коро́бка, похо́ж на кусо́чек гли́ны. Э́то был го́рький хлеб с ды́мом войны́. У него́ был вкус го́ря.

Пе́карь – древне́йшая профе́ссия на земле́. От ма́стера к ма́стеру, от отца́ к сы́ну передава́лось э́то тру́дное иску́сство. Ра́ньше э́то была́ о́чень тяжёлая физи́ческая рабо́та.

Тепе́рь на по́мощь челове́ку пришла́ те́хника. Появи́лись хлебозаво́ды-автома́ты, где пеку́т со́тни тонн хле́ба в день.

В Москве́, наприме́р, пеку́т бо́льше 120 ви́дов хле́ба: здесь хлеб бе́лый и чёрный («ру́сский хлеб», как называ́ют его́ за рубежо́м), бато́ны и бу́лочки, украи́нские си́тники и белору́сский кала́ч, ри́жский, бороди́нский... Говоря́т, что моско́вский хлеб о́чень вку́сен.

Москвичи́ лю́бят свой хлеб. Впро́чем, его́ лю́бят и го́сти. Мно́гие лю́ди, кото́рые приезжа́ют из-за рубежа́, удивля́ются: никогда́ они́ не е́ли сто́лько хле́ба.

...Пеку́т хлеб моско́вские хлебозаво́ды. А ра́но у́тром специа́льные маши́ны везу́т его́ в бу́лочные.

Све́жий, пы́шный, румя́ный, он храни́т в себе́ тепло́ жи́зни.

спи́чка match
гли́на clay
го́рький bitter
дым smoke
вкус taste
го́ре sorrow
пе́карь baker
передава́ться *imp.* to be handed down
физи́ческая рабо́та manual work
прийти́ на по́мощь to come to the aid of
со́тня hundred
вид kind
за рубежо́м abroad
впро́чем incidentally
из-за рубежа́ from abroad
сто́лько so much
везти́ *imp.* to take
бу́лочная baker's shop
све́жий хлеб fresh bread
пы́шный light

[1] In 1941 Leningrad was blockaded by Hitler's troops. During the siege, which lasted 900 days, the Leningraders displayed great courage. On January 18, 1943 the Soviet Army broke the siege.

наде́яться
наде́жда

день – дневно́й
спи́чка – спи́чечный
вкус – вку́сный
хлеб – хле́бный

печь (пеку́)
пе́карь

кру́пный – крупне́йший
дре́вний – древне́йший

бе́дный
бе́дность

кусо́к – кусо́чек

бу́лка
бу́лочка
бу́лочная *noun*

тёплый хлеб (к а к о́ й ?)
здесь тепло́
тепло́ жи́зни (ч т о ?)

за рубежо́м (г д е ?)
из-за рубежа́ (о т к у́ д а ?)
за рубе́ж (к у д а́ ?)

жить – жи́тель

го́ре
го́рький хлеб
го́рькие слова́

Украи́на – украи́нский
Белору́ссия – белору́сский
Ри́га – ри́жский
Бородино́ – бороди́нский

све́жий во́здух
све́жий хлеб
све́жая газе́та

физи́ческая лаборато́рия
физи́ческая рабо́та

A. We hope you have guessed:

(a) the meanings of: си́мвол, хле́бные коло́сья, жи́тель, блока́да, спи́чечная коро́бка, дневна́я но́рма, профе́ссия, хлебозаво́д, то́нна, специа́льная маши́на, хлебозаво́д-автома́т.

(b) that си́тник, кала́ч, ри́жский, бороди́нский, украи́нский, белору́сский are the names of various kinds of bread.

B. It should not be difficult for you to understand that the word *древне́йшая* in the sentence Пе́карь – *древне́йшая* профе́ссия на земле́ means either "the oldest" or "one of the oldest". Adjectives in the superlative degree formed by means of the suffix **-ейш-** (less frequently **-айш-**), e. g. Пу́шкин – *велича́йший* поэ́т Росси́и, are typical of bookish style.

C. In the text, find at least eight sentences which describe the role of bread in man's life.

116

КОЛОБО́К

Жи́ли-бы́ли стари́к со стару́хой. Вот и говори́т стари́к стару́хе:

— Пойди́-ка, стару́ха, посмотри́, не найдёшь ли муки́ на колобо́к.

Пошла́ стару́ха, поиска́ла и нашла́ немно́го муки́.

Замеси́ла муку́, испекла́ колобо́к и на око́шко студи́ть положи́ла.

Колобо́к полежа́л-полежа́л, взял да и покати́лся — с окна́ на́ пол, по́ полу к две́ри, прыг че́рез поро́г да на крыльцо́, с крыльца́ на двор, со двора́ за воро́та, да́льше и да́льше.

Ка́тится колобо́к по доро́ге, а навстре́чу ему́ за́яц:

— Колобо́к, колобо́к, я тебя́ съем!

— Не ешь меня́, за́яц, я тебе́ пе́сенку спою́:

жи́ли-бы́ли once upon a time there lived
вот и говори́т one day ... said
пойди́-ка please go
на колобо́к enough for a small round loaf

замеси́ть *p.* to knead
студи́ть *itp.* to cool

взял да и покати́лся got up and rolled along

прыг jumped
крыльцо́ front steps
воро́та gate

навстре́чу towards

Я колобóк, колобóк,
Я от дéдушки ушёл,
Я от бáбушки ушёл,
А от тебя́, зáяц, и подáвно уйду́.

и подáвно all the more

тóлько зáяц егó и ви́-
дел and that was the last
the hare saw of him

И покати́лся по дорóге – тóлько зáяц егó и ви́дел!
Кáтится колобóк по дорóге, а навстрéчу ему́ волк:

– Колобóк, колобóк, я тебя́ съем!
– Не ешь меня́, волк, я тебé пéсенку спою́:
Я колобóк, колобóк,
Я от дéдушки ушёл,
Я от бáбушки ушёл,
Я от зáйца ушёл,
А от тебя́, волк, и подáвно уйду́.
И покати́лся по дорóге – тóлько волк егó и ви́дел!
Кáтится колобóк по дорóге, а навстрéчу ему́ медвéдь.
– Колобóк, колобóк, я тебя́ съем!
– Не ешь меня́, медвéдь, я тебé пéсенку спою́:
Я колобóк, колобóк,
Я от дéдушки ушёл,
Я от бáбушки ушёл,
Я от зáйца ушёл,
Я от вóлка ушёл,
А от тебя́, медвéдь, и подáвно уйду́!
И покати́лся – тóлько егó медвéдь и ви́дел!

118

Ка́тится колобо́к, а навстре́чу ему́ лиса́:

– Колобо́к, колобо́к, куда́ ка́тишься?
– Качу́сь по доро́жке.
– Колобо́к, колобо́к, спой мне пе́сенку!

Колобо́к и запе́л:

Я колобо́к, колобо́к,
Я от де́душки ушёл,
Я от ба́бушки ушёл,
Я от за́йца ушёл,
Я от во́лка ушёл,
От медве́дя ушёл,
А от тебя́, лиса́, и пода́вно уйду́!

А лиса́ говори́т:
– Ах, пе́сенка хороша́, да слы́шу я пло́хо. Колобо́к,
колобо́к, сядь мне на носо́к да спой ещё разо́к, погро́мче.
Колобо́к пры́гнул лисе́ на нос и запе́л погро́мче ту же
пе́сенку.

носо́к (*dim.* of **нос**) nose
погро́мче a little louder

А лиса́ ему́ сно́ва:

– Колобо́к, колобо́к, сядь ко мне на язычо́к да спой в после́дний разо́к.

Колобо́к прыг лисе́ на язы́к, а лиса́ его́ – гам! – и съе́ла.

старик   встреча́ть
стару́ха   навстре́чу + *dat.*

Ма́льчик ката́ется на конька́х   доро́га – доро́жка
Колобо́к ка́тится по доро́жке   язы́к – язычо́к
                                        раз – разо́к

A. You must have guessed what *за́яц, волк, медве́дь* and *лиса́* are.
The timid hare, the fatuous wolf, the simple-minded bear and the cunning fox are the invariable characters of Russian folk tales.

We hope you will tell this tale (which is extremely popular with Russian children) to some children of your acquaintance. They are sure to like the pictures by the well-known illustrator of fairy-tales, E. Rachev.

 Read the text. Do you think the author has received an answer to his question?

СТА́РЫЕ ДЕРЕ́ВЬЯ ЛЕНИНГРА́ДА

– Что вы хоти́те у нас посмотре́ть? Ведь вы уже́ не в пе́рвый раз в Ленингра́де? – спроси́л я.

Э́то был англи́йский писа́тель, кото́рый интересова́лся исто́рией. Он был до́брый челове́к, и к тому́ же немно́го фило́соф. Ря́дом с ним стоя́ла его́ жена́.

к тому́ же besides

– Покажи́те мне таки́е места́, чтобы я по́нял, почему́ вы победи́ли в войне́ 1941–1945 годо́в.

Я отве́тил не сра́зу. Я ду́мал, что́ ему́ показа́ть, чтобы он по́нял, что тако́е моя́ страна́, что тако́е мой наро́д.

победи́ть *p.* to win

– Хорошо́. – И я сказа́л шофёру: – Тогда́, пожа́луйста, так: че́рез Ки́ровский мост на Чёрную ре́чку – на ме́сто дуэ́ли Пу́шкина, пото́м – на пло́щадь Декабри́стов, пото́м в Ле́тний сад и отту́да на Пискарёвское кла́дбище[1]. Э́то бу́дет недо́лго.

страна́ country
дуэ́ль duel
кла́дбище cemetery
вид view
«Стерегу́щий» *Steregushchy* (name of a warship)

Мы пое́хали. Ему́ понра́вился Ки́ровский мост, вид с него́: Нева́ и дворцы́ над ней. И внизу́ пе́ред на́ми алле́и па́рка.

Япо́ния Japan
моря́к seaman, sailor

– Э́то па́мятник «Стерегу́щему». Война́ 1904–1905 годо́в с Япо́нией. Ру́сские моряки́ потопи́ли и себя́, и кора́бль. Но не о́тдали его́ врагу́.

потопи́ть *p.* to sink
кора́бль ship
враг enemy
пала́тка tent
молчали́вый silent
ополче́нец member of the Emergency Volunteer Corps

И тут я вспо́мнил. Пе́рвая вое́нная о́сень. Здесь в па́рке стоя́ли пала́тки, и по проспе́кту шли и шли молчали́вые ополче́нцы. Смо́жет ли всё э́то поня́ть англи́йский писа́тель?

---

[1] **Пискарёвское мемориа́льное кла́дбище** (the Piskaryovskoye Memorial Cemetery) is the main burial ground of Leningraders who died during the blockade of the city and of soldiers killed while defending Leningrad. Beyond the pavilions there lie concrete slabs and burns the eternal flame... Large quadrangular granite slabs mark mass graves with nothing but dates carved on them: 1941... 1942... 1944.

сза́ди from behind
разда́лся его́ го́лос his
voice came
учёный scholar

Сза́ди разда́лся его́ го́лос:

– Я ду́мал об э́том. Но не сли́шком ли до́рого для страны́ тако́е ополче́ние? Ведь там бы́ли учёные, писа́тели, компози́торы, арти́сты...

— Я вам отве́чу,—сказа́л я и поду́мал о тех, кого́ уже́ нет.—Мы для э́того и е́дем. Я постара́юсь вам отве́тить.

Маши́на останови́лась. Чёрная ре́чка. Снача́ла вы́шел я, а пото́м он с жено́й. Ре́чка была́ действи́тельно Чёрная. Он ждал.

— Ви́дите ли,—сказа́л я,—Пу́шкин уже́ при жи́зни знал, что он вели́к. Вы согла́сны с э́тим?

— О да! Он име́л пра́во э́то знать. Пу́шкин — да!

— И́менно,—подтверди́л я.—Но Пу́шкин пришёл сюда́ и не ду́мал о том, мо́жно ли станови́ться ге́нию под пу́лю. Он пришёл. Вы меня́ понима́ете? А ведь он был ге́ний. Но честь была́ для него́ доро́же.

— Но был ли он прав пе́ред исто́рией? Он мог ещё мно́гое сде́лать.

— Так бы́ло,—отве́тил я.—И то́лько так могло́ быть. Э́то хара́ктер, кото́рый представля́ет наро́д, страну́.

Мы пое́хали да́льше и останови́лись на пло́щади.

постара́ться *p.* to try

ви́дите ли you see
при жи́зни in his life-time
согла́сны с (do you) agree with
име́ть пра́во to have the right
и́менно precisely
подтверди́ть *p.* to confirm
станови́ться *imp.* to place oneself
пу́ля bullet
честь *f.* honour
прав right
представля́ть *imp.* to represent

поднять восстание to
start an uprising
самодержавие autocra-
cy
полк regiment
мужественный coura-
geous
однако however
внимание attention
обратить внимание на
to draw one's attention
to
богатый rich
положение position
собственный one's own
благополучие well-being

торжественный solemn

возвестить *p.* to usher in

привёл (I) have brought

– Вот,–показал я.–Здесь в декабре 1825 года русские революционеры, декабристы, подняли восстание против самодержавия. Здесь стоял их полк. Теперь она так и называется: площадь Декабристов.

– Это были очень мужественные люди,–сказал он жене.

– Да,–подтвердил я.–И они тоже представляли наш народ. Однако я хотел обратить ваше внимание на другое. Это были очень богатые люди. У них было всё: и общественное положение, и деньги. Но декабристы не думали о себе, когда вышли на площадь. Ведь они знали, что могут погибнуть. Для них их идеалы были выше, чем собственное благополучие.

– Да, да,–сказал он.–И Пушкин, и декабристы, и блокада...

Машина поехала вперёд, а мы пешком пошли в Летний сад.

Решётка Летнего сада была прекрасна и торжественна. На Неве «Аврора»–легендарный крейсер, который возвестил начало новой эры.

– Вы хотите что-то рассказать о революции?–спросил он.

– Нет, о революции вы знаете. О ней знают все,–ответил я,–я привёл вас сюда посмотреть на эти аллеи. И только.

– Не понимаю,–сказал он.

– Э́ти алле́и пе́режили блока́ду, – объясни́л я. – Лю́ди умира́ли от го́лода и хо́лода. Но никому́ в ту зи́му блока́ды не приходи́ла в го́лову мысль, что э́ти дере́вья – дрова́, что и́ми мо́жно бы́ло согре́ться. Понима́ете? И что парке́т в Зи́мнем дворце́ – то́же дрова́.

Маши́на е́хала сно́ва, и мы уви́дели Пискарёвское кла́дбище. Мы подошли́ к монуме́нту Ма́тери-Ро́дины. Внизу́ – ро́вные доро́жки и молчали́вые на́дписи: «1942», «1943».

пережи́ть *p.* to survive
го́лод starvation
хо́лод cold
дрова́ *pl.* firewood
согре́ться *p.* to warm oneself

ро́вный straight
на́дпись inscription

Мы шли. Писа́тель снял шля́пу. Его́ жена́ осторо́жно улыбну́лась мне и показа́ла на буке́т сире́ни, кото́рый она́ держа́ла.

– Положи́те, куда́ хоти́те, – отве́тил я. – Ка́ждый сантиме́тр земли́ здесь досто́ин э́того.

Я попроща́лся с ни́ми уже́ но́чью, кото́рая так и не потемне́ла. Бы́ло нача́ло ию́ня, стоя́ли бе́лые но́чи.

осторо́жно guardedly
буке́т bunch
сире́нь *f.* lilac
досто́ин ч е г о́? (is) worthy
попроща́ться (с) to say good-bye (to)

125

(!)

интере́с	леге́нда – легенда́рный	мо́ре – моря́к
интере́сно	го́лод – голо́дный	револю́ция – революционе́р
интере́сный	хо́лод – холо́дный	ополче́ние – ополче́нец
интересова́ться	война́ – вое́нный	дека́брь – декабри́ст

река́ – ре́чка
доро́га – доро́жка

жить г д е ?   бе́дный ≠ бога́тый
пережи́ть к о г о ? что?   друг ≠ враг

сам-о-держа́вие (сам + держа́ть)   на́дпись – по́дпись

от го́лода ⎱ cause   пережива́ть / пережи́ть
от хо́лода ⎰   побежда́ть / победи́ть
                                      топи́ть / потопи́ть
                                      стара́ться / постара́ться
                                      подтвержда́ть / подтвер-
                                      ди́ть
                                      представля́ть / предста́вить
                                      обраща́ть / обрати́ть
                                      согрева́ться / согре́ться

A. You must have understood the meanings of:

фило́соф, шофёр, дуэ́ль, алле́я, вое́нная о́сень, ге́ний, революционе́р, идеа́лы, легенда́рный, э́ра, парке́т, монуме́нт, сантиме́тр.

B. In the text, find the sentences (or parts of sentences) corresponding to these:

1. Show me such places which will help me understand why you have won.
2. Silent detachments of the Emergency Volunteer Corps kept marching along the avenue.
3. Pushkin knew that he was a great man in his own life-time.
4. He had the right to know that.
5. But honour was dearer to him.
6. The Decembrists started an uprising against autocracy.
7. They placed their ideals above their well-being.
8. It was the legendary cruiser which had ushered in the beginning of a new era.
9. Those avenues have survived the blockade.
10. That winter of the blockade nobody ever thought that those trees were firewood.
11. Put the flowers wherever you like. Every inch of the ground here deserves it.

Read the text. Do you agree that Baikal is a wonder of Nature?

«СЛА́ВНОЕ МО́РЕ, СВЯЩЕ́ННЫЙ БАЙКА́Л...»

сла́вный glorious
свяще́нный sacred
стари́нный old

Так начина́ется стари́нная наро́дная пе́сня о Байка́ле. Почему́ «сла́вное»? Почему́ «мо́ре»? Почему́ «свяще́нный»?

Тру́дно отве́тить логи́чно на э́ти вопро́сы: ведь Байка́л глубо́к, бу́ри его́ жесто́ки, и не мо́ре он, а са́мое настоя́щее о́зеро.

бу́ря storm
жесто́кий severe
са́мый настоя́щий quite real
отноше́ние attitude

Не ищи́те ло́гики в пе́сне. Ищи́те отве́т в отноше́нии к о́зеру тех, кто живёт о́коло него́: для них Байка́л и сла́вный, и свяще́нный, и мо́ре, и мно́гое, мно́гое друго́е.

I

По́мните семь чуде́с све́та? Их со́здали челове́ческие ру́ки. Никто́ не счита́л, ско́лько чуде́с создала́ приро́да. Но е́сли нача́ть счита́ть их, то Байка́л, коне́чно, бу́дет среди́ них.

Он о́чень краси́в. Но э́то не я́ркая красота́ ю́га, а стро́гая красота́ се́вера. Кра́ски здесь чисты́ и не́жны: си́нее о́зеро, голубо́е не́бо, се́рые скали́стые берега́, краснова́тые стволы́ и зелёные верши́ны дере́вьев. Мра́морные поро́ды: бе́лые, золоти́стые, ро́зовые, зеленова́тые.

Впро́чем, хва́тит поэ́зии! Уж е́сли чу́до – то чу́до. Вот ци́фры.

счита́ть *imp.* to count
приро́да nature
среди́ among
я́ркий flamboyant
стро́гий austere
кра́ска colour
не́жный soft
скали́стый rocky
ствол trunk
верши́на top
мра́морный marble
хва́тит enough
уж е́сли... то if it is ... then
ци́фра figure

наибо́льшая maximum
км (*abbr. for* киломе́тр)
km (kilometre)
пре́сная вода́ fresh water
часть part
объём volume
э́то зна́чит, что it means that
помести́ться *p.* to be held
взя́тые вме́сте taken together
прозра́чный clear
Средизе́мное мо́ре the Mediterranean Sea
несмотря́ на despite
замерза́ть *imp.* to freeze
льди́на ice-floe
пове́рхность *f.* surface
разнообра́зный diverse
расте́ние plant

Длина́ Байка́ла – 636 км, наибо́льшая ширина́ – 79,4 км, наибо́льшая глубина́ – 1620 ме́тров.

Байка́л – э́то 1/5 часть всей пре́сной воды́ на Земле́. Объём воды́ в о́зере 23000 км³. Что э́то зна́чит? Э́то зна́чит, что в Байка́ле мо́жет помести́ться всё Балти́йское мо́ре и́ли все Вели́кие америка́нские озёра вме́сте. Все пять, взя́тые вме́сте!

В Байка́л впада́ет 336 рек, а вытека́ет лишь одна́ – Ангара́.

Байка́л прозра́чнее, чем все озёра ми́ра, он прозра́чнее, чем Средизе́мное и Чёрное моря́.

Ле́том вода́ Байка́ла собира́ет мно́го тепла́. Поэ́тому, несмотря́ на сиби́рские зи́мы, Байка́л замерза́ет то́лько в декабре́. Зато́ льди́ны на его́ пове́рхности мо́жно встре́тить да́же ле́том.

Фа́уна и флора́ э́того райо́на о́чень разнообра́зны и бога́ты. Здесь есть таки́е живо́тные и расте́ния, кото́рые нигде́ в ми́ре бо́льше нельзя́ уви́деть.

❗

ло́гика	поэ́т	дли́нный – длина́
логи́чно	поэ́зия	широ́кий – ширина́
вверх (к у д а́?)		глубо́кий – глубина́
верши́на		
пове́рхность		зелёный – зеленова́тый
		кра́сный – краснова́тый
ме́сто		
помести́ться		мра́мор – мра́морный
		Сиби́рь – сиби́рский

Балти́йское мо́ре the Baltic Sea
Средизе́мное мо́ре the Mediterranean Sea
Вели́кие америка́нские озёра the Great (American) Lakes
Средизе́мное мо́ре (среди́ + Земля́)   флора́ = расте́ния
разнообра́зный (ра́зный + о́браз)   фа́уна = живо́тные

ста́рый
стари́нный

замерза́ть /
замёрзнуть   ≠ (рас)та́ять

у́зкий ≠ широ́кий

поро́да соба́ки   бога́тый чело-   помеща́ться / помести́ться
мра́морная поро́да   век   замерза́ть / замёрзнуть
    бога́тая фа́уна

A. You must have guessed the meanings of:

ло́гика, логи́чно, челове́ческие ру́ки, поэ́зия, длина́, глубина́, ширина́, фа́уна, флора́, впада́ть (река́ впада́ет к у д а́?), вытека́ть (река́ вытека́ет о т к у́ д а?)

B. In Part I of the text, find the sentences (or parts of sentences) corresponding to these:

1. For those who live near Baikal it is both glorious and a great deal more.

2. Baikal's beauty is the austere beauty of the North rather than the flamboyant beauty of the South.

3. The colours there are pure and soft: the blue lake, the azure sky, the grey rocky shores and the reddish trunks and green tops of the trees.

C. In the same text, find the sentences which bear out that:

1. Байка́л занима́ет большо́е ме́сто в се́рдце и жи́зни тех, кто живёт о́коло него́.
2. Воды́ в Байка́ле сто́лько же, ско́лько её в Балти́йском мо́ре.
3. Байка́л – э́то 20% всей пре́сной воды́ на Земле́.
4. Байка́л по́здно замерза́ет зимо́й.
5. Вода́ Байка́ла ле́том не о́чень тёплая.
6. На Байка́ле есть уника́льные (unique) живо́тные и расте́ния.

II

Байка́л – глубо́кий стари́к, но он уме́ет возвраща́ть челове́ку мо́лодость. Е́сли вы посиди́те на его́ берегу́, поката́етесь на ло́дке и́ли на теплохо́де по его́ воде́, вы почу́вствуете в себе́ си́лу и бо́дрость.

возвраща́ть *imp.* to give back
мо́лодость youth
поката́ться (*p.*) **на ло́дке** to boat
поката́ться на теплохо́де to sail on a motor-boat
бо́дрость cheerfulness, high spirits

сохране́ние preservation

тени́стый shady
уще́лье canyon
живопи́сный picturesque
луг meadow
коли́чество quantity
со́лнце sunlight
су́хость dryness

загора́ть *imp.* to sunbathe

разгада́ть *p.* to solve
зага́дка puzzle

Ра́зве мо́жно не забо́титься о сохране́нии Байка́ла?

Вокру́г Байка́ла создаю́т Госуда́рственный национа́льный парк, оди́н из лу́чших в ми́ре по красоте́ и разнообра́зию ландша́фта. Тени́стые уще́лья, живопи́сные озёра и водопа́ды, альпи́йские луга́, как в Финля́ндии, Шве́ции, Норве́гии. Го́ры и леса́, как в Чехослова́кии, в Та́трах, коли́чество со́лнца и су́хость во́здуха, как на побере́жье Чёрного мо́ря. Ле́том тепло́, как в гора́х Кавка́за.

На Байка́ле мо́жно и купа́ться, и загора́ть, здесь есть прекра́сные пля́жи.

Национа́льный парк – э́то ме́сто, где рабо́тают учёные. Ведь им ещё ну́жно разгада́ть мно́гие зага́дки Байка́ла.

...«Сла́вное мо́ре, свяще́нный Байка́л...»

скала́ – скали́стый
тень – тени́стый
молодо́й – мо́лодость
бо́дрый – бо́дрость
сухо́й – су́хость
охо́та – охо́тник

сохраня́ть
сохране́ние

разнообра́зный
разнообра́зие

зага́дка
разгада́ть

больно́й ≠ здоро́вый

глубо́кое о́зеро
глубо́кий стари́к

водопа́д (вода́ + па́дать)
Финля́ндия Finland
Шве́ция Sweden
Швейца́рия Switzerland
Норве́гия Norway
Чехослова́кия Czechoslovakia
Та́тры the Tatra Mts

возвраща́ть / верну́ть
загора́ть / загоре́ть
разга́дывать / разгада́ть

A. You must have guessed the meanings of:

глубо́кий стари́к, национа́льный парк, альпи́йские луга́, водопа́д.

B. In Part II of the text, find the sentences (or parts of sentences) corresponding to these:

1. Baikal is very old, but it can give man back his youth.
2. A State National Park is being set up around Baikal.
3. A national park is a place where scientists work.

C. In Part II of the text, find the sentences which bear out that:

1. На Байка́ле ну́жно стро́ить дома́ о́тдыха и санато́рии.
2. Сове́тское прави́тельство забо́тится о сохране́нии Байка́ла.
3. Национа́льный парк, кото́рый создаю́т вокру́г Байка́ла, уника́лен.
4. Учёные ещё не всё зна́ют о Байка́ле.

D. The author prefaced the two parts of the text with these headings:

Национа́льный парк. Чу́до приро́ды.

Which part corresponds to each of these headings?

ЭСТО́НСКАЯ СОВЕ́ТСКАЯ СОЦИАЛИСТИ́ЧЕСКАЯ РЕСПУ́БЛИКА

Эсто́ния – э́то са́мая ма́ленькая по террито́рии респу́блика СССР. Пло́щадь – 45,1 ты́сяч км². Населе́ние респу́блики – 1 529 ты́сяч челове́к.

Э́то своеобра́зная миниатю́рная страна́. Дава́йте побыва́ем в ней вме́сте с ва́ми!

своеобра́зный original

I

Эсто́ния – э́то пре́жде всего́ Та́ллин, столи́ца респу́блики. Удиви́тельный го́род!

Доста́точно уви́деть Та́ллин одна́жды, и он оста́нется у вас в па́мяти навсегда́. Э́то го́род-музе́й.

Мы ви́дим ста́рый го́род: у́зкие у́лочки, стари́нные дома́, готи́ческие фаса́ды, средневеко́вые эмбле́мы, дре́вние ба́шни, неповтори́мые архитекту́рные па́мятники. На ра́туше – фигу́ра Ста́рого То́маса...

Ста́рый То́мас везде́. Эсто́нцы гордя́тся

пре́жде всего́ first of all

удиви́тельный wonderful

доста́точно it is enough

средневеко́вый mediaeval

ра́туша town hall
фигу́ра figure

131

5*

им. Ста́рый То́мас – э́то стари́нный си́мвол го́рода и его́ душа́. Вы мо́жете ви́деть его́ на ба́шне, на значке́ тури́ста, на вы́веске кафе́ и в магази́не сувени́ров. То́мас из де́рева, янтаря́ и́ли серебра́...

А вот широ́кая пло́щадь, стро́гие многоэта́жные совреме́нные зда́ния. Магази́ны – универса́льные, кни́жные, музыка́льные, рестора́ны, кафе́...

Да́льше геометри́чески пра́вильные прямоуго́льники, ова́лы: но́вые жилы́е кварта́лы, па́рки. Заво́ды. Их мно́го, ведь Та́ллин – совреме́нный промы́шленный центр. Здесь произво́дят электромото́ры, радиоприёмники, экскава́торы, разли́чные прибо́ры, тка́ни, ме́бель и мно́гое, мно́гое друго́е.

душа́ soul, heart
значо́к badge
вы́веска sign-board
янта́рь *m.* amber
серебро́ silver

прямоуго́льник rectangle
кварта́л block (of buildings)
производи́ть *imp.* to produce
прибо́р instrument
ткань *f.* fabric
ме́бель *f.* furniture

(!) многоэта́жный   удивля́ться   у́лица
средневеко́вый   удиви́тельный   у́лочка
своеобра́зный
электромото́р   де́рево – деревя́нный   Эсто́ния
радиоприёмник   янта́рь – янта́рный   эсто́нец
                 серебро́ – сере́бряный

производи́ть / произвести́

A. You must have guessed the meanings of:

респу́блика, пло́щадь страны́, населе́ние, миниатю́рный, у́лочка, готи́ческий, многоэта́жный, эмбле́ма, эсто́нцы, универса́льный, магази́н, сувени́ры, геометри́чески пра́вильный, ова́л, электромото́р, экскава́тор.

B. In Part I of the text, find the sentences (or parts of sentences) corresponding to these:

1. One has to see its capital but once to remember it for the rest of one's life.
2. Old Thomas is the heart of the city and its ancient symbol.

C. In Part I of the text, find the sentences which bear out that:

1. Ста́рый То́мас смо́трит на вас отовсю́ду (from everywhere).
2. То́мас мо́жет быть и деревя́нный, и янта́рный, и сере́бряный.
3. Та́ллин не то́лько го́род-музе́й.

II

Река́ Эма́йыги – са́мая больша́я река́ в Эсто́нии – прохо́дит че́рез дре́вний го́род Та́рту. Это второ́й по величине́ го́род респу́блики.

Здесь та́кже всё неповтори́мо и своеобра́зно: коро́ткие у́зкие у́лочки и переу́лки, высо́кие кры́ши, ма́ленькие дво́рики. Монумента́льное зда́ние, белосне́жные коло́нны. Это университе́т. Его́ основа́ли в нача́ле XVII ве́ка. Здесь прекра́сные лаборато́рии, кли́ника, бога́тая нау́чная и уче́бная библиоте́ки.

второ́й по величине́ second largest
переу́лок side-street
кры́ша roof
основа́ть *p.* to found
нау́чный scientific

Университе́т в Та́рту

се́льское хозя́йство agriculture
**нау́чно-иссле́дова-
тельский институ́т** research institute
животново́дство animal husbandry

В Та́рту нахо́дится Эсто́нская сельскохозя́йственная акаде́мия. Здесь же рабо́тают нау́чно-иссле́довательские институ́ты Акаде́мии нау́к Эсто́нской ССР, кото́рые изуча́ют пробле́мы животново́дства, бота́ники, астроно́мии, фи́зики.

Есть в Та́рту и теа́тр. Называ́ется он «Ва́немуйне» и существу́ет уже́ почти́ сто лет. В э́том теа́тре мо́жно уви́деть дра́му, о́перу, опере́тту, бале́т...

двор – дво́рик   бога́тый челове́к   монуме́нт
сельскохозя́йственный   бога́тая библиоте́ка   монумента́льный
животново́дство

A. You must have guessed the meanings of:

монумента́льный, дво́рик, лаборато́рия, кли́ника, нау́чная библиоте́ка, сельскохозя́йственная акаде́мия, Акаде́мия нау́к, бота́ника, астроно́мия, опере́тта.

B. In Part II of the text, find the sentences which bear out that:

1. Та́рту стои́т на реке́ Эмайы́ги.
2. Мно́гое в Та́рту напомина́ет (resembles) Та́ллин.
3. Та́рту – нау́чный центр Эсто́нии.
4. В Та́рту ста́рые театра́льные тради́ции.

сутки *pl.* day
уверенность confidence

одежда garment
мягкий mild
жара heat
пейзаж scenery
золотистый golden
дюны dunes
скала cliff
холм hill
то там, то здесь here and there
приветливый hospitable
трудолюбивый hardworking
упорный persevering
издавна from time immemorial
обрабатывать *imp.* to till
высокоразвитый highly developed
использовать *imp.* to use
украшение decoration
устраивать *imp.* to make
гнездо nest
аист stork
многочисленный numerous
по легенде according to legend
нога leg
вдаль into the distance

В Прибалтике погода изменяется несколько раз в сутки. Никогда нельзя с уверенностью сказать, что будет через час-два. Если светит солнце, то через полчаса может пойти дождь, который может кончиться так же неожиданно, как и начался.

Эстонцы шутят, что самая частая тема для разговора у них – погода и самая нужная одежда – плащ.

Климат здесь мягкий: зимой морозы не сильные, а летом нет жары.

Пейзажи Эстонии разнообразны. Здесь морское побережье, золотистые пляжи, сосновые леса, дюны, скалы, луга и поля, зелёные холмы и глубокие озёра.

То там, то здесь приветливые деревни. В них живут трудолюбивые, упорные люди, которые издавна обрабатывали землю. Поэтому в Эстонии высокоразвитое сельское хозяйство.

Сельские жители используют каждое дерево, каждый цветок для украшения дома. Весной на крыше дома они устраивают место для гнезда аиста. И каждый рад, если птица живёт на крыше его дома. В Прибалтике об аисте вы услышите многочисленные легенды. Аист – добрая птица: по легенде, он приносит в дом счастье. Поэтому так часто можно увидеть картину: стоит на крыше на одной ноге белый аист и смотрит вдаль, хранит счастье и мир в доме...

❗ увéрен
увéренность

нýжно
нýжный
легéнда
легендáрный

многочи́сленный
высокорáзвитый
трудолюби́вый

рабóтать
обрабáтывать зéмлю

сéльское хозя́йство
сéльский жи́тель

далекó (г д е?)
вдаль (к у д á?)

Приба́лтика
Балти́йское мóре the Baltic Sea

давнó
и́здавна

обрабáтывать / обрабóтать
устрáивать / устрóить

A. You must have guessed the meanings of:

тéма, чáстая тéма, тéма для разговóра, нýжная одéжда, соснóвые лесá, кли́мат, привéтливые дерéвни, легéнда.

B. In Part III of the text, find the sentences (or parts of sentences) corresponding to these:

1. The climate in Estonia is mild: there are no hard frosts in winter and no hot days in summer.
2. Agriculture is highly developed in Estonia.
3. This scene is frequently encountered in Estonia: a stork stands on one leg on a roof and looks into the distance, guarding the peace and happiness in the house.

C. In the same text, find the sentences which bear out that:

1. В Приба́лтике изме́нчивая (changeable) погóда.
2. В Эстóнии высокорáзвитое сéльское хозя́йство, котóрое имéет дрéвние тради́ции.
3. Эстóнские крестья́не лю́бят красотý.
4. В Приба́лтике люби́мая пти́ца – áист.

IV

И́здавна на побере́жье Фи́нского зали́ва находи́ли кáмень, котóрый мог горéть.

Горю́чий слáнец – глáвное богáтство Эстóнии. Слáнец называ́ют хлéбом промы́шленности Эстóнии.

Гори́т слáнец – рабóтают электростáнции, гори́т слáнец – рабóтают завóды и железнодорóжный трáнспорт. Из слáнца получáют газ, егó испóльзуют в хими́ческой промы́шленности.

Гóрдостью Приба́лтики стáла Прибалти́йская ГРЭС – электростáнция, котóрая рабóтает на слáнце. ГРЭС стрóила вся странá: маши́ны, оборýдование шли сюдá из Ленингрáда, с Урáла, с Украи́ны...

горю́чий слáнец bituminous shale

железнодорóжный railway
гóрдость pride
ГРЭС *abbr.* State Regional Electric Power Station
рабóтает на слáнце operates on shale
оборýдование equipment

137

ГРЭС даёт электроэне́ргию не то́лько Эсто́нии, но и всему́ Се́веро-За́паду страны́.

❗ бога́тый   горе́ть   горди́ться
    бога́тство   горю́чий   го́рдость

    электроста́нция
    электроэне́ргия

V

ве́рный loyal
рыба́к fisherman
бе́режно carefully
мо́щный powerful
флот fleet

Издавна жи́тели Эсто́нии занима́лись рыболо́вством. Ло́дка здесь – са́мый ве́рный друг. Эсто́нский рыба́к бе́режно храни́т ста́рую ло́дку...

Сейча́с рыболове́цкие колхо́зы име́ют мо́щный рыболове́цкий флот. Эсто́нские рыбаки́ ло́вят ры́бу не то́лько на Ба́лтике. Кари́бское мо́ре, тёплые во́ды А́фрики, Се́верная Атла́нтика – вот где мо́жно встре́тить эсто́нские рыболове́цкие корабли́.

❗ ве́рить   рыболо́вство
    ве́рный друг   рыболове́цкий

    Ба́лтика – Балти́йское мо́ре
    Кари́бское мо́ре the Caribbean Sea
    А́фрика Africa
    Атла́нтика the Atlantic

A. You must have understood the meanings of:

бога́тство, электроста́нция, электроэне́ргия, тра́нспорт, газ, хими́ческая промы́шленность.

B. In parts IV and V of the text, find the sentences which bear out that:

1. Горю́чий сла́нец откры́ли в Эсто́нии давно́.
2. Сла́нец – энергети́ческая (power) ба́за Эсто́нии.
3. Прибалти́йская ГРЭС – уника́льная электроста́нция.
4. Рыболо́в – древне́йшая профе́ссия в Эсто́нии.
5. Эсто́нские рыбаки́ ло́вят ры́бу не то́лько на Ба́лтике.

VI

фру́кты pl. fruit
фрукто́вый сад orchard
на са́мом берегу́ on the edge of the shore

обы́чай custom

О́стров Ки́хну – интере́снейший и своеобра́зный уголо́к Приба́лтики. Он нахо́дится в Ри́жском зали́ве, его́ террито́рия о́коло 20 км^2 (квадра́тных киломе́тров).

До́мики и фрукто́вые сады́ стоя́т на са́мом берегу́. Здесь живу́т лю́ди мо́ря – рыбаки́.

На э́том кусо́чке земли́ до сих пор сохрани́лись ста́рые тради́ции. Жи́тели о́строва но́сят стари́нные национа́льные костю́мы. Молодёжь хо́дит в них в кино́ и на та́нцы. Сохраня́ются здесь и семе́йные обы́чаи, осо́бенно сва́дебные.

Почти́ все жи́тели о́строва, а их всего́ 800 челове́к – ро́дственники. Фами́лии их мо́жно сосчита́ть по па́льцам.

сосчита́ть по па́льцам to count on the fingers of one hand

у́гол – уголо́к	семья́ – семе́йный	фру́кты
уголо́к земли́	сва́дьба – сва́дебный	фрукто́вый
кусо́чек земли́		
		интере́сный
		интере́снейший
		сохраня́ться / сохрани́ться

A. You must have guessed the meanings of:

национа́льный костю́м, семе́йные обы́чаи, сва́дебные обы́чаи.

B. In Part VI of the text, find the sentences (or parts of sentences) corresponding to these:

1. Kikhnu Island is an extremely interesting and original spot in the Baltic Sea.
2. Nearly all the island's inhabitants are relatives.

C. In the same text, find the sentences which bear out that:

1. Населе́ние о́строва Ки́хну – ме́ньше 1000 челове́к.
2. Почти́ все фами́лии жи́телей о́строва Ки́хну одина́ковые (the same).

VII

Эсто́нцы лю́бят петь. В Эсто́нии ка́ждый год быва́ют традицио́нные пе́вческие пра́здники. В них уча́ствуют мно́гие ты́сячи челове́к. Пою́т все: учёные, крестья́не, рабо́чие, слу́жащие, шко́льники, пенсионе́ры. Оди́н раз в пять лет в столи́це респу́блики быва́ет Пра́здник пе́сни.

пе́вческий singers'
пра́здник festival
уча́ствовать *imp.* to take part
слу́жащий office employee
пенсионе́р pensioner
кра́сочный colourful
слышны́ (are) audible
зре́лище sight
любо́вь *f.* love

В день пра́здника певцы́, танцо́ры, музыка́нты (на них кра́сочные национа́льные костю́мы) прихо́дят на Пе́вческое по́ле. На сце́не хор в 35 000 челове́к. Все пою́т под руково́дством одного́ дирижёра. Пе́сни слышны́ на мно́гие киломе́тры без ра́дио.

Певцы́ конча́ют, прихо́дят танцо́ры, пото́м гимна́сты, наро́дные орке́стры. Удиви́тельно кра́сочное зре́лище!

наро́дный орке́стр folk instruments orchestra

Всё, что есть в Эсто́нии и что явля́ется её бога́тством, со́здали лю́ди, кото́рые с любо́вью храня́т седу́ю старину́ и стро́ят но́вую жизнь.

седо́й hoary
старина́ antiquity

петь	пе́нсия	кра́ска
пе́вческий	пенсионе́р	кра́сочный
певе́ц	стари́нный	кра́сочный костю́м
седо́й челове́к	старина́	кра́сочное зре́лище
седа́я старина́		

A. You must have guessed the meanings of:

певе́ц, танцо́р, музыка́нт, гимна́ст, Пе́вческое по́ле, хор, орке́стр.

B. In Part VII of the text, find the sentences (or parts of sentences) corresponding to these:

1. Everybody sings in Estonia: scholars, peasants, workers, office employees, schoolchildren and old-age pensioners.
2. They all sing under the baton of one conductor.
3. It is an amazingly colourful scene!
4. The Estonians lovingly cherish hoary antiquity and go on building a new life.

C. In the same text, find the sentences which bear out that:

1. Эстóнцы лю́бят петь.
2. Пéвческие прáздники в Эстóнии – традúция.
3. Во врéмя Прáздника пéсни на сцéне не тóлько певцы́ и музыкáнты.

 D. The author prefaced the seven parts of the text with these headings: Áисты. Горю́чий слáнец – богáтство Эстóнии. Пою́щая (singing) респу́блика. Мóре и лю́ди. Живóй музéй этногрáфии. Гóрод наýки. Гóрод из скáзки. Which part corresponds to each of these headings?

This is the end of Chapter Four. You have studied hard and learned a lot of new things.
Now go on to the next chapter.
We wish you success in your studies!

KEY TO THE EXERCISES

Exercise 3. 2. весёлый, вéсело. 3. ску́чный. 4. откры́тый. 5. назáд. 6. на востóке, на сéвере, на ю́ге, на зáпаде. 7. смеёмся. 8. темнó. 9. светлó.

Exercise 4. A. 1. самолёте, пóезде, машúне. 2. мы́лом, полотéнцем, щёткой. 3. похóж. 4. откры́ты. 5. вопрóс. B. 1. аэродрóм. 2. лекáрство (рецéпт). 3. любúмица. 4. чёрный кóфе. 5. кáрта. 6. математúкой, фúзикой. 7. занимáется. 8. берегу́. 9. отвéт. 10. пóезде. C. 1. век. 2. вéтке. 3. гóлос. 4. дéрева. 5. лентя́й. 6. мукá. 7. пéние. 8. порт. 9. расписáние. 10. урожáй.

Exercise 5. 2d, 3c, 4d, 5c, 6d, 7d, 8b, 9c, 10b.

Exercise 6. 2a, 3b, 4b, 5b, 6a.

Exercise 7. 2c, 3b, 4e, 5c, 6d, 7c, 8e, 9d, 10e.

Exercise 8. 2c, 3e, 4c, 5e, 6d, 7e, 8c, 9d, 10c.

Exercise 9. 2c, 3b, 4d, 5c, 6c, 7b, 8c, 9d, 10a.

Exercise 10. пешехóд – ходúть; истóрия – исторúческий; úмя – переименовáть; жить – жилóй; любúть – любúмец, влюблённый; сóлнце – сóлнечный; дéти – дéтский, дéтство; бéрег – побережье, нáбережная; объявля́ть – объявлéние; красúвый – красотá; чýдо – чудесá, чудéсный; муж – мужчúна, мужскóй; дéрево – деревя́нный; кáмень – кáменный; стрóить – стрóитель; послáть – посы́лка; сад – садóвый; петь – пéсня, пéние; курúть – курéние; рад – рáдостный; интерéсно – интересовáться; повторя́ть – неповторúмый; удивля́ться – удивúтельный; лентя́й – ленúться; нарóд – нарóдный.

Exercise 11. 2b, 3a, 4c, 5c, 6a, 7b, 8b.

Exercise 12. 2c (-ну-), 3d (-и-), 4b (-и-), 5a (-и-), 6c (-и-), 7d (по-), 8c (-и-), 9b (-ну-), 10a (по-), 11c (по-), 12b (-ну-), 13a (по-), 14c (-ну-), 15d (по-).

Exercise 13. 1, 3, 8, 10, 11.

Exercise 14. (a) 2, 5, 9, 10; (b) 1, 3, 7.

Exercise 15. A. 1. In the Soviet Union the school year begins in September. 2. On Wednesday we were at the theatre and on Sunday we shall go to the exhibition. 3. We shall go to the exibition by bus. 4. The tickets for the exhibition are on the table. 5. We were at the exhibition from two till five. 6. We saw the exhibition with interest. 7. We returned from the exhibition highly pleased.
B. 1. I have a headache. 2. I have tonsillitis. 3. I have an elder sister. 4. I have a beautiful sister. 5. She is good-tempered. 6. She has a fiancé. 7. She has a handsome and clever fiancé. 8. I returned from my father's and mother's in August. 9. Today I received a letter from my mother and father.

Text *Дома́шнее сочине́ние.* Part II. Exercise C 1c, 2b, 3b.

Part III. Exercise C.

> – Да, я люби́ла его́,– отве́тила она́.
> Постоя́ла немно́го и доба́вила:
> – И я ему́ навсегда́ благода́рна.
> – За что? – спроси́л Ди́ма.
> – За всё,– ти́хо сказа́ла она́.– За всё...

Text *«Сла́вное мо́ре, свяще́нный Байка́л...»*
Part II. Exercise D. I – Чу́до приро́ды. II – Национа́льный парк.

Text *Эсто́ния.* Part VII. Exercise D. I – Го́род из ска́зки. II – Го́род нау́ки. III – А́исты. IV – Горю́чий сла́нец. V – Мо́ре и лю́ди. VI – Живо́й музе́й этногра́фии. VII – Пою́щая респу́блика.

CHAPTER FIVE

Dear Friend,
To be able to study this chapter, you must remember the following grammar (dealt with in the Fifth Concentric Cycle of Book Б):

I. (a) Declension of nouns in the plural.
   (b) Declension of adjectives and the pronouns **какóй, э́тот, чей** in the singular and plural.
   (c) Declension of possessive pronouns and ordinal numerals.
   (d) The use of the pronouns **свой** and **весь**.
II. (a) The use of the genitive and the accusative to denote time by the clock.
   (b) The use of the accusative and the prepositional to denote dates.
   (c) The use of the prepositions **óколо, напрóтив, (не)далекó от, посреди́, от... до, прóтив, напрóтив, бли́зко от** with the genitive.
III. The agreement between the predicate and the subject expressing a quantity (Э́тот фильм **смотрéло мнóго людéй**).
IV. The uses of complex sentences containing the conjunctions **хотя́, несмотря́ на то, что** and of simple sentences incorporating the construction **несмотря́ на** + *the accusative*, which expresses concession.

To be able to study this chapter, you must also remember the new words from the Fifth Concentric Cycle of Book Б and from Chapter Four of this book.

As we did in the preceding chapters, before introducing the texts we shall briefly discuss some of the new words.

First of all let us dwell on the words which have a similar meaning and spelling in Russian and in English.

адресовáть	дуэ́ль	монументáльный
акадéмия	идеáл	национáльный
альбóм	кли́ника	овáл
аплоди́ровать	корреспондéнт	оперéтта
астронóмия	лаборатóрия	опери́ровать
бáза	легéнда	оркéстр
блокáда	легендáрный	паркéт
ботáника	литератýрный	пéнсия
букéт	лифт	поэ́зия
газ	лóгика	проблéма
гектáр	логи́чно	профéссия
гéний	математи́ческий	революционéр
геогрáфия	медици́нский	респýблика
гимнáст	минерáльный	ресýрсы
гимнáстика	миниатю́рный	сантимéтр
готи́ческий	монумéнт	си́мвол

специа́льный	универса́льный	церемо́ния
стати́стика	уника́льный	ци́фра
сувени́р	фанта́стика	экскава́тор
тайм	фа́уна	экску́рсия
тала́нтливый	фило́соф	эмбле́ма
те́ма	фло́ра	энциклопе́дия
террито́рия	флот	э́ра
тра́нспорт	хор	этногра́фия

As before, we recommend that you pay particular attention to words which have English counterparts with a similar spelling but a different meaning.

Симпати́чный means "nice", "likable"; it does not mean "sympathetic".

Физи́ческий corresponds to "physical", but физи́ческий труд means "manual labour".

Now let us take a closer look at some Russian words occurring in the Fifth Concentric Cycle of Book Б and in Chapter Four of Book Д.

Exercise 1. Read the words. You will certainly notice that they are grouped in pairs of antonyms.

бе́дность – бога́тство   больно́й – здоро́вый
го́ре – ра́дость   бе́дный – бога́тый
вопро́с – отве́т   у́зкий – широ́кий
светло́ – темно́   све́тлый – тёмный
вниз – вверх (к у д а?)   поднима́ться – спуска́ться
за грани́цу (к у д а?) – из-за грани́цы (о т к у́ д а?)
дёшево – до́рого
нале́во – напра́во (к у д а?)
сле́ва – спра́ва (г д е?)

Exercise 2. Give short answers to the questions according to the model. The preceding exercise will help you.

Model: – У ма́льчика высо́кая температу́ра. Он *здоро́в?*
– Нет, он *бо́лен.*

1. У ма́льчика высо́кая температу́ра. Он *здоро́в?* 2. Врач разреши́л э́тим де́тям идти́ в шко́лу. Они́ ещё *больны́?* 3. Когда́ он у́тром идёт на рабо́ту, он *поднима́ется* на ли́фте? 4. Когда́ он возвраща́ется к себе́ домо́й, на 12-й эта́ж, он *спуска́ется* на ли́фте? 5. В Ленингра́де во вре́мя бе́лых ноче́й *темно́?* 6. На ю́ге ле́тние но́чи *све́тлые?* 7. Когда́ мы поднима́емся, лифт идёт *вниз?* 8. Когда́ мы спуска́емся, лифт идёт *вверх?*

Exercise 3. Complete the sentences, supplying the words required by the sense. For this you will need words from the Fifth Concentric Cycle of Book Б and from Chapter Four of Book Д.

1. Челове́ка, кото́рый занима́ется охо́той, называ́ют .... 2. Челове́ка, кото́рый занима́ется му́зыкой, называ́ют .... 3. Челове́ка, кото́рый де́лает хирурги́ческие опера́ции, называ́ют .... 4. Друзья́ лю́бят ру́сскую наро́дную му́зыку.

Когда́ они́ отдыха́ют, они́ ча́сто пою́т ру́сские наро́дные .... 5. – Куда́ мы пойдём в воскресе́нье? – спроси́л я жену́. – Куда́ хо́чешь, – отве́тила она́. – Мне .... 6. На реке́ Ниага́ре нахо́дится изве́стнейший в ми́ре .... 7. На магази́не виси́т ... «Бу́лочная», потому́ что здесь мо́жно купи́ть хлеб. 8. Сере́бряная ло́жка – э́то ло́жка из .... 9. Золота́я ло́жка – э́то ло́жка из .... 10. Деревя́нная ло́жка – э́то ло́жка из .... 11. Ка́менный дом – э́то дом из .... 12. Фрукто́вый сад – э́то сад, где расту́т ....

Exercise 4. In the second group of words, find the words with the same root as those in the first group.

Model: лист – перелиста́ть

I. лист, выпуска́ть, боле́ть, хозя́ин, де́тский, ве́село, поздра́вить, образова́ние, стари́к, звони́ть, у́лица, далеко́, ме́сто, па́мятник, люби́ть, мо́ре, ло́гика, лета́ть, бога́тый, револю́ция, преподава́ть, по́чта, горди́ться, опера́ция, знать, чи́стый, е́здить, стол, красота́, друг;

II. больно́й, по-де́тски, весёлый, образо́ванный, стару́ха, зво́нко, вдаль, любо́вь, поздрави́тельный, бога́тство, подъе́зд, полёт, перелиста́ть, больни́ца, выпускно́й, хозя́йство, весе́лье, ста́рый, звоно́к, помести́ться, преподава́тель, революционе́р, логи́чно, почтальо́н, бо́льно, выпускни́к, хозя́йственный, поздравле́ние, у́лочка, опери́ровать, столо́вая, стари́нный, моря́к, старина́, чистота́, зна́ние, го́рдость, лётчик, краси́вый, почто́вый, дру́жный, па́мять.

Exercise 5. In each horizontal row, find the word which answers the question как? где? or когда́?

Example: 1b (бесконе́чно)

	a	b	c
1.	бога́тство	бесконе́чно	гнездо́
2.	голова́	гора́	вчера́
3.	го́ре	везде́	живо́тное
4.	до́рого	доро́га	оде́жда
5.	ло́гика	ме́ра	всегда́
6.	наде́жда	мо́лча	нау́ка
7.	но́рма	осторо́жно	пра́во
8.	лицо́	прекра́сно	крыльцо́
9.	коли́чество	прия́тно	доказа́тельство
10.	серебро́	ме́сто	про́сто
11.	восста́ние	ору́дие	впервы́е
12.	блю́до	сме́ло	чу́до

Exercise 6. In each horizontal row, find the word which denotes a person.

Example: 1 с (рыболо́в)

	a	b	c	d	e
1.	водопа́д	го́лод	рыболо́в	хо́лод	двор
2.	дым	эсто́нец	заголо́вок	зали́в	за́яц
3.	музыка́нт	рот	ствол	нос	объём
4.	орке́стр	моря́к	сок	том	разгово́р

5. лифт	революционе́р	приве́т	тра́нспорт	лист
6. век	вниз	охо́тник	волк	вокру́г
7. аттеста́т	аспиранту́ра	докла́д	аспира́нт	герб
8. подъе́зд	съезд	переу́лок	ро́дственник	дво́рик
9. сни́мок	пейза́ж	па́лец	певе́ц	та́нец
10. значо́к	ствол	жи́тель	сни́мок	хор
11. уника́льный	уста́лый	у́мный	у́зкий	учёный
12. грузови́к	посети́тель	ме́бель	медве́дь	ведь
13. оди́н	коне́ц	пенсионе́р	колхо́з	шар
14. честь	покупа́тель	бо́дрость	го́рдость	бе́дность
15. кружо́к	радиоприёмник	худо́жник	лист	а́ист

Exercise 7. In each horizontal row, find the word which answers the question что?

Model: 1 a (ка́мень)

a	b	c	d
1. ка́мень	о́чень	тепе́рь	вдаль
2. вста́вить	бо́дрость	возража́ть	вспомина́ть
3. выбира́ть	выпуска́ть	ги́бель	горе́ть
4. лень	есть	замерза́ть	име́ть
5. созда́ть	смерть	му́чить	обрабо́тать
6. основа́ть	чи́стить	честь	счита́ть
7. огорча́ть	па́мять	по́мнить	пить
8. горе́ть	развива́ть	уста́ть	го́рдость
9. уча́ствовать	уверя́ть	мысль	угоща́ть
10. яви́ться	на́дпись	сохраня́ть	снима́ть

Exercise 8. In each horizontal row, find the word with the opposite meaning to that of the first word.

Example: 1 c (де́ти)

A.

a	b	c	d
1. взро́слые	побере́жье	де́ти	уще́лье
2. молодо́й	образо́ванный	му́жественный	пожило́й
3. замёрзнуть	согре́ться	проща́ться	пережи́ть
4. до́брый	настоя́щий	сла́вный	жесто́кий
5. уезжа́ть	возвраща́ться	испо́льзовать	гото́виться
6. впада́ть	уча́ствовать	основа́ть	вытека́ть
7. жизнь	по́черк	смерть	мысль
8. ску́чный	зелёный	квадра́тный	весёлый
9. говори́ть	де́лать	молча́ть	рабо́тать

B.

a	b	c	d	e
1. го́рький	сла́дкий	глубо́кий	деревя́нный	у́мный
2. у́зкий	бо́дрый	у́мный	широ́кий	мо́щный
3. больно́й	ве́рный	ка́менный	сере́бряный	здоро́вый
4. бе́дный	интере́снейший	кру́пный	бога́тый	куро́ртный

145

5. бы́вший	дома́шний	бу́дущий	ме́дный	ме́лкий
6. дёшево	ме́лко	далеко́	до́рого	глубоко́
7. вниз	дым	объём	свет	вверх
8. светло́	сме́ло	темно́	логи́чно	я́рко
9. за грани́цу	све́рху	среди́	впереди́	из-за грани́цы
10. вопро́с	про́сто	приве́т	отве́т	ствол
11. го́ре	герб	ра́дость	мо́лодость	ще́дрость
12. бе́дность	наде́жда	уве́ренность	бога́тство	чу́до
13. спуска́ться	явля́ться	изменя́ться	горди́ться	поднима́ться

Exercise 9. Which of these words are compounds, i. e. words consisting of two or more roots?

1. высокора́звитый
2. гидроэнергети́ческий
3. оте́чественный
4. железнодоро́жный
5. многоэта́жный
6. интере́снейший
7. монумента́льный
8. неповтори́мый
9. социалисти́ческий
10. многочи́сленный
11. полкило́
12. полми́ра
13. образо́ванный
14. худо́жественный
15. своеобра́зный
16. водопа́д
17. рыболо́вство
18. сле́дующий
19. энергети́ческий
20. самодержа́вие
21. сельскохозя́йственный
22. промы́шленность
23. средневеко́вый
24. трудолюби́вый
25. хлебозаво́д
26. телеба́шня
27. живо́тное
28. фотоаппара́т
29. населе́ние
30. новостро́йка
31. вертолёт
32. хозя́йственный
33. торже́ственный
34. ро́дственник
35. колхо́з
36. совхо́з

Exercise 10. In each horizontal row, find the imperfective verb. What formal features have helped you to identify it?

Example: 1 a (обраба́тывать – the suffix **-ыва-**)

	a	b	c	d
1.	обраба́тывать	пригласи́ть	обрабо́тать	покури́ть
2.	накле́ить	накле́ивать	проигра́ть	поздоро́ваться
3.	уста́ть	увле́чься	обрати́ться	обраща́ться
4.	принести́	соверши́ть	собра́ться	соверша́ть
5.	расста́ться	осмотре́ть	вы́играть	расстава́ться
6.	пойти́	вы́писать	выпи́сывать	уйти́
7.	уви́деть	разгада́ть	соверши́ть	разга́дывать
8.	уста́ть	верну́ться	устава́ть	подари́ть
9.	полете́ть	вы́играть	привезти́	выи́грывать
10.	подтвержда́ть	вы́пустить	подтверди́ть	купи́ть
11.	вы́бросить	разви́ть	сосчита́ть	развива́ть

Exercise 11. In each horizontal row, find the perfective verb. What formal features have helped you to identify it?

Example: 1 c (познако́миться – the prefix **по-**)

	a	b	c	d
1.	держа́ть	знако́миться	познако́миться	удивля́ться
2.	приглаша́ть	вскри́кнуть	удивля́ться	вскри́кивать
3.	огорча́ть	забо́титься	огорчи́ть	горди́ться

146

4. аплоди́ровать	протя́гивать	возвраща́ться	протяну́ть
5. спуска́ться	поднима́ться	серди́ться	спусти́ться
6. собира́ться	появи́ться	появля́ться	боро́ться
7. развива́ть	уступа́ть	сочу́вствовать	уступи́ть
8. проща́ться	проигрывать	прости́ться	поднима́ть
9. разраба́тывать	победи́ть	побежда́ть	устава́ть
10. помести́ться	расстава́ться	помеща́ться	любова́ться

Exercise 12. In each horizontal row, find the word which answers the question кто? or что? (It must be a noun with the form of an adjective.)

Example: 1 d (столо́вая)

	a	b	c	d	e
1.	гря́зная	вку́сная	горя́чая	столо́вая	осе́нняя
2.	медици́нская	наро́дная	необходи́мая	на́бережная	о́пытная
3.	обыкнове́нное	прекра́сное	прия́тное	ра́зное	моро́женое
4.	хи́трый	физи́ческий	учёный	уста́лый	высокора́звитый
5.	удиви́тельные	трудолюби́вые	кра́сочные	родны́е	специа́льные
6.	промы́шлен-ный	наро́дный	колхо́зный	рабо́чий	крестья́нский

Exercise 13. In which sentences are two objects or persons compared?

1. Ма́льчик *сильне́е* де́вочки. 2. Она́ купи́ла *си́нее* пла́тье. 3. Сего́дня хо́лодно – на́до наде́ть *зи́мнее* пальто́. 4. Мне ка́жется, что хи́мия *интере́снее* матема́тики. 5. На́ше *ле́тнее* путеше́ствие бы́ло замеча́тельным. 6. Мне ка́жется, что англи́йский язы́к *трудне́е* ру́сского. 7. По-мо́ему, пиро́жное *вкусне́е* ке́кса. 8. У бра́та во́лосы *темне́е*, чем у сестры́. 9. *Вече́рнее* вре́мя – лу́чшее вре́мя для о́тдыха.

Exercise 14. In which sentences do the italicised words express a request or command?

1. *Весно́й* прия́тно откры́ть окно́ в сад. 2. В ко́мнате жа́рко – *откро́й* окно́. 3. Не *стой* о́коло окна́ – просту́дишься. 4. *Спой* каку́ю-нибудь ру́сскую наро́дную пе́сню. 5. Он забы́л *свой* плащ в метро́. 6. *Мой* ма́ленький сын не лю́бит мыть ру́ки. 7. *Мой* ру́ки чи́ще. 8. *Зимо́й*, во вре́мя кани́кул, студе́нты спеша́т *домо́й*.

And now let us work at texts.

НЕОБЫКНОВЕ́ННАЯ ИСТО́РИЯ МА́ЛЕНЬКОЙ ДЕРЕВЯ́ННОЙ МАТРЁШКИ

заба́вный amusing
не пра́вда ли? aren't they?
пожа́луй perhaps
заба́ва plaything
вы не совсе́м пра́вы you are not quite right
воспи́тывать to educate

Посмотри́те на э́ти ку́клы – матрёшки. Они́ о́чень заба́вные, не пра́вда ли?

– Пожа́луй, – ска́жете вы. – Но ведь э́то то́лько игру́шка, заба́ва.

Ду́маем, что вы не совсе́м пра́вы.

Игру́шка – э́то не то́лько заба́ва. Игру́шка помога́ет воспи́тывать дете́й. Она́ мо́жет быть сувени́ром, своеобра́зной визи́тной ка́рточкой страны́. Её мо́жно подари́ть дру́гу, го́стю. А мо́жно взять и... в ко́смос. Не ве́рите? Тогда́ прочита́йте необыкнове́нную исто́рию об одно́й обыкнове́нной ма́ленькой матрёшке.

Когда́ космона́вт-3 Андрия́н Никола́ев до́лжен был лете́ть в ко́смос, его́ друг, инжене́р, дал ему́ ма́ленькую матрёшку и шутя́ сказа́л:

шутя́ jokingly

– Возьми́ её с собо́й в ко́смос. С э́той ма́ленькой матрёшкой тебе́ не бу́дет ску́чно. Но то́лько по́мни: матрёшку верни́. И то́лько мне. Я бу́ду тебя́ встреча́ть.

верну́ть *p*. to give back
про́сьба request
представля́ть себе́ to imagine

И космона́вт вы́полнил про́сьбу дру́га.

Представля́ете себе́, как рад был инжене́р сувени́ру – э́той ма́ленькой матрёшке: ведь она́ была́ в ко́смосе!

Вот и вся необыкнове́нная исто́рия обыкнове́нной деревя́нной матрёшки.

148

проси́ть	шу́тка	разнообра́зный
про́сьба	шути́ть	своеобра́зный
	шутя́	

!исто́рия
1. history
2. story

выполнить ∣про́сьбу
                    зада́ние

возвраща́ть/верну́ть
воспи́тывать/воспита́ть
представля́ть / предста́вить

A. You must have guessed the meaning of *необыкнове́нный*.

B. In the text, find the sentences opposite in meaning to these:

1. Игру́шка – э́то заба́ва.
2. Игру́шка меша́ет воспи́тывать дете́й.
3. Игру́шку нельзя́ подари́ть никому́.
4. Пе́ред полётом космона́вта в ко́смос его́ никто́ ни о чём не проси́л.

C. Complete the sentences in accordance with the text.

1. Инжене́р дал дру́гу матрёшку,
    (a) потому́ что э́то заба́вная игру́шка;
    (b) потому́ что хоте́л получи́ть интере́сный сувени́р;
    (c) потому́ что игру́шка – э́то своеобра́зная визи́тная ка́рточка страны́.
2. Космона́вт взял с собо́й матрёшку,
    (a) что́бы вы́полнить про́сьбу дру́га;
    (b) потому́ что не хоте́л оби́деть дру́га;
    (c) потому́ что он люби́л наро́дные игру́шки.

Here are some more traditional Russian toys:

And what traditional toys have you given your Russian friends as souvenirs?

 You already know some Soviet traditions and holidays. One of them is the International Women's Day, March 8. On that day all Soviet women receive congratulations and presents from their husbands, sons, fathers, brothers and work-mates.

Here is what Mariya Sergeyevna told us about one of March 8 holidays.

воротничо́к collar

ВОРОТНИЧО́К

Мой сын Оле́г о́чень лю́бит свою́ учи́тельницу А́нну Рома́новну. Он три го́да учи́лся у неё, и три го́да ма́льчик стара́лся де́лать всё так, как говори́ла его́ учи́тельница.

стара́ться *imp.* to try

Одна́жды я надева́ла бе́лый воротничо́к и уви́дела, что мой сын о́чень внима́тельно смо́трит на меня́.

Ты что? What is it?

– Ты что? – спроси́ла я его́. – Тебе́ нра́вится мой воротничо́к? Он идёт мне?

– Идёт, – отве́тил сын. – Но А́нне Рома́новне он пойдёт бо́льше. Дай мне твой воротничо́к, и я подарю́ его́ ей 8-го ма́рта.

– Зна́ешь что, – сказа́ла я сы́ну, – по-мо́ему, дари́ть учи́тельнице мои́ ве́щи нехорошо́. Сшей ей лу́чше воротничо́к сам.

сшить *p.* to sew, to make
сшей! *imper.* make!

150

Я и сын две недели шили воротничок учительнице.

Воротничок, конечно, был не очень красивый, но сыну моему он очень нравился, и 7-го марта, когда он пошёл в школу, он торжественно положил воротничок в портфель.

Когда он пришёл из школы, он ещё на лестнице закричал:

– Знаете, что она сделала? Она надела мой воротничок! Он ей очень идёт! Он ей очень нравится!

он ещё на лестнице... when he was still on the staircase he...

Я не поверила его словам и вечером позвонила Анне Романовне, его учительнице.

– Да, да,–сказала она.–Воротничок вашего сына я действительно надела. Лучше поблагодарить своего ученика я не могла. Вы не смейтесь. Воротничок и сейчас на мне.

поблагодарить to thank

воротник   благодарить / поблагодарить
воротничок   стараться / постараться
                шить / сшить

A. Which of these sentences contradict the text?

1. Олег недавно учился в этой школе.
2. Он очень любил свою учительницу.
3. Его учительница была молодая.
4. Мальчик считал, что воротничок пойдёт учительнице больше, чем его матери.
5. Мать отдала свой воротничок сыну.
6. 7-го марта, когда мальчик пошёл в школу, он торжественно положил воротничок в портфель.
7. Когда он пришёл из школы, он начал рассказывать матери о школе ещё на лестнице.
8. Учительница надела воротничок, потому что лучше поблагодарить своего ученика она не могла.

B. Complete the sentences in accordance with the text.

1. Мальчик старался всё делать так, как говорила его учительница,
   (a) потому что так делают все ученики;
   (b) потому что он три года учился у неё;
   (c) потому что он очень любил её.
2. Однажды сын внимательно посмотрел на мать,
   (a) когда она уходила на работу;
   (b) когда он вернулся из школы;
   (c) когда она надевала белый воротничок,
3. Он попросил у матери воротничок.
   (a) потому что он хотел сам его надеть;
   (b) потому что он не хотел, чтобы мать надела его;
   (c) потому что он хотел подарить его учительнице;
   (d) потому что он считал, что учительнице он пойдёт больше.
4. Мать была согласна с мальчиком,
   (a) и они начали вместе с сыном шить воротничок;
   (b) и отдала ему свой воротничок.

151

5. Учи́тельница наде́ла воротничо́к,
   (a) потому́ что э́то, действи́тельно, была́ краси́вая вещь;
   (b) потому́ что она́ не могла́ лу́чше поблагодари́ть своего́ ученика́.

And this moving story was told by a Moscow actress.

БЫЛ МАЙ...

Когда́ мне бы́ло 17 лет, я мечта́ла стать арти́сткой, и, коне́чно, изве́стной. Я увлека́лась теа́тром и в шко́ле занима́лась то́лько литерату́рой и исто́рией. Я ненави́дела матема́тику и фи́зику, и мне каза́лось, что мои́ учителя́ то́же не лю́бят э́ти нау́ки.

в конце́ концо́в at last

В конце́ концо́в мои́ роди́тели уви́дели, что я могу́ не ко́нчить шко́лу, потому́ что абсолю́тно не зна́ю фи́зику. Тогда́ они́ нашли́ мне учи́теля – студе́нта-фи́зика.

Мой учи́тель был тала́нтлив и влюблён в фи́зику, а я... я была́ влюблена́ в него́.

Когда́ он внима́тельно смотре́л на меня́ и спра́шивал: «Скажи́те, что́ вам непоня́тно?» – мне хоте́лось сказа́ть ему́: «Мне непоня́тно, почему́ вы не пригласи́те меня́ в кино́, почему́ вы не замеча́ете, что у меня́ краси́вая ко́фточка,

дополни́тельный уро́к extra lesson

почему́ вы не назнача́ете мне дополни́тельные уро́ки, я же погиба́ю, неуже́ли вы не ви́дите? Неуже́ли вам э́то непоня́тно?!»

сире́нь *f.* lilac
не́жно affectionately

Был май. Цвела́ сире́нь. Но он не замеча́л ни весны́, ни меня́, ни други́х де́вушек, кото́рые не́жно смотре́ли на него́.

де́лать вид, что to pretend that

Я де́лала вид, что понима́ю зако́ны фи́зики, я чита́ла ему́ их, как стихи́, я расска́зывала ему́ о них, как о свое́й любви́, и ка́ждый день надева́ла но́вые ко́фточки. Но всё

напра́сно in vain

бы́ло напра́сно.

Удиви́тельно, но я всё-таки сдала́ экза́мен и ко́нчила шко́лу.

безу́мно madly

Че́рез ме́сяц я встре́тила его́ на у́лице. Я уже́ учи́лась тогда́ в театра́льном учи́лище и была́ безу́мно влюблена́ в изве́стного киноарти́ста.

Студе́нт проводи́л меня́ до трамва́йной остано́вки. На

на проща́нье at parting
безда́рный talentless
завя́нуть *p.* to fade
хотя́ бы пока́ не завя́нет э́та ве́тка at least not before this branch has faded
приба́вить *p.* to add
вес weight
ве́сить *imp.* to weigh

проща́нье я подари́ла ему́ ве́тку сире́ни, кото́рая была́ у меня́ в рука́х, и коке́тливо, как о́пытная арти́стка, сказа́ла:

– Поста́вьте её в во́ду и не забыва́йте о свое́й безда́рной учени́це, хотя́ бы пока́ не завя́нет э́та ве́тка.

– И ещё не забу́дьте,–приба́вила я,–что ве́тка, опу́щенная в во́ду, теря́ет в своём ве́се сто́лько, ско́лько ве́сит вы́тесненная е́ю вода́.[1]

---

[1] A branch immersed in water loses in weight by an amount equal to that of the water displaced.

Студе́нт ве́село засмея́лся, а я уе́хала, и как бу́дто на другу́ю плане́ту, потому́ что никогда́ его́ бо́льше не ви́дела.

Прошло́ мно́го лет. Одна́жды я встре́тила его́ фами́лию в газе́те в числе́ учёных, кото́рые сде́лали не́сколько ва́жных откры́тий в о́бласти фи́зики. Но его́ самого́ я никогда́ не встреча́ла...

в числе́ among
ва́жное откры́тие important discovery
о́бласть *f.* field

И вот одна́жды... Я стоя́ла на авто́бусной остано́вке. Был тёплый весе́нний день. Ря́дом я уви́дела высо́кого по́лного мужчи́ну. Он внима́тельно посмотре́л на меня́ больши́ми уста́лыми глаза́ми и сказа́л:

— А я зна́ю, кто вы. Вы — моя́ пе́рвая учени́ца по фи́зике.

Мы на́чали разгова́ривать. И реши́ли пройти́ немно́го пешко́м. По доро́ге он купи́л мне большо́й буке́т сире́ни.

— Я чита́ла о вас в газе́те, — сказа́ла я.

— Неуже́ли вы не забы́ли мою́ фами́лию? Хотя́ я ва́шу то́же по́мню.

Удиви́тельно, как мы о́ба хорошо́ по́мнили ту весну́ и как нам бы́ло ве́село и интере́сно говори́ть о ней.

— Зна́ете, — сказа́л он мне, — я влюблён в теа́тр почти́ та́к же, как в фи́зику. Я быва́ю на всех но́вых спекта́клях. Ви́дел на сце́не вас. И сра́зу узна́л. Потому́ что у вас те́ же интона́ции и вы та́к же поднима́ете пра́вую бровь. Я вспо́мнил всё. Да́же ва́ши ко́фточки.

На проща́нье я попроси́ла его́ взять у меня́ не́сколько ве́точек сире́ни. Он взял одну́, посмотре́л на меня́, улыбну́лся и ме́дленно сказа́л:

— Поста́вить её в во́ду и... («Неуже́ли по́мнит?» — поду́мала я)... и не забыва́ть о вас, хотя́ бы пока́ не завя́нет э́та ве́тка. И ещё... — он внима́тельно посмотре́л в мои́ глаза́.

— И ещё, — доба́вила я, — не забыва́ть, что «ве́тка, опу́щенная в во́ду, теря́ет в своём ве́се сто́лько же, ско́лько ве́сит вы́тесненная е́ю вода́».

— Неуже́ли по́мните? — сказа́л он.

И мы засмея́лись так гро́мко, что прохо́жие посмотре́ли на нас.

Был май... На моско́вских бульва́рах цвела́ сире́нь.

по́лный мужчи́на stout man

почти́ та́к же almost as much as

бро́ви (*sing.* **бровь**) eyebrows

прохо́жий passer-by

❗ она́ мечта́ла (о чём?) о теа́тре
она́ мечта́ла (+ *inf.*) стать арти́сткой

ненави́деть ≠ люби́ть
тала́нтливый ≠ безда́рный

Како́е сего́дня *число́*?
Он был в *числе́* учёных, кото́рые...

ко́фточка
ве́точка

Како́й краси́вый *вид*!
Она́ де́лала *вид*, что лю́бит фи́зику.

уста́ть
уста́лый

цвет	цвет – цвета́
цвето́к	цвето́к – цветы́
цвести́	цвести́, *past* цвёл, -а́, -и́
вес	
ве́сить	вя́нуть / завя́нуть

безу́мно (без + ум)
ум
у́мный

прибавля́ть / приба́вить

153

A. You must have guessed the meanings of:

кокéтливо, планéта, интонáция, вéточка, кóфточка.

B. In the text, find the sentences (or parts of sentences) corresponding to these:

1. She hated mathematics and physics, and at school studied only literature and history.
2. What is it you don't understand?
3. All was in vain!
4. Once she came across his name printed in a newspaper among the names of scientists who had made important discoveries in physics.
5. On the way he bought her a bunch of lilac.

C. Which sentences contradict the text?

1. Онá мечтáла стать артúсткой, и мечтá её сбылáсь.
2. В шкóле онá одинáково хорошó занимáлась и литератýрой, и истóрией, и фúзикой, и математикой.
3. Онá одинáково не любúла и истóрию, и литератýру, и математику, и фúзику.
4. Он был талáнтлив и влюблён в фúзику.
5. Когдá он внимáтельно смотрéл на неё и спрáшивал: «Скажúте, чтó вам непонятно?», ей хотéлось отвéтить: «Мне непонятно всё».
6. Онá сдалá экзáмены и кóнчила шкóлу.
7. Пóсле этого онú чáсто встречáлись.
8. Онú встрéтились чéрез мнóго лет.
9. Онú встрéтились в теáтре.
10. На прощáнье онá подарúла емý вéтку сирéни.

D. In the text, find quotations to prove the following:

1. Её мечтá сбылáсь.
2. Онá не понимáла закóны фúзики.
3. Её любóвь не былá такóй безýмной, как ей казáлось.
4. Он стал крýпным учёным.
5. Крóме фúзики он óчень любит теáтр.
6. Это былó веснóй.

E. Do you think he really did not notice either the spring or the pretty girl who was in love with him?

F. In spring lilac blooms in Moscow parks, and in the woods bird-cherries are in flower. What plant symbolises spring in your country?

напúток beverage

ИСТÓРИЯ ОДНОГÓ НАПÚТКА

напоминáть *imp.* to resemble

Кефúр — одúн из сáмых популярных напúтков в Совéтском Союзе. Он напоминáет йогýрт, извéстный в зáпадных странах.

154

Приготовле́ние кефи́ра бы́ло до́лгие го́ды вели́кой та́йной. Откры́ла э́ту та́йну... любо́вь. Е́сли не ве́рите – прочита́йте э́тот расска́з.

Давно́ бы́ло изве́стно, что у карача́евцев, небольшо́й наро́дности на Се́верном Кавка́зе, есть чуде́сный напи́ток «кейф». Назва́ние шло от сло́ва «весе́лье, удово́льствие». И действи́тельно, напи́ток нра́вился всем, кто его́ про́бовал. А когда́ с ним познако́мились врачи́, сла́ва «ке́йфа» ста́ла ещё бо́льше. Поле́зный и для здоро́вых, и для больны́х, он, как магни́т, притя́гивал к себе́ всё бо́льше и бо́льше люде́й.

Хоте́ли организова́ть промы́шленное произво́дство напи́тка. Но сде́лать э́то бы́ло совсе́м не про́сто: го́рцы в строжа́йшей та́йне держа́ли реце́пт приготовле́ния «ке́йфа». Во что́ бы то ни ста́ло ну́жно бы́ло узна́ть у них секре́т кефи́рных грибко́в.

Для э́того врачи́ обрати́лись в нача́ле двадца́того ве́ка к изве́стному тогда́ в Росси́и промы́шленнику моло́чных проду́ктов Н. Бла́ндову. О́коло Кислово́дска (го́род на Се́верном Кавка́зе) фи́рма Бла́ндова име́ла двена́дцать заво́дов сы́ра. Туда́ и реши́л Бла́ндов посла́ть за кефи́рными грибка́ми свою́ сотру́дницу Ири́ну Са́харову.

Ири́на была́ о́чень краси́ва. Ей бы́ло два́дцать лет. Она́ блестя́ще око́нчила в 1906 году́ же́нскую шко́лу моло́чного хозя́йства. Че́рез год фи́рма получи́ла в Пари́же золоту́ю меда́ль за ма́сло, кото́рое приготови́ли по реце́пту Са́харовой.

И вот Ири́на вме́сте с одни́м из сотру́дников фи́рмы Васи́льевым пое́хала из Кислово́дска в го́ры к кня́зю Бек-Мирзе́ Байча́рову, кото́рый торгова́л молоко́м и сы́ром.

Бек-Мирза́ при́нял их о́чень гостеприи́мно, обеща́л всё, что проси́ли. Но да́льше разгово́ров де́ло так и не пошло́.

Гру́стные возвраща́лись Ири́на и Васи́льев обра́тно. Вдруг на доро́ге их останови́ли пять вса́дников в чёрных ма́сках, и Ири́на оказа́лась в седле́ одного́ из них. Она́ пришла́ в себя́ в са́кле. Стару́ха-горя́нка подала́ ей вку́сный напи́ток и ти́хо сказа́ла:

– Не горю́й! У нас тако́й обы́чай. Ты кня́зю понра́вилась. Княги́ней бу́дешь.

– Что́ э́то, кефи́р?

Ири́на забы́ла обо всём и ста́ла спра́шивать стару́ху, как она́ его́ гото́вит. Но тут появи́лся сам князь Бек-Мирза́. Он извини́лся за обы́чай го́рцев увози́ть неве́ст и предложи́л ей ру́ку и се́рдце. Ири́на молча́ла.

Помогли́ ей жанда́рмы, кото́рые вско́ре прие́хали вме́сте с Васи́льевым из Кислово́дска. Бек-Мирзу́ должны́ бы́ли суди́ть. Судья́ хоте́л ко́нчить де́ло ми́ром.

приготовле́ние preparation
та́йна mystery

наро́дность *f*. nationality
про́бовать *imp.* to try, to taste
сла́ва fame
магни́т magnet
притя́гивать *imp.* to attract
произво́дство production
строжа́йшая та́йна greatest secret
держа́ть в та́йне to keep secret
реце́пт recipe
во что́ бы то ни ста́ло at any price
грибки́ fungi
промы́шленник manufacturer

сотру́дница employee

блестя́ще око́нчила graduated with honours

князь *m.* prince
торгова́ть *imp.* to sell

гостеприи́мно hospitably

седло́ saddle
она́ пришла́ в себя́ she came to
са́кля hut (dwelling of Caucasian mountaineers)
горева́ть *imp.* to grieve
извини́ться *p.* to apologise
увози́ть *imp.* to abduct
предложи́ть ру́ку и се́рдце to offer one's hand (in marriage)
суди́ть *imp.* to try
судья́ *m.* judge
ко́нчить де́ло ми́ром to settle the matter out of court

155

прости́ть *p.* to forgive
фунт pound (*old Russian measure of weight, equal to 409.5 grammes*)
огро́мный huge

появля́ться *imp.* to appear

деся́ток ten

– Он же вам ничего́ плохо́го не сде́лал,–говори́л он Ири́не.– Мо́жет быть, прости́те его́?

– Прощу́,–сказа́ла Ири́на.– Но то́лько е́сли он пода́рит мне 10 фу́нтов кефи́рных грибко́в.

Так и реши́ли. На сле́дующий день Бек-Мирза́ присла́л Ири́не де́сять фу́нтов сухи́х кефи́рных грибко́в и огро́мный буке́т го́рных тюльпа́нов.

Ме́сяц прожила́ по́сле э́того Ири́на Са́харова в Кисло-во́дске. Она́ изуча́ла реце́пт приготовле́ния кефи́ра. И ка́ждый день на её окне́ появля́лся све́жий буке́т цвето́в от Бек-Мирзы́.

В 1908 году́ в Москве́ на́чали продава́ть пе́рвые буты́лки кефи́ра, кото́рые изгото́вила Ири́на Са́харова.

Снача́ла кефи́р пи́ли то́лько как лека́рство, пото́м его́ ста́ли продава́ть в моло́чных магази́нах.

Так бо́лее семи́ деся́тков лет наза́д появи́лся в Москве́ но́вый моло́чный напи́ток, кото́рый сейча́с пьют все.

!

гото́в	го́рец – горя́нка	молоко́ – моло́чный
приго́товить	сотру́дник – сотру́дница	кефи́р – кефи́рный
приготовле́ние	князь – княги́ня	за́пад – за́падный
пить	весёлый	стро́гий – строжа́йший
напи́ток	ве́село	
	весе́лье	извиня́ться / извини́ться
наро́д		напомина́ть / напо́мнить
наро́дность	суди́ть	появля́ться / появи́ться
	судья́	предлага́ть / предложи́ть
гора́		притя́гивать / притяну́ть
го́рец		про́бовать / попро́бовать
го́рный		прости́ть / проща́ть
		увози́ть / увезти́

промы́шленный	
промы́шленность	гостеприи́мно – (гость + приня́ть)
промы́шленник	10 – де́сять – деся́ток
	100 – сто – со́тня
производи́ть	
произво́дство	труд
	сотру́дник
го́ре	
горева́ть	гостеприи́мно
	гостеприи́мный

A. You must have guessed the meanings of:

(a) the words and phrases: моло́чный напи́ток, популя́рный, за́падные стра́ны, весе́лье, организова́ть, промы́шленное произво́дство, го́рец, горя́нка, реце́пт, кефи́рные грибки́, моло́чные проду́кты, моло́чное хозя́йство, фи́рма, ма́ска, жанда́рм, тюльпа́ны.

(b) the expressions: он предложи́л ей ру́ку и се́рдце; ко́нчить де́ло ми́ром; так и реши́ли.

156

B. In the text, find the sentences (or parts of sentences) corresponding to these:

1. The method of preparing kefir had for a long time been a great secret.
2. Kefir is wholesome for both healthy and sick people.
3. Like a magnet, it attracted more and more people.
4. The mountain-dwellers kept the recipe for kefir a great secret.
5. It went no further than talking.
6. Don't grieve! This is our custom.
7. Irina forgot everything.
8. He offered her his hand in marriage.
9. The judge wanted to settle the matter out of court.
10. He has not done you any harm, has he?

C. In the text, find the sentences which bear out that:

1. До́лгие го́ды в Росси́и не зна́ли реце́пт приготовле́ния кефи́ра.
2. Организова́ть промы́шленное произво́дство кефи́ра бы́ло о́чень тру́дно.
3. Бла́ндов не случа́йно (not accidentally) вы́брал для э́того Ири́ну.
4. Бек-Мирза́ не вы́полнил про́сьбу госте́й.
5. Князь хоте́л, что́бы Ири́на ста́ла его́ жено́й.
6. Судья́ не хоте́л, что́бы кня́зя суди́ли.
7. Князь ка́ждый день присыла́л ей буке́т цвето́в.
8. Снача́ла кефи́р пи́ли то́лько больны́е.

D. When you visit the Soviet Union, don't forget to try kefir; many of our foreign friends like it.

 Now let us talk about some of our customs connected with the birch and the fir, which are the most widespread Russian trees.

БЕРЁЗА

Берёза – одно́ из са́мых поэти́чных расте́ний. Худо́жни- **расте́ние** plant
ки, поэ́ты, компози́торы даю́т ей са́мые не́жные эпи́теты.
Это краса́ и го́рдость ру́сского ле́са. Без неё нельзя́ пред- **краса́** ornament
ста́вить себе́ ру́сский ландша́фт. И неда́ром в пе́сне по-
ю́т, что Ро́дина начина́ется с берёзки, кото́рая растёт у **у** near
окна́.

В Пово́лжье молоды́е лю́ди под берёзкой даю́т кля́т- **кля́тва** vow
ву в любви́ и в знак ве́рности завя́зывают в у́зел её ве́тки. **дать кля́тву** to vow
знак pledge
В 1912 году́ к столе́тию Бороди́нского сраже́ния в райо́- **ве́рность** *f.* fidelity
не дере́вни Шевардино́ посади́ли со́тни берёз, кото́рые те- **завя́зывать** *imp.* to tie
пе́рь преврати́лись в могу́чие дере́вья. **у́зел** knot
могу́чие mighty
В 1970 году́ в дни пра́зднования 100-ле́тия со дня рож- **ро́ща** grove
де́ния В. И. Ле́нина посади́ли мно́го рощ из берёз. В ка́ж- **по сто берёз** a hundred
дой ро́ще сажа́ли по сто берёз. birches (in each)

157

В мемориа́льном ко́мплексе «Хаты́нь»[1] три берёзки символизи́руют жизнь, а на ме́сте четвёртой – ве́чный ого́нь (в респу́блике ка́ждый четвёртый жи́тель поги́б во вре́мя войны́ 1941–1945 гг. от рук фаши́стов).

ве́чный ого́нь eternal flame
поги́бнуть от рук фаши́стов to die at the hands of fascists

Берёзу мо́жно уви́деть на террито́рии Сове́тского Сою́за везде́: в Приба́лтике и на Чуко́тке, в ту́ндре и в степя́х Казахста́на, в гора́х Кавка́за и на Кури́льских острова́х.

❗

поэ́зия
поэ́т
поэти́чный

ве́рно
ве́рный
ве́рность

си́мвол
символизи́ровать

век

ве́чно
ве́чный

берёза
берёзка

расти́
расте́ние

пра́здник
пра́зднование

столе́тие
(сто + лет)

Пово́лжье areas in and adjacent to the middle reaches of the Volga
Чуко́тка Chukot Peninsula
Казахста́н Kazakhstan
Кури́льские острова́ the Kuril Islands

---

[1] **Хаты́нь** (the Khatyn Memorial Complex), a memorial in Byelorussia created on the site of a village burnt down by the Hitlerites on March 22, 1943. All the villagers (149 people) were killed. The Khatyn Memorial Complex is regarded as a monument to all victims of fascism in Byelorussia.

A. You must have guessed the meanings of:

поэти́чный, эпи́тет, столе́тие (100-ле́тие), мемориа́льный ко́мплекс, символизи́ровать, фаши́ст, ту́ндра, степь.

B. In the text, find the sentences (or parts of sentences) corresponding to these:

1. It is impossible to imagine a Russian landscape without a birch-tree.
2. On the Volga young people vow their love under a birch-tree.
3. As a pledge of their fidelity, they tie branches of a birch-tree into a knot.

C. In the text, find the sentences which bear out that:

1. Берёза – одно́ из са́мых поэти́чных расте́ний.
2. Па́мятные собы́тия (memorable events) ру́сские отмеча́ют тем, что сажа́ют берёзы.
3. В Белору́ссии 25% населе́ния поги́бло от рук фаши́стов.
4. Берёзы расту́т на всей террито́рии СССР.

D. Do you like the birch-tree? Are there birches in your country? What does the birch symbolise there?

ёлка (=ель) fir-tree

дневни́к daybook
уче́бный год school year
под Но́вый год on New
Year's Eve

ПРА́ЗДНИК РУ́ССКОЙ ЁЛКИ

Ученики́ получа́ют дневники́ с отме́тками за пе́рвую полови́ну уче́бного го́да. Э́то быва́ет в конце́ декабря́ под Но́вый год.

Идут после́дние уро́ки, а там за стена́ми шко́лы взро́слые уже́ гото́вятся к нового́дним пра́здникам...

...По ле́су на лы́жах иду́т лесники́ и худо́жники. Они́ должны́ вы́брать са́мые краси́вые, са́мые пуши́стые, са́мые души́стые ёлки. Лесны́х краса́виц привезу́т в Москву́ и поста́вят всем на ра́дость и удивле́ние в за́ле Кремлёвского Дворца́ съе́здов, в Коло́нном за́ле До́ма Сою́зов, во Дворце́ спо́рта, на площадя́х. То́ же са́мое происхо́дит и в други́х города́х страны́.

...Писа́тели и поэ́ты пи́шут весёлые сцена́рии для пра́здников новогодней ёлки. Компози́торы пи́шут но́вые весёлые де́тские пе́сни. Арти́сты примеря́ют костю́мы Де́дов Моро́зов и Снегу́рочек. Они́ бу́дут выступа́ть на нового́дних де́тских пра́здниках.

...Конди́терские фа́брики гото́вят нового́дние пода́рки: разнообра́зные сла́дости. Их кладу́т в я́ркие коро́бочки с на́дписью «С Но́вым го́дом!» Их мно́го! Ведь ка́ждый до́лжен получи́ть нового́дний пода́рок!

... Типогра́фии печа́тают пригласи́тельные биле́ты. На нового́дние пра́здники ребя́т приглаша́ют Дворцы́ пионе́ров, теа́тры, ци́рки, конце́ртные за́лы, па́рки, стадио́ны, клу́бы, шко́лы, де́тские сады́...

пуши́стый bushy
души́стый fragrant
всем на ра́дость и удивле́ние to everyone's joy and surprise

сцена́рий scenario
примеря́ть *imp.* to try on
Дед Моро́з Grandfather Frost
Снегу́рочка Snow-Maiden
конди́терская фа́брика confectionary
я́ркий bright-coloured

типогра́фия printing-office
печа́тать *imp.* to print

Конча́ется после́дний уро́к ста́рого го́да. Впереди́ зи́мние кани́кулы. Впереди́ 12 дней ра́дости.

6—813

Впереди́ – конце́рты, пра́здники, карнава́лы.

Впереди́ – ката́ние на са́нках, на конька́х, на лы́жах, хок-
ке́йные ма́тчи и игра́ в снежки́.

Как хорошо́, когда́ прихо́дит Но́вый год!

игра́ть в снежки́ to play snowballs

 ель – ёлка

ра́дость
ра́достный

худо́жник
лесни́к

сла́дкий
сла́дости

пригласи́ть
пригласи́тельный биле́т

Но́вый год
нового́дний

нового́дний пра́здник
нового́днее поздравле́ние
нового́дние пода́рки
нового́дняя ёлка

краса́вец – краса́вица

духи́
души́стый

нов-о-го́дний пра́здник

печа́тать / напеча́тать
примеря́ть / приме́рить

моро́з – Дед Моро́з
снег – Снегу́рочка

снег – снежки́
игра́ть в снежки́

ката́ние на са́нках
ката́ться на са́нках

A. You must have guessed the meanings of:

нового́дний пра́здник, лесни́к, краса́вица, пригласи́тельный биле́т, карнава́л, ката́ние на са́нках, хокке́йный матч.

B. And what winter holidays are there in your country? How do the children spend their New Year holidays there?

Come to our country to see the New Year in. You will admire the fluffy snow sparkling under a bright sun; you will be able to toboggan and ride on a Russian troika; you will see for yourself what a real Russian winter is like.

КО́Е-ЧТО́ О ФАМИ́ЛИЯХ

це́нное valuable

так как as

распространённый widespread
всё же nevertheless
ока́зывается it turns out
произойти́ от to come from
кузне́ц blacksmith

«Что означа́ет ва́ша фами́лия?» – вопро́с, кото́рый мно́-
гим пока́жется стра́нным. А ме́жду тем изуче́ние фами́лий
помога́ет откры́ть мно́го це́нного не то́лько для языкозна́-
ния, но и для исто́рии, геогра́фии, этногра́фии. Прочита́й-
те текст – и вы убеди́тесь в э́том са́ми, так как узна́ете,
как, наприме́р, фами́лии помогли́ определи́ть, кака́я профе́с-
сия и́здавна была́ одно́й из са́мых распространённых на
земле́.

Са́мой распространённой фами́лией в Сове́тском Сою́-
зе явля́ется Ивано́в.

А кака́я же са́мая распространённая фами́лия в ми́ре?
Вы мо́жете сказа́ть: ра́зве мо́жно задава́ть тако́й стра́нный
вопро́с? Но всё же отве́тить на него́ мо́жно.

Ока́зывается, ча́ще всего́ на на́шей плане́те встреча́ется
фами́лия, кото́рая произошла́ от сло́ва «кузне́ц». Пра́вда,
в СССР Кузнецо́вы занима́ют лишь тре́тье – по́сле Ивано́вых и Смирно́вых –
ме́сто, но есть ведь ещё Ковалёвы, Ковале́вские, Ковале́нко и Ковали́. Все
э́ти фами́лии произошли́ от сло́ва «кова́ль» – то́ же, что кузне́ц.

Впро́чем, и э́то ещё не вё всё. В англосаксо́нских стра́нах одно́й из са́мых распространённых, е́сли не са́мой распространённой, явля́ется фами́лия Смит. То́ же са́мое мо́жно сказа́ть о Шми́дтах в стра́нах с·неме́цким языко́м. Но и «смит», и «шмидт» в перево́де на ру́сский язы́к зна́чит «кузне́ц».

Приба́вим к э́тому аналоги́чные фами́лии в други́х стра́нах, наприме́р: Кова́льский в По́льше.

Вот, ока́зывается, как популя́рна была́ во всём ми́ре э́та профе́ссия – кузне́ц.

! В 1917 году́ *произошла́* Октя́брьская револю́ция.
Фами́лия Кузнецо́в *произошла́* от сло́ва «кузне́ц».
задава́ть / зада́ть вопро́с ≠ дава́ть / дать отве́т

A. You must have guessed the meanings of:

англосаксо́нский, аналоги́чный, этногра́фия, языкозна́ние.

B. Which of these sentences are in keeping with the text?

1. Са́мая распространённая фами́лия в Сове́тском Сою́зе – Ивано́в.
2. На второ́м ме́сте по́сле неё стои́т фами́лия Кузнецо́в.
3. Фами́лия Смит – одна́ из малораспространённых фами́лий в англосаксо́нских стра́нах.
4. Ру́сская фами́лия Кузнецо́в, по́льская – Кова́льский, англи́йская – Смит, неме́цкая – Шмидт произошли́ от сло́ва «кузне́ц».

C. And what does your surname mean?

Read the caption and say what it suggests.

1. What is this story about?
   (a) об иску́сстве? (b) о любви́? (c) о любви́ к ро́дине? (d) об идеа́лах ю́ности? (e) о ве́рности э́тим идеа́лам? (f) о револю́ции?
2. Where and when does the action of the story take place?
   (a) в Ита́лии? (b) в Росси́и? (c) в эпо́ху Возрожде́ния? (d) в на́ши дни?

Reading the parts of this story one after another, you will see how true your suppositions were.

ДЖОКО́НДА

I

(1) Я познако́мился с э́той же́нщиной не́сколько лет наза́д в Ленингра́де. Мы стоя́ли с прия́телем в коридо́ре реда́кции, когда́ она́ прошла́ ми́мо нас. На ней была́ тёмная ю́бка и ко́фточка с белосне́жным воротничко́м. В э́той же́нщине бы́ло что́-то от XIX ве́ка, кака́я-то осо́бая, стро́гая элега́нтность. Она́ была́ далеко́ не молода́, но во всей её фигу́ре, в её взгля́де бы́ло досто́инство и в то́ же вре́мя врождённая скро́мность. На неё нельзя́ бы́ло не обрати́ть внима́ния.

(2) – Э́то замеча́тельная же́нщина, – сказа́л мой прия́тель. – Её руко́й води́ла сама́ исто́рия.

прия́тель *m.* acquaintance
реда́кция editorial office

осо́бый peculiar
фигу́ра figure
досто́инство dignity
врождённый innate
скро́мность *f.* modesty

води́ть руко́й to guide one's hand

— Что ты хо́чешь э́тим сказа́ть?

— Ви́дишь ли, она́ по профе́ссии проста́я стенографи́стка. Но она́ записа́ла речь Ле́нина на I съе́зде Сове́тов в ию́не 1917 го́да. Тогда́ же она́ бесе́довала с ним, а пото́м, уже́ на II съе́зде Сове́тов, она́ записа́ла знамени́тые пе́рвые декре́ты Сове́тской вла́сти, выступле́ния Ле́нина, кото́рый провозгласи́л побе́ду Вели́кой Октя́брьской социалисти́ческой револю́ции. Она́ слы́шала, как выступа́ли крупне́йшие революционе́ры и обще́ственные де́ятели, и запи́сывала их.

(3) Я попроси́л това́рища познако́мить меня́ с ней, так как я интересова́лся всем, что́ происходи́ло в дни Октября́.

Он вы́полнил мою́ про́сьбу, и мы мно́го бесе́довали с ней в те дни в её кварти́ре на второ́м этаже́ большо́го до́ма. Она́ расска́зывала — каки́е э́то бы́ли ценне́йшие истори́ческие све́дения! Но я осо́бенно запо́мнил почему́-то вот э́ту небольшу́ю исто́рию.

записа́ть *p.* to write down
речь *f.* speech
бесе́довать *imp.* to talk
провозгласи́ть *p.* to announce
побе́да victory

дни Октября́ i. e. during the October Socialist Revolution

све́дения *pl.* information

❗ проси́ть
про́сьба

бесе́довать / побесе́довать
запи́сывать / записа́ть
провозглаша́ть / провозгласи́ть

выступа́ть
выступле́ние

проста́я зада́ча
проста́я стенографи́стка

победи́ть
побе́да
победи́тель

стро́гая та́йна
стро́гая элега́нтность
стро́гий костю́м

роди́ться
врождённый

A. You must have guessed the meanings of:

коридо́р, элега́нтность, профе́ссия, стенографи́стка, па́ртия, сове́тская власть.

B. In Part I of the text, find the sentences (or parts of sentences) corresponding to these:

1. There was something of the 19th century in that woman.
2. She was long past the first flush of youth.
3. One couldn't help noticing her.
4. That woman's hand was guided by History itself.
5. What do you mean by that?

C. Point out the paragraphs which tell (a) what work the heroine of the story did; (b) how the author had met her; (c) about her appearance.

D. In the text, find the sentences which bear out that:

1. Э́та же́нщина была́ свиде́тельницей (witness) велича́йших истори́ческих собы́тий.
2. Она́ мно́го раз слы́шала Ле́нина.
3. Она́ сообщи́ла а́втору о́чень мно́го це́нных истори́ческих све́дений.

E. What do you think this story is about?

F. As you continue reading try to answer this question: Was the author right in thinking the picture had played an important part in the heroine's life?

II

(4) Когда́ я вошёл в её ко́мнату, я сра́зу обрати́л внима́ние на литогра́фию Мо́ны Ли́зы в кру́глой ра́ме, кото́рая висе́ла над её крова́тью. Ко́мната была́ о́чень скро́мная: обе́денный стол, платяно́й шкаф, ма́ленький рабо́чий сто́лик с пи́шущей маши́нкой и кни́жные по́лки. Поэ́тому карти́на осо́бенно броса́лась в глаза́. И постепе́нно мне ста́ло каза́ться, что э́та карти́на име́ет осо́бенное значе́ние в жи́зни мое́й собесе́дницы, что э́то кака́я-то ва́жная страни́ца в её жи́зни. Одна́жды я спроси́л её об э́том. Она́ отвеча́ла снача́ла не о́чень охо́тно, но пото́м воспомина́ния увлекли́ её.

(5) – Э́то да́вняя и гру́стная исто́рия, – сказа́ла она́, – и в то́ же вре́мя в мое́й жи́зни не́ было, да и не могло́ быть ничего́ светле́е...

В ю́ности я стра́стно мечта́ла быть поле́зной лю́дям. По́мню, наприме́р, пе́ред пе́рвой мирово́й войно́й в 1914 году́ (мне бы́ло тогда́ 17 лет), я е́хала на по́езде в Петербу́рг из Пско́ва, где жи́ли тогда́ мои́ роди́тели. По́мню, как я стоя́ла у окна́ ваго́на, смотре́ла на ма́ленькие бе́дные дереве́ньки и обеща́ла себе́ посвяти́ть жизнь наро́ду. Я твёрдо реши́ла тогда́, что, когда́ ко́нчу учи́ться, обяза́тельно пое́ду в дере́вню, организу́ю там наро́дную шко́лу и ста́ну учи́тельницей. Я была́ уве́рена, что е́сли все молоды́е и си́льные сде́лают то́ же са́мое, то жизнь всех люде́й постепе́нно ста́нет совсе́м друго́й, све́тлой и счастли́вой.

(6) В то вре́мя в Петербу́рге бы́ли знамени́тые Бесту́жевские ку́рсы[1]. Я учи́лась там и одновре́менно занима́лась стеногра́фией, потому́ что хоте́ла лу́чше запи́сывать ле́кции. У меня́ нашли́ спосо́бности к э́тому но́вому тогда́ де́лу. На́ша преподава́тельница ста́ла брать меня́ на заседа́ния, где мы вели́ за́писи для пре́ссы.

(7) Одна́жды мне сказа́ли, что со мной хо́чет погово́рить оди́н челове́к, кото́рый не мо́жет сказа́ть своё и́мя, потому́ что за ним следи́т поли́ция.

Я, коне́чно, сказа́ла, что я э́того не бою́сь. Мы встре́тились. Я ожида́ла уви́деть романти́ческого геро́я, революцио́нера, а э́то был обыкнове́нный, да́же прозаи́ческий челове́к. Он сказа́л мне, что в Финля́ндии бу́дет парти́йная конфере́нция, и спроси́л, не могу́ ли я стенографи́ровать

обраща́ть внима́ние to pay attention
кру́глый round
ра́ма frame

броса́ться в глаза́ *imp.* to arrest one's attention
постепе́нно gradually
воспомина́ния recollections
увле́чь *p.* to carry away

стра́стно passionately

посвяти́ть *p.* to devote
твёрдо реши́ть to be determined
то́ же са́мое the same

знамени́тый famous
одновре́менно simultaneously

спосо́бность *f.* ability, talent
де́ло business
заседа́ние conference
за́пись *f.* record, writing down
вести́ за́писи to make records, to write down
следи́ть *imp.* to keep an eye on
боя́ться *imp.* to be afraid

---

[1] **Бесту́жевские ку́рсы** (the Bestuzhev Courses), an institution of higher education for women in pre-revolutionary Russia. It evolved from a study group founded by progressive-minded intellectuals in Peters-burg in 1878 (and was named after a professor of Russian history, K. N. Bestuzhev-Ryumin, who was its official sponsor).

диску́ссию, кото́рая име́ет о́чень ва́жное значе́ние для па́ртии. Повторя́ю, э́тот челове́к показа́лся мне таки́м прозаи́ческим, что в пе́рвую мину́ту я хоте́ла отказа́ться.

(8) Но он предупреди́л меня́, что е́сли я бу́ду уча́ствовать в рабо́те конфере́нции, то меня́ мо́гут арестова́ть и да́же сосла́ть, поэ́тому я должна́ поду́мать и не спеши́ть соглаша́ться. Тогда́ я сра́зу согласи́лась: ведь он мог поду́мать, что я бою́сь.

На сле́дующий день я должна́ была́ встре́титься с други́м челове́ком, кото́рый до́лжен был мне уже́ подро́бнее рассказа́ть, что ну́жно де́лать да́льше.

стол – сто́лик	скро́мная же́нщина	све́тлая ко́мната
маши́на – маши́нка	скро́мная ко́мната	све́тлые во́лосы
дере́вня – дереве́нька	скро́мный костю́м	све́тлое пла́тье
обе́д – обе́денный		све́тлая жизнь
пла́тье – платяно́й		

давно́	Финля́ндия Finland
да́вняя исто́рия	броса́ться в глаза́
	обрати́ть внима́ние
вспомина́ть	
воспомина́ние	броса́ться / бро́ситься
	предупрежда́ть / предупреди́ть
па́ртия	посвяща́ть / посвяти́ть
парти́йный	соглаша́ться / согласи́ться
	ссыла́ть / сосла́ть
стеногра́фия	увлека́ть / увле́чь
стенографи́стка	
бесе́довать – собесе́дник	

по́дпись
на́дпись
за́пись

A. You must have understood the meanings of:

литогра́фия, обе́денный стол, платяно́й шкаф, рабо́чий сто́лик, пи́шущая маши́нка, да́вняя исто́рия, дереве́нька, ку́рсы, стеногра́фия, пре́сса, поли́ция, романти́ческий геро́й, прозаи́ческий, конфере́нция, диску́ссия, арестова́ть.

B. In Part II of the text, find the sentences (or parts of sentences) corresponding to these:

1. The picture immediately arrested your attention.
2. There had never been a happier event in her life.
3. In her youth she passionately wished to serve people.
4. She pledged to devote her life to the people.

C. Point out the paragraphs which tell:

(a) почему́ она́ ста́ла занима́ться стеногра́фией;
(b) об её идеа́лах ю́ности;
(c) о её пе́рвой встре́че с революционе́ром;
(d) о её сме́лости.

D. In the text, find the passages which bear out that:

1. Ко́мната, где жила́ э́та же́нщина, соотве́тствовала хара́ктеру её хозя́йки.
2. Парти́йная конфере́нция, куда́ её пригласи́ли, проходи́ла та́йно.
3. Она́ счита́ла, что революционе́ры не похо́жи на други́х люде́й.

E. What new elements has Part II introduced into the plot of the story? What else is the story about?

III

(9) По́мню, как я гото́вилась к э́той встре́че, как волнова́лась. Как шла по у́лице и была́ уве́рена, что за мной следя́т, и как была́ ра́да, когда́ уви́дела челове́ка, кото́рый меня́ ждал. Он был похо́ж на студе́нта. У него́ бы́ло прия́тное споко́йное лицо́, он держа́лся про́сто и уве́ренно, и я сра́зу успоко́илась.

гото́виться *imp.* to prepare

споко́йный composed
держа́ться *imp.* to behave
успоко́иться *p* to become calm

(10) Он сказа́л мне, что «на́ше путеше́ствие» начнётся че́рез два дня, что биле́т он ку́пит сам, что он встре́тит меня́ на вокза́ле и что мы, наконе́ц, должны́ быть похо́жи на жениха́ и неве́сту, кото́рые влюблены́ друг в дру́га и ни на кого́ не обраща́ют внима́ния.

(11) Че́рез два дня мы отпра́вились. На ста́нцию, куда́ мы е́хали, по́езд пришёл но́чью. Мой спу́тник проводи́л меня́ в оди́н дом, где меня́ встре́тила хозя́йка-фи́нка, кото́рая показа́ла мне мою́ ко́мнату.

Я оста́лась одна́. Я до́лго не могла́ засну́ть, а у́тром с нетерпе́нием ста́ла ждать, когда́ придёт мой спу́тник.

отпра́виться *p.* to set off
спу́тник companion
фи́нка Finnish woman

засну́ть *p.* to fall asleep

(12) Он пришёл по́здно и сказа́л, что не все делега́ты ещё прие́хали, и посове́товал мне гуля́ть и чита́ть. Сам он спеши́л, так как у него́ бы́ло мно́го рабо́ты.

(13) Це́лый день я гуля́ла по́ лесу, мне бы́ло ску́чно. У меня́ не́ было ни одно́й кни́ги, и я не зна́ла, что́ мне де́лать. Он пришёл то́лько че́рез день и на мой вопро́с, как его́ зову́т, отве́тил: Валенти́н. Он посочу́вствовал мне, что мне не́чего чита́ть, и доста́л из карма́на ма́ленькую кни́жечку. Э́то был Фе́йербах. Я никогда́ не чита́ла таки́е кни́ги, начала́ чита́ть и нашла́ там слова́, кото́рые запо́мнила навсегда́: «Никто́ не рождён для сча́стья, но все мы рождены́ для жи́зни. А жизнь жи́зни – любо́вь».

посочу́вствовать *p.* to sympathise
мне не́чего чита́ть I had nothing to read
доста́ть *p.* to get
рождён born

(14) Конфере́нция наконе́ц начала́сь, и я внима́тельно запи́сывала ре́чи, хотя́ не всегда́ понима́ла су́щность вопро́са. У меня́ бы́ло мно́го рабо́ты, и я о́чень устава́ла. Ка́ждый ве́чер Валенти́н провожа́л меня́ домо́й. На у́лице бы́ло темно́, а кварти́ра моя́ была́ дово́льно далеко́. Но нере́дко мы не́сколько раз возвраща́лись туда́ и обра́тно, так как не могли́ ко́нчить на́ши бесе́ды. О чём мы то́лько не говори́ли!

ре́чь *f.* speech
су́щность *f.* essence

туда́ и обра́тно there and back

(15) Че́рез неде́лю конфере́нция зако́нчилась. На́до бы́ло е́хать в Петербу́рг. Он провожа́л меня́ на ста́нцию. И был

непривы́чно unusually

непривы́чно молчали́в. Мне бы́ло почему́-то гру́стно, но я про́бовала шути́ть:

— Когда́ мы е́хали сюда́, вы лу́чше игра́ли свою́ роль и игра́ли охо́тно. А тепе́рь она́ вам бо́льше не нра́вится.

наслажде́ние delight

Он стал серьёзен и сказа́л, что с наслажде́нием гото́в игра́ть э́ту роль всю жизнь. Но, к сожале́нию, его́ жизнь не принадлежи́т ему́.

принадлежа́ть *imp.* to belong

(16) Пришёл по́езд. Наступи́ла после́дняя мину́та. Он взял мой ру́ки в свои́ и посмотре́л мне в лицо́.

улы́бка smile

— Вы похо́жи на Джоко́нду,—сказа́л он.— У вас тако́е же стро́гое и чи́стое лицо́ и така́я же неразга́данная улы́бка.

по́езд тро́нулся the train started

По́езд тро́нулся, он помо́г мне подня́ться, и... всё ко́нчилось.

Уже́ в ваго́не я поду́мала: встре́тимся ли мы ещё когда́-нибудь? И когда́?

кни́га – кни́жечка

улыба́ться
улы́бка

разгада́ть
неразга́данная улы́бка

встреча́ться
встре́ча
споко́йно
споко́йный
успоко́иться

бесе́да
бесе́довать
собесе́дник

достава́ть / доста́ть
засыпа́ть / засну́ть
отправля́ться / отпра́виться
успока́иваться / успоко́иться

A. You must have guessed the meanings of:

бесе́да, делега́т, неразга́данная улы́бка.

B. In Part III of the text, find the sentences (or parts of sentences) corresponding to these:

1. No one is born for happiness, but we are all born for life. And the life of life is love.
2. What didn't they talk about!

C. Point out the paragraphs which tell:

(a) о том, как она́ познако́милась с Валенти́ном;
(b) о прие́зде на ме́сто;
(c) о том, что́ она́ де́лала до нача́ла конфере́нции;
(d) о том, что́ они́ де́лали во вре́мя рабо́ты конфере́нции.

D. In which paragraph are Feuerbach's words quoted? What are they about?

E. Which paragraphs are crucial in revealing the relations between the heroine and Valentin?

F. Why did Valentin call her Gioconda? Find the answer in the text.

G. Which of these sentences contradict the text?

1. Она́ споко́йно ожида́ла встре́чи.
2. Она́ должна́ была́ сама́ купи́ть биле́т и одна́ сесть в ваго́н.
3. На ста́нцию прие́хали у́тром.
4. Валенти́н жил в том же до́ме.
5. Она́ с нетерпе́нием ждала́ у́тра, когда́ придёт Валенти́н.
6. Делега́ты уже́ все прие́хали, и у́тром начала́сь конфере́нция.

7. Он дал ей почитáть кнúгу Фéйербаха.

8. Словá Фéйербаха онá запóмнила навсегдá.

9. Это бы́ли словá о жúзни и о любвú.

10. Он провожáл её кáждый вéчер домóй мóлча.

11. Когдá пóезд трóнулся, онá былá увéрена, что онú обязáтельно встрé-
тятся.

H. What new elements has Part III introduced into the plot of the story?

IV

(17) В Петрогрáде мне всё казáлось пусты́м, и вся моя́ жизнь, и мои́ заня́тия...

Дóлгое врéмя я ничегó не знáла о нём, и моё «путе-шéствие» казáлось мне чúстой случáйностью.

(18) Когдá началáсь пéрвая мировáя войнá, я стáла ме-дицúнской сестрóй и добровóльно пошлá на фронт. Но я всё врéмя дýмала о нём. И это был такóй высóкий чúстый свет, котóрый одúн тóлько и мог ещё светúть средú гря́-зи, крóви и страдáний.

(19) Однáжды я неожúданно встрéтила человéка, котó-рый когдá-то познакóмил меня́ с Валентúном. От негó я уз-нáла, что Валентúна арестовáли за революцióнную рабó-ту, что он в тюрьмé, что емý грозúт суд и ссы́лка в Си-бúрь, éсли не хýже.

(20) С этого дня я потеря́ла покóй, я не знáла, чтó дéлать. Наконéц я решúла пойтú в тюрьмý самá и узнáть чтó-нибудь о Валентúне.

(21) Жандáрм, котóрый там был, сказáл, что Валентú-нову свидáния не разрешáют, но вéщи передáть мóжно. Я купúла апельсúны, шоколáд, тёплые носкú, потомý что былá зимá. Весь вéчер я писáла емý письмó. Писáла и не моглá кóнчить...

Когдá я пришлá в тюрьмý снóва, жандáрм взял у меня́ свёрток, внимáтельно осмотрéл всё, что в нём бы́ло, и протянýл назáд моё письмó.

– Это емý нельзя́.

– Мóжет быть, мóжно хоть мáленькую запúску?

Он посмотрéл на меня́ и мóлча протянýл мáленький листóк бумáги.

– Напишúте, чтó вы емý посылáете.

(22) Я написáла на листкé: «Четы́ре апельсúна, три плúт-ки шоколáда, тёплые носкú».

Он провéрил с карандашóм в рукé и стрóго спросúл:

– Кто посылáет?

И вдруг я сказáла:

– Напишúте: «Мóна Лúза».

Я увúдела, как он написáл внизý: «Бóнна Лúза».

– Не «бóнна», а «Мóна».

заня́тия studies
дóлгое врéмя for a long time

добровóльно voluntarily

свет light
грязь *f.* dirt
кровь *f.* blood
страдáние suffering
когдá-то once, formerly
тюрьмá prison
грозúть *imp.* to threaten
суд trial
ссы́лка exile

свёрток parcel

плúтка шоколáда bar of chocolate

бóнна nursery-governess

169

– Мо́на?– переспроси́л он.– Ну, ничего́, он сам поймёт, кто э́то.– И жанда́рм ничего́ не испра́вил.

(23) Валенти́н, действи́тельно, по́нял всё, но я об э́том узна́ла то́лько че́рез три го́да, когда́ он верну́лся из ссы́лки. А тогда́, когда́ я пришла́ ещё раз, я узна́ла, что его́ в тюрьме́ нет, так как его́ сосла́ли в Сиби́рь.

❗

занима́ться	светло́	потеря́ть де́ньги
заня́тие	све́тлый	потеря́ть поко́й
грязь	свет	стро́гий челове́к
гря́зный	свети́ть	стро́го спроси́ть
неожи́данность	молча́ть	спроси́ть
неожи́данно	молчали́вый	переспроси́ть
	мо́лча	
поко́й		ссыла́ть
споко́йный		ссы́лка
		ссыла́ть / сосла́ть
ви́деть		
свида́ние		

A. In Part IV of the text, find the sentences (or parts of sentences) corresponding to these:

1. Everything seemed meaningless: my whole life and my studies...
2. She learned that Valentin had been arrested and threatened with a trial and exile, if not worse.
3. Since that day I had lost peace of mind.
4. He checked everything, pencil in hand.

B. Point out the paragraphs which tell:

(a) о её реше́нии (decision) пойти́ на фронт;
(b) о её разгово́ре с жанда́рмом;
(c) о том, как она́ узна́ла об аре́сте Валенти́на и как она́ отнесла́сь к э́тому (had taken it);
(d) о том, что бы́ло с Валенти́ном пото́м.

C. Complete the sentences in accordance with the text.

1. Когда́ начала́сь война́, она́ доброво́льно ушла́ на фронт, потому́ что
   (a) не зна́ла, что́ ей де́лать;
   (b) так сде́лали её подру́ги;
   (c) ещё в ю́ности мечта́ла быть поле́зной лю́дям.
2. О том, что Валенти́на арестова́ли, она́ узна́ла
   (a) от челове́ка, кото́рый их когда́-то познако́мил;
   (b) из письма́.
3. Когда́ она́ узна́ла, что Валенти́н в тюрьме́,
   (a) она́ о́чень удиви́лась;
   (b) она́ потеря́ла поко́й;
   (c) она́ реши́ла его́ забы́ть.
4. Валенти́н сра́зу по́нял, кто у него́ был,
   (a) но она́ об э́том никогда́ не узна́ла;
   (b) но она́ об э́том узна́ла то́лько че́рез три го́да;
   (c) и сра́зу сообщи́л ей обо всём.

D. (a) Why did she sign her letter "Mona Lisa"? (b) Why did she go on and on writing the letter?

E. What new elements has Part IV introduced into the plot of the story?

V

(24) А через три года я сиде́ла в Смо́льном, в реда́кции газе́ты «Изве́стия» и чита́ла то, что я то́лько что запи́сала на II съе́зде Сове́тов, кото́рый тогда́ на́чал свою́ рабо́ту.

(25) Дверь откры́лась, и вошёл Свердло́в[1], а с ним ещё оди́н челове́к. Тогда́ круго́м бы́ло сли́шком мно́го но́вых люде́й, я не обрати́ла на него́ внима́ния и продолжа́ла рабо́тать. Но че́рез не́сколько мину́т я почу́вствовала, что он смо́трит на меня́. Я подняла́ глаза́ и уви́дела незнако́мое обве́тренное лицо́, тёмную бо́роду.

– Бо́нна Ли́за,– ти́хо произнёс он.

Мне каза́лось, что в э́ту мину́ту я уже́ ду́мала о нём, хотя́, быть мо́жет, никогда́ не переставала о нём ду́мать. Я не вы́держала и запла́кала. По́мню, как мы до́лго пото́м стоя́ли у окна́, я всё ещё пла́кала и не могла́ успоко́иться, а он мо́лча гла́дил моё плечо́.

(26) Бы́ло семь часо́в утра́, когда́ ко́нчился съезд, и мы вы́шли из Смо́льного. Делега́ты пое́хали на трамва́е, а мы пошли́ куда́ глаза́ глядя́т. У нас бы́ло удиви́тельно хорошо́ на душе́. Со́рок мину́т наза́д съезд со́здал пе́рвое Сове́тское прави́тельство с Ле́ниным во главе́. И мы уча́ствовали в э́том. Мы уже́ посла́ли в типогра́фию Декре́ты о вла́сти, о ми́ре, о земле́, кото́рые при́нял съезд. Сего́дня о них бу́дет знать весь мир.

(27) Он шёл ря́дом со мной. Мы бы́ли сча́стливы в то у́тро. По́мню, как мы стоя́ли на мосту́ и до́лго любова́лись го́родом.

Он рассказа́л мне, что его́ сосла́ли в Сиби́рь. Он бежа́л отту́да, жил в тайге́ и то́лько вчера́ смог прие́хать в Петрогра́д.

Мы до́лго ходи́ли по го́роду, стоя́ли на на́бережных Невы́. Могла́ ли я ду́мать, что э́то на́ша после́дняя встре́ча?

(28) Да, бо́льше я его́ никогда́ не ви́дела, никогда́.

На друго́й день он неожи́данно до́лжен был е́хать на фронт. Я получи́ла от него́ запи́ску: «Верну́сь ско́ро и навсегда́».

Он уе́хал, а я в э́то же вре́мя получи́ла телегра́мму из Пско́ва: тяжело́ заболе́л оте́ц. Я пое́хала туда́ и пробыла́

то́лько что just
круго́м around
сли́шком мно́го too many
почу́вствовать *p.* to feel
обве́тренное лицо́ weather-beaten face
борода́ beard

переставать *imp.* to stop
вы́держать *imp.* to contain oneself
всё ещё пла́кала was still sobbing
гла́дить *imp.* to stroke
плечо́ shoulder, arm
гляде́ть *imp.* to look
созда́ть *p.* to form

бежа́ть (из ссы́лки) to escape (from exile)

тяжело́ заболе́ть to be seriously ill
пробы́ть *p.* to stay

---

[1] **Свердло́в Я́ков Миха́йлович** (Yakov Sverdlov), (1885-1919), prominent leader of the Communist Party and the Soviet State. After the Great October Socialist Revolution he was elected Chairman of the Central Executive Committee of the Soviet of Workers' Deputies, and head of Government.

уда́р blow
го́ре grief

там три неде́ли. Оте́ц у́мер, но меня́ уже́ ждал второ́й уда́р.

(29) Я возврати́лась в Петрогра́д. По́лная свои́м го́рем, я е́хала на трамва́е и ду́мала о сме́рти отца́.

И вдруг услы́шала:

– Сле́дующая остано́вка – проспе́кт Валенти́нова!

Я сли́шком хорошо́ зна́ла го́род. Тако́го проспе́кта не́ было ещё три неде́ли наза́д... Я поняла́, что произошло́ что́-то непоправи́мое.

непоправи́мое irreparable

(30) – Вы выхо́дите? – услы́шала я го́лос.

Я вы́шла.

На углу́ я уви́дела но́вую на́дпись: «Проспе́кт Валенти́нова»

до́лжное due
отдава́ть до́лжное to give smb. his due
хра́брость *f.* courage
пре́данность *f.* devotion

Он поги́б не́сколько дней наза́д на фро́нте. Тепе́рь револю́ция отдава́ла до́лжное его́ хра́брости и пре́данности.

(31) Мно́го вре́мени прошло́ с тех пор. Но и тепе́рь, когда́ я прихожу́ на его́ проспе́кт, я вспомина́ю о том, что бы́ло, и ду́маю о том, что могло́ быть и что ушло́ вме́сте с ним.

нево́льно unconsciously

пла́мя *n.* flame

Я вспомина́ю о нём и нево́льно ду́маю о тех ты́сячах храбре́йших и преда́ннейших, кото́рые о́тдали свою́ жизнь, сгоре́ли в пла́мени тех неповтори́мых лет.

(32) Я посмотре́л на литогра́фию Джоко́нды в кру́глой ра́ме и бо́льше не стал спра́шивать ни о чём.

ве́тер
обве́тренное лицо́

идти́ куда́ глаза́ глядя́т
тяжело́ заболе́ть
обрати́ть внима́ние

хра́брый – хра́брость
пре́данный – пре́данность
хра́брый – храбре́йший
пре́данный – преда́ннейший

выде́рживать / вы́держать
гла́дить / погла́дить
обраща́ть / обрати́ть внима́ние

переставать / переста́ть
создава́ть / созда́ть
чу́вствовать / почу́вствовать

A. In Part V of the text, find the sentences (or parts of sentences) corresponding to these:

1. They went straight forward without realising where they were going.
2. They felt extremely light-hearted and at peace with themselves.
3. Coming back soon and forever.
4. Full of grief, she went on a tram, thinking about her father's death.
5. The revolution had honoured his courage and devotion.
6. She recollects the past and thinks about what could have been a reality had it not vanished together with him.
7. She remembers him and thinks of the thousands of extremely brave and devoted people who sacrificed their lives and perished in the flames of those bygone years.

B. Point out the paragraphs which tell of:

(a) как они́ сно́ва встре́тились с Валенти́ном;
(b) что он сно́ва уе́хал;
(c) что они́ бы́ли сча́стливы;
(d) о том, что случи́лось непоправи́мое;
(e) о ги́бели Валенти́на;
(f) о тех, кто о́тдал свою́ жизнь револю́ции.

C. Complete the sentences in accordance with the text.

1. Она́ не обрати́ла внима́ния на челове́ка, кото́рый вошёл вме́сте со Свердло́вым,
   (a) потому́ что уста́ла;
   (b) потому́ что сли́шком мно́го но́вых люде́й бы́ло вокру́г;
   (c) потому́ что ду́мала то́лько об одно́м.
2. Она́ уе́хала в Псков,
   (a) потому́ что Валенти́н уе́хал из Петрогра́да;
   (b) потому́ что у неё не́ было рабо́ты;
   (c) потому́ что у неё тяжело́ заболе́л оте́ц.
3. Валенти́на сосла́ли в Сиби́рь,
   (a) и он оста́лся там жить навсегда́;
   (b) но он сра́зу бежа́л и верну́лся в Петрогра́д;
   (c) но он бежа́л отту́да, жил в тайге́ и то́лько накану́не (the day before) прие́хал в Петрогра́д.

D. In her youth she passionately wished to serve people and pledged to devote her life to them. Has she remained true to the ideals of her youth?

E. Was it by chance that it was she who was asked to be the stenographer at the illegal Party Conference? Support your answers to questions D and E with questions from the appropriate passages of the text.

F. Reread Feuerbach's words about life and love. Why did she remember those words for the rest of her life?

G. So, how will you answer the question preceding the text: What is this story about? When and where did the events described in it take place?

H. Does the story deal with Italy and art? You know that the word "Gioconda" usually brings to mind the famous picture by the renowned Italian master Leonardo da Vinci, which is also known as "Mona Lisa".

I. But why did the author entitle his story *Gioconda*? Was he right in believing that the picture was very important in the eyes of the heroine?

V. Peskov is a well-known Soviet journalist. He has travelled the length and breadth of this country, and his subjects include nature, Soviet people, their life, their work and their achievements.

МОЯ ПРОФЕ́ССИЯ

I

(1) Я люблю́ свою́ профе́ссию. Э́то, наве́рное, са́мое гла́вное, когда́ мы говори́м о профе́ссии, о челове́ке.

Мой оте́ц – машини́ст на желе́зной доро́ге. У него́ мно́го награ́д за отли́чную рабо́ту. Но он до сих по́р с ра́достью и гру́стью вспомина́ет, как паха́л зе́млю. В расска́зах отца́ я всегда́ чу́вствую тоску́ по земле́. Я никогда́ не паха́л зе́млю, но, наве́рное, в насле́дство от отца́ я получи́л э́ту ве́чную тоску́ по за́пахам земли́, тоску́ по пе́нию птиц и шо́роху жёлтых ли́стьев.

машини́ст engine-driver
отли́чный excellent
грусть *f.* sadness
тоска́ longing
насле́дство inheritance
за́пах smell
шо́рох rustle
выбира́ть *imp.* to choose

(2) Я выбира́л профе́ссию, когда́ оте́ц верну́лся с войны́. Он не мог показа́ть сы́ну доро́гу, потому́ что сын для отца́ был зага́дкой: когда́ оте́ц ушёл на фронт, я был мальчи́шкой. Когда́ он верну́лся – я был уже́ взро́слым и выбира́л профе́ссию.

Но гла́вное я всё-таки узна́л от отца́: «Сча́стье – э́то когда́ свой хлеб челове́к добыва́ет люби́мым де́лом».

добыва́ть свой хлеб to earn one's living

(3) Снача́ла мне каза́лось: люби́мое де́ло – рабо́тать с мальчи́шками. Рабо́тал пионе́рским вожа́тым, пото́м киномеха́ником, фото́графом.

вожа́тый leader

Рабо́тать в газе́те на́чал случа́йно.

Одна́жды написа́л ма́ленькую статью́. Её, к моему́ удивле́нию, напеча́тали и попроси́ли принести́ ещё что́-нибудь. Че́рез ме́сяц высо́кий молодо́й реда́ктор позва́л меня́ в кабине́т. Не хочу́ ли я рабо́тать в газе́те? Мне показа́лось, что реда́ктор шу́тит…

принести́ *p.* to bring

Че́рез неде́лю мне объяви́ли пе́рвый вы́говор за оши́бку в газе́те. Ещё че́рез ме́сяц у меня́ бы́ло уже́ шесть вы́говоров. И я реши́л пойти́ к реда́ктору с заявле́нием: хоте́л уйти́ с рабо́ты. Реда́ктор порва́л моё заявле́ние и сел ря́дом. «Слу́шай, я тебя́ о́чень прошу́, не де́лай оши́бок…»

объяви́ть вы́говор to reprimand
заявле́ние letter of resignation
порва́ть *p.* to tear up

(4) Пе́рвую мою́ зарпла́ту в газе́те мать сосчита́ла и положи́ла на стол. Пришёл оте́ц. И до́лго я ещё слы́шал их разгово́р за сте́нкой. Мать не могла́ пове́рить, что мо́жно зарабо́тать сто́лько же, ско́лько и оте́ц, «писа́нием».

зарпла́та salary
сосчита́ть *p.* to count

зарабо́тать *p.* to earn

машини́ст	тоска́ по земле́
журнали́ст	получи́ть в насле́дство что?
гру́стный	зарабо́тать де́ньги
грусть	зарпла́та = за́работная пла́та
зага́дка	киномеха́ник
разгада́ть	ра́дость ≠ грусть
неразга́данный	

174

выбира́ть / вы́брать   приноси́ть / принести́
добыва́ть / добы́ть   рвать / порва́ть
зараба́тывать / зарабо́тать   счита́ть / сосчита́ть

A. You must have guessed the meanings of the words:
пе́ние, киномеха́ник, фото́граф.

B. In the text, find the sentences corresponding to these:

1. My father still recollects, with joy and sadness, how he used to plough the land.
2. I inherited from my father his eternal longing for the smell of the earth, birdsong, and the rustle of yellow leaves.
3. He was unable to tell me which road to choose.
4. The mother couldn't believe that one could earn as much as the father merely by "writing".

C. In the text, find the sentences which tell:

1. Что а́втор счита́ет гла́вным, когда́ говори́т о профе́ссии челове́ка?
2. Что а́втор счита́ет гла́вным в вы́боре (choice) профе́ссии?
3. Почему́ сын для отца́ был зага́дкой?

D. What "road" is implied in the sentences: Оте́ц не мог показа́ть сы́ну доро́гу?

E. Was it without hesitation that the author had embarked on the career of a journalist? In which paragraph is the answer to this question to be found? What had he done before he began working for a newspaper?

II

(5) «Тро́е су́ток шага́ть, тро́е су́ток не спать
Ра́ди не́скольких стро́чек в газе́те»...
Это в пе́сне и́ли на са́мом де́ле?

На космодро́ме одна́жды мы не спа́ли че́тверо су́ток. У нас не́ было вре́мени, чтобы спать. Днём собы́тие – за́пуск косми́ческого корабля́. Пото́м пи́шешь об э́том, пото́м дикту́ешь по телефо́ну, пото́м волну́ешься: бу́дет ли э́то в газе́те. Пото́м гото́вишь материа́лы на за́втра.

На целине́ я прошёл по та́лому снегу́ 35 киломе́тров.

В Антаркти́де репорта́жи приходи́лось писа́ть в самолёте и передава́ть из самолёта в Москву́.

Но, мо́жет быть, отдыха́ешь, когда́ возвраща́ешься в реда́кцию? Нет!

Е́сли вы но́чью ви́дели зда́ние реда́кции, вы не могли́ не заме́тить: здесь до́лго све́тятся о́кна. Журнали́сты рабо́тают!

(6) Чита́тель не по́мнит слу́чая, когда́ газе́та не вы́шла. Что́ бы ни случи́лось, газе́та есть! Зна́чит, журнали́сту на́до е́хать, спеши́ть куда́-то, несмотря́ ни на что́. Е́здишь, смо́тришь, бесе́дуешь, запи́сываешь, собира́ешь материа́л. Возвраща́ешься и сади́шься писа́ть, не обраща́ешь внима́ния

тро́е three
шага́ть *imp.* to walk
ра́ди for the sake of
на са́мом де́ле in reality
че́тверо four
за́пуск launching
диктова́ть *imp.* to dictate
та́лый снег melting snow
приходи́лось писа́ть (I) had to write

реда́кция editorial office
све́тятся о́кна there is light in the windows

слу́чай case
что́ бы ни случи́лось whatever happens
несмотря́ ни на что́ despite everything

175

самочу́вствие one's general condition
но́мер number, issue

сро́чно urgently

подсне́жник snowdrop

дожда́ться *p.* to wait
сближа́ть *imp.* to bring together
па́хнуть *imp.* to smell

стра́шно (one is) afraid

на самочу́вствие, на уста́лость. Ты успе́л написа́ть то́лько пе́рвую стро́чку, а тебе́ уже́ звоня́т по телефо́ну:

— Ва́ша статья́ идёт в но́мер! Вам оста́вили сто два́дцать строк.

Три сло́ва: «Сро́чно в но́мер!» И ты пи́шешь. Ты до́лжен написа́ть э́ти сто два́дцать строк. И вот сиди́шь за столо́м. А на у́лице пра́здник. Молодёжь игра́ет в бадминто́н, ми́мо иду́т тури́сты... Коне́чно, хорошо́ бы сейча́с гуля́ть по ле́су, иска́ть подсне́жники и слу́шать, как шумя́т весе́нние во́ды. Нет! Не́когда! Зада́ние: «Сро́чно в но́мер!»

(7) Зато́ мне знако́ма о́чень больша́я ра́дость: но́чью, когда́ го́род спит, дожда́ться све́жего но́мера газе́ты. Сиди́м, ку́рим, разгова́риваем. О́бщая рабо́та о́чень сближа́ет люде́й. Ждём газе́ту.

И вот её прино́сят. Она́ па́хнет све́жей кра́ской. Мы са́мые пе́рвые её чита́тели. Мир ещё не ви́дел газе́ты, но она́ уже́ есть. Не́сколько миллио́нов люде́й за́втра прочита́ют твоё сло́во. Иногда́ от мы́сли об э́том стано́вится ра́достно, иногда́ – стра́шно.

❗ строка́ – стро́чка

па́хнуть
за́пах

уста́лый
уста́лость

та́ять
та́лый снег

собира́ть урожа́й
собира́ть материа́л

но́мер до́ма
но́мер в гости́нице
но́мер газе́ты (журна́ла)

све́жий хлеб
све́жий но́мер газе́ты
све́жая кра́ска

аэродро́м
космодро́м

репортёр
репорта́ж

реда́ктор
реда́кция

слу́чай
случа́йно
случи́ться

чита́ть
чита́тель

бли́зко
сближа́ть

снег
подсне́жник

самочу́вствие (сам + чу́вствовать)

дожида́ться / дожда́ться чего́?
сближа́ть / сбли́зить
случа́ться / случи́ться

A. You must have guessed the meanings of:

космодро́м, косми́ческий кора́бль, материа́лы, репорта́ж, уста́лость, бадминто́н, весе́нние во́ды, чита́тель.

B. In the text, find the sentences (or parts of sentences) corresponding to these:

1. To walk (backwards and forwards) for three days, not to go to bed for three days.

For the sake of a few lines in a newspaper....
2. Is that really so?
3. Reports had to be written during flights.
4. You couldn't help noticing: the light in the windows shone till late at night.
5. Whatever the odds, the newspaper will come out!
6. A journalist must hurry in spite of anything.
7. At night, while the city sleeps, we're waiting for the fresh number of the newspaper to come out.

C. What does the word *слово* in the sentence «Не́сколько миллио́нов люде́й за́втра прочита́ют твоё *слово*» mean?

D. Which paragraphs tell of the following:

(a) о том, что газе́та выхо́дит всегда́, что́ бы ни случи́лось;
(b) о том, где пришло́сь побыва́ть Песко́ву-журнали́сту;
(c) о том, что о́бщая рабо́та сближа́ет люде́й.

E. Reread the fifth paragraph. What places did Peskov have to visit?

III

(8) Моя́ газе́та. Но́чью наш дом похо́ж на огро́мный кора́бль. Све́тятся о́кна. Моя́ па́луба на шесто́м этаже́. Тут мой рабо́чий стол, мои́ друзья́. Сюда́ я приношу́ всё, что уви́дел и узна́л. Тут меня́ критику́ют и говоря́т до́брое сло́во. Отсю́да я уезжа́ю и сюда́ возвраща́юсь. Эта па́луба дала́ мне всё, что я име́ю за душо́й.

(9) Жизнь журнали́ста – это доро́ги. Два мои́х сосе́да по-ра́зному отно́сятся к э́той жи́зни. Оди́н, когда́ я возвраща́юсь из командиро́вки, приглаша́ет на чай и ждёт расска́зов. Он всем интересу́ется и внима́тельно слу́шает всё, что я расска́зываю.

Друго́й не понима́ет таку́ю жизнь. «Всего́ себя́, – говори́т, – на доро́гах растеря́ешь». Это ве́рно. В ка́ждой пое́здке оставля́ешь части́цу своего́ се́рдца. А заче́м бере́чь? Для кого́ бере́чь, е́сли не для люде́й?

(10) Я не оши́бся в жи́зни, пра́вильно вы́брал себе́ профе́ссию. Профе́ссия даёт мне хлеб и ра́дость. Я тружу́сь, и мой труд ну́жен лю́дям, и поэ́тому с пра́вом рабо́чего я сижу́ за на́шим о́бщим столо́м.

Мои́ идеа́лы – идеа́лы моего́ наро́да.

Моя́ го́рдость: когда́ Ле́нин отвеча́л на вопро́с о профе́ссии, он заяви́л: ЖУРНАЛИ́СТ.

па́луба deck

критикова́ть *imp.* to criticise
всё, что я име́ю за душо́й all there is to my name
относи́ться *imp.* to adopt an attitude

растеря́ть *p.* to spend oneself
пое́здка trip
оставля́ть *imp.* to leave
бере́чь *imp.* to preserve
ошиби́ться *p.* to make a mistake
труди́ться *imp.* to work
пра́во right

заяви́ть *p.* to say

до́брый челове́к	труд	уезжа́ть ≠ возвраща́ться
до́брый день	труди́ться	
до́брое сло́во	трудя́щийся	часть – части́ца
	ра́зный	заявля́ть
	по-ра́зному	заявле́ние

у меня́ легко́ на душе́
э́то всё, что я име́ю за душо́й

приглаша́ть / пригласи́ть кого́? | на обе́д
                                    | на чай

бере́чь / сбере́чь   ошиба́ться / ошиби́ться
заявля́ть / заяви́ть   теря́ть / растеря́ть
оставля́ть / оста́вить

A. You must have guessed the meanings of the expressions:
сказа́ть до́брое сло́во, пригласи́ть на чай.

B. In the text, find the sentences (or parts of sentences) corresponding to these:
1. My two neighbours take different views of a journalist's life.
2. You will spend yourself on the way.
3. You leave a little bit of your heart behind on every trip.
4. I have a worker's right to sit at our common table.

C. Reread the ninth paragraph. Who said the following sentences and who are they addressed to?
Всего́ себя́ на доро́гах растеря́ешь.
В ка́ждой пое́здке оставля́ешь части́цу своего́ се́рдца.

The first sentence was said by the author's neighbour, who addressed him in the second person singular (ты).

The second sentence is not addressed to anyone in particular. It expresses the author's opinion not only about his own work, but also about the work of any other journalist.

Read the text once more and you will see that it contains many such sentences (especially the fifth and sixth paragraphs).

D. What is the meaning of the word *хлеб* in the sentences:
Сча́стье – э́то когда́ свой *хлеб* челове́к добыва́ет люби́мым де́лом. Профе́ссия даёт мне *хлеб* и ра́дость. Иногда́ чёрный *хлеб* называ́ют ру́сским.

E. In these sentences, translate the italicised words.
1. Тури́ст снял *но́мер* в гости́нице. 2. Он живёт в до́ме *но́мер* 5. 3. Он держа́л в рука́х све́жий *но́мер* газе́ты.

F. Which paragraphs tell us:
(a) что гла́вная цель (aim) жи́зни а́втора – служе́ние лю́дям;
(b) что он пра́вильно вы́брал свою́ доро́гу в жи́зни;
(c) о его́ идеа́лах;
(d) о том, что он горди́тся свое́й профе́ссией.

G. Whose work does the author compare the work of a journalist with? Which passage of the text bears out your answer?

H. What does the author call a "deck"? Why? Translate the sentence Э́та па́луба дала́ мне всё, что я име́ю за душо́й.

I. The text contains two opinions about the work of a journalist. (Find the sentences conveying those opinions.) Which opinion do you share?

And now let us go on another trip. Let us travel to the south of the Soviet Union and visit the Armenian Soviet Socialist Republic.

АРМЕ́НИЯ ВЧЕРА́, СЕГО́ДНЯ, ЗА́ВТРА

I. Пусть не га́снет пла́мя

пусть let

(1) Армя́не свою́ страну́ называ́ют Айяста́ном – Страно́й армя́н. Есть и друго́е назва́ние: Караста́н – Страна́ камне́й. Приме́рно две тре́ти террито́рии Арме́нии занима́ют го́ры – сплошно́й ка́мень.

приме́рно approximately
сплошно́й solid

(2) Арме́ния нахо́дится на ю́ге Сове́тского Сою́за, на грани́це с Ту́рцией и Ира́ном. На небольшо́й пло́щади респу́блики – 29 800 км² живёт бо́лее 3 320 000 челове́к.

грани́ца border

в течение during
нападать *imp.* to attack
завоеватель *m.* conqueror
римлянин Roman
Рим Rome
сельджук Seljuk
монгол Mongol
турок Turk
перс Persian
по-настоящему really
самостоятельный independent
провозглашение proclamation
пленник captive
костёр fire
выдавать себя to betray oneself
черта trait

(3) История этого древнего народа была глубоко трагичной. В течение многих веков на его землю нападали завоеватели. Были среди них и римляне, и сельджуки, и монголы, и турки, и персы. По-настоящему политически самостоятельной Армения стала только после провозглашения Советской республикой в 1920 году.

(4) Легенда говорит: если завоеватели хотели найти среди своих пленников армян, они сажали всех вокруг костра. И армяне выдавали себя тем, что всегда поддерживали в костре огонь.
В этой черте – поддерживать огонь, не давать погаснуть пламени – душа народа. Эта черта помогла армянам, несмотря ни на что, сохранить свою культуру, свою любовь к родной земле.

!

культура	Турция Turkey	назвать	1/3 – треть
культурный	Иран Iran	название	1/4 – четверть
армянин – армяне	Рим Rome	провозглашать	
армянский	римлянин	провозглашение	
		настоящий	
		по-настоящему	

A. You must have guessed the meanings of:

глубоко трагичный, политически самостоятельный, поддерживать огонь, культура.

B. Point out the paragraphs which tell:

(a) о том, когда Армения стала по-настоящему политически самостоятельной;
(b) о том, как называют армяне свою страну;
(c) о характерной (characteristic) черте армян;
(d) о географическом положении (situation) Армении.

C. In the text, find the sentences which contain the answers to these questions:

(1) Армяне называют свою страну Страной камней. Почему?
(2) История этого народа была глубоко трагична. Почему?

II. Ровесник Рима

(5) История Армении начинается с глубокой древности. В 782 году до нашей эры на месте, где сейчас находится Ереван – столица Армении, заложили крепость Эребуни. Развалины её сохранились и до сих пор.

развалины ruins

высшее учебное заведение institution of higher education

(6) Но городу в теперешнем его виде немногим больше 60 лет. Университет – первое высшее учебное заведение республики – открыли в 1920 году, сразу после провозглашения Советской власти. Первые многоэтажные дома появи-

лись здесь в 1922 году́, пе́рвый нау́чно-иссле́довательский институ́т (тропи́ческой медици́ны) – в 1923, пе́рвая гидроэлектроста́нция – в 1926.

(7) Архите́кторов, кото́рые на́чали в 1924 году́ создава́ть но́вый Ерева́н, называ́ли фантазёрами. Они́ плани́ровали го́род на 200 ты́сяч челове́к (тогда́ в Ерева́не бы́ло 30 000 жи́телей). Архите́кторы, действи́тельно, оши́блись – сейча́с населе́ние го́рода бо́льше 1 133 000, и оно́ продолжа́ет расти́.

фантазёр dreamer

(8) Архите́кторы сра́зу отказа́лись от железобето́на и стекла́ – основны́х материа́лов совреме́нного градострои́тельства. Они́ вы́брали мя́гкий цветно́й ка́мень – армя́нский туф. У э́того ка́мня мно́го отте́нков – от бе́ло-ро́зового до се́ро-голубо́го, и строи́тели создаю́т из него́ удиви́тельные га́ммы цвето́в.

железобето́н reinforced concrete
стекло́ glass
отте́нок tint

га́мма gamut

(9) Та́к же стро́ят и в други́х города́х респу́блики (их число́ в послевое́нные го́ды вы́росло с 4 до 24).

   тепе́рь
тепе́решний

букет цвето́в (*sing.* цвето́к)
га́мма цвето́в (*sing.* цвет)

глубо́кая река́
глубо́кая дре́вность

план	градострои́тельство	заложи́ть / закла́дывать
плани́ровать	(го́род + стро́ить)	го́род, кре́пость
оши́бка		
ошиба́ться		

A. You must have guessed the meanings of:

э́ра, тепе́решний, тропи́ческая медици́на, плани́ровать, градострои́тельство, цветно́й ка́мень.

B. Point out the paragraphs which tell of:

(a) Каки́е материа́лы вы́брали архите́кторы для строи́тельства но́вого Ерева́на?

(b) Когда́ в респу́блике появи́лось пе́рвое вы́сшее уче́бное заведе́ние?

(c) Как стро́ят в други́х города́х респу́блики?

(d) О коли́честве жи́телей столи́цы.

(e) Ско́лько городо́в в Арме́нии?

(f) О дре́вней кре́пости Эребу́ни.

(g) От каки́х материа́лов отказа́лись архите́кторы, когда́ на́чали стро́ить но́вый Ерева́н?

C. Basing your answers on the text, say:

(a) В како́м году́ отмеча́ли 2750-ле́тие Ерева́на?

(b) Когда́ Арме́ния ста́ла Сове́тской респу́бликой?

D. In these sentences, translate the italicised words into English.

(a) 1. Ерева́н стои́т в доли́не (valley), и *вид* на го́род с горы́ о́чень краси́в. 2. Вне́шний *вид* го́рода неповтори́м благодаря́ цветно́му ка́мню. 3. Учени́к *сде́лал вид*, что не по́нял вопро́са учи́теля. 4. Вы больны́? *У вас плохо́й вид*.

(b) 1. Цветно́й ка́мень – основно́й *материа́л*, кото́рый вы́брали архите́кторы для строи́тельства го́рода. 2. Журнали́ст до́лжен уме́ть бы́стро собра́ть ну́жный *материа́л* для газе́ты.

III. Что мо́жно сде́лать из ка́мня?

к моме́нту by the time
ко́жа leather
мастерска́я workshop
кожéвенная мастерска́я tannery
развива́ть *itp.* to develop
прибо́р instrument
о́трасль *f.* branch
сырьё raw material
волокно́ fibre
полупроводни́к semi-conductor
изоля́тор insulator
хруста́ль *m.* crystal
у́ровень *m.* level

(10) К моме́нту провозглаше́ния Сове́тской респу́блики в 1920 году́ в Арме́нии бы́ло то́лько два заво́да: ме́дный и конья́чный – и не́сколько ма́леньких кожéвенных мастерски́х. Сего́дня в респу́блике успе́шно развива́ется цветна́я металлу́ргия, приборострое́ние, электротехни́ческая и электро́нная промы́шленность.

(11) Но́вой о́траслью промы́шленности явля́ется хими́ческая. Её сырьё – всё тот же армя́нский ка́мень. Из ка́мня получа́ют тепе́рь волокно́, полупроводники́, изоля́торы, хруста́ль.

(12) Об у́ровне разви́тия эконо́мики Арме́нии говори́т её э́кспорт: Арме́ния продаёт свою́ проду́кцию в бо́лее чем 70 стран.

(13) Растёт и развива́ется се́льское хозя́йство респу́бли-
ки. Традицио́нные его́ о́трасли – садово́дство и виногра́-
дарство.

виногра́д vine

ко́жа	свя́зывать	приборостро́ение
коже́венный	связь	электротехни́ческая промы́шленность
ро́вный	тради́ция	сад – садово́дство
у́ровень	традицио́нный	вне́шний ≠ вну́тренний
		цветно́й ка́мень
		цветна́я металлурги́я

A. You must have guessed the meanings of:

моме́нт, цветна́я металлурги́я, приборостро́ение, электро́нная промы́шлен-
ность, эконо́мика, э́кспорт, проду́кция, традицио́нные о́трасли, садово́дство,
виногра́дарство.

B. In Part III of the text, find the sentences (or parts of sentences) corresponding to these:

1. The raw material for it is the same Armenian stone.

2. Armenia's exports are an indication of the republic's economic development
level.

C. Point out the paragraphs which tell:

(a) о традицио́нных о́траслях се́льского хозя́йства респу́блики;
(b) о сырье́ для хими́ческой промы́шленности;
(c) о но́вых о́траслях промы́шленности в Арме́нии;
(d) об э́кспорте Арме́нии;
(e) об у́ровне разви́тия эконо́мики Арме́нии к моме́нту провозглаше́ния Сове́тской респу́блики.

D. Quote the passages of the text which bear out that:

(a) В Арме́нии мно́го садо́в и виногра́дников (vineyards).
(b) Ка́мень – не то́лько строи́тельный материа́л.

IV. Мо́лодость дре́вней культу́ры

(18) Нау́чная мысль Арме́нии име́ет дре́внюю исто́рию. Армя́нский учёный Ана́ния Шираека́ци, наприме́р, на семь веко́в ра́ньше Копе́рника дал нау́чное объясне́ние затме́ниям Со́лнца и Луны́.

затме́ние eclipse

(19) На рубеже́ IV – V веко́в Месро́п Машто́ц со́здал алфави́т, кото́рый в тече́ние 1600 лет не изменя́лся и существу́ет сего́дня. Но ещё 60 лет наза́д большинство́ жи́телей респу́блики (90%) не зна́ли э́того алфави́та.

распростране́ние spread
наибо́лее most

Сейча́с по у́ровню и распростране́нию образова́ния Арме́ния занима́ет ме́сто среди́ наибо́лее передовы́х стран ми́ра.

(20) В респу́блике 130 нау́чных це́нтров. Среди́ них знамени́тые Ерева́нский кардиологи́ческий институ́т, Бюрака́нская астрофизи́ческая обсервато́рия, Институ́т фи́зики с одни́м из са́мых мо́щных ускори́телей электро́нов в ми́ре, Институ́т киберне́тики.

ускори́тель accelerator
ускори́тель электро́нов cyclotron

нау́ка	впереди́	рубе́ж = грани́ца
нау́чный	передова́я нау́ка	Копе́рник Copernicus
объясня́ть	распространённый	у́ровень воды́
объясне́ние	распростране́ние	у́ровень образова́ния
		дока́зывать / доказа́ть

A. You must have guessed the meanings of:

нау́чная мысль, нау́чный центр, дать нау́чное объясне́ние, наибо́лее передова́я страна́, кардиологи́ческий институ́т, астрофизи́ческая обсервато́рия, институ́т киберне́тики.

B. Point out the paragraphs which tell:

(a) о нау́чных це́нтрах респу́блики;
(b) об учёном, кото́рый дал нау́чное объясне́ние затме́ниям Со́лнца и Луны́;
(c) о созда́нии армя́нского алфави́та;
(d) об у́ровне образова́ния в Арме́нии в настоя́щее вре́мя;
(e) о том, что нау́чная мысль име́ет дре́внюю исто́рию.

V. Бу́квы говоря́т

(21) Го́рдость армя́н – Матенадара́н, храни́лище дре́вних ру́кописей. Здесь храня́тся древне́йшие кни́ги и ру́кописи: «Арифме́тика» Ана́ния Ширакаци – древне́йший из уче́бников, «Геоме́трия» Эвкли́да (её перевели́ на армя́нский язы́к ра́ньше, чем на латы́нь).

(22) Здесь мо́жно уви́деть ру́копись, кото́рая ве́сит 1200 кг (килогра́ммов) и са́мую ма́ленькую кни́гу XV ве́ка – её вес 18 гра́ммов.

(23) В Матенадара́не храни́тся та́кже кни́га, кото́рая мно́го веко́в лежа́ла в пеще́ре. Кни́га окамене́ла, но бу́квы её говоря́т. Они́ говоря́т об исто́рии армя́нского наро́да, о его́ борьбе́ про́тив завоева́телей, о его́ любви́ к свое́й Ро́дине.

Мы вам рассказа́ли лишь части́цу того́, что мо́жно узна́ть об Арме́нии. Америка́нский худо́жник Ро́куэлл Кент по́сле того́, как побыва́л в Арме́нии, сказа́л: «...Е́сли спро́сят меня́, где на на́шей плане́те бо́льше чуде́с, я назва́л бы пре́жде всего́ Арме́нию».

Хоти́те убеди́ться в э́том са́ми?

храни́лище repository
ру́копись *f.* manuscript

латы́нь *f.* Latin

пеще́ра cave
окамене́ть *p.* to petrify

убеди́ться *p.* to make
sure

❗

ве́сить	часть	Эвкли́д Euclid
вес	части́чка	убежда́ться / убеди́ться в чём?
ка́мень	части́ца	
окамене́ть		

A. You must have guessed the meanings of:

храни́ться, арифме́тика, геоме́трия, латы́нь, части́ца.

(a) о кни́ге, кото́рая окамене́ла;
(b) о древне́йшем уче́бнике арифме́тики;
(c) о са́мой ма́ленькой кни́ге XV ве́ка.

ПО ВЕЛИ́КОЙ ТРАНССИБИ́РСКОЙ МАГИСТРА́ЛИ

Посмотри́те внима́тельно на э́ту ка́рту.

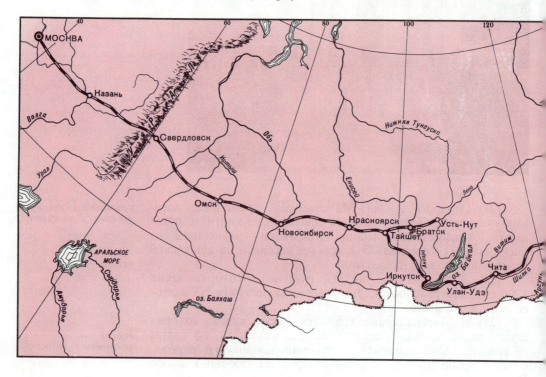

путь *m.* journey

Мы приглаша́ем вас в са́мое коро́ткое путеше́ствие по са́мой дли́нной желе́зной доро́ге. За два́дцать мину́т вы проде́лаете путь длино́й почти́ 10 ты́сяч киломе́тров. И не вста́нете при э́том с ва́шего люби́мого кре́сла! Но, мо́жет быть, пото́м вам захо́чется соверши́ть настоя́щее путеше́ствие из Восто́чной Евро́пы че́рез всю Се́верную А́зию к Ти́хому океа́ну, и не на самолёте, а в ую́тном спа́льном ваго́не. За его́ о́кнами вы уви́дите и приро́ду, и люде́й на́шей страны́.

ую́тный comfortable, cosy

Мно́го ли на на́шей плане́те желе́зных доро́г длино́й почти́ в 10 ты́сяч киломе́тров? Одна́. Вели́кая Транссиби́рская магистра́ль. А её 6000-километро́вый уча́сток от Москвы́ до Петро́вска-Забайка́льского – са́мая дли́нная в ми́ре электрифици́рованная ли́ния.

Неде́ля в комфорта́бельном купе́ экспре́сса «Росси́я» Москва́– Владивосто́к – э́то непреры́вная сме́на впечатле́ний. Вы уви́дите равни́ны и го́ры, сиби́рскую тайгу́ и дальневосто́чные сте́пи, Во́лгу и бо́лее кру́пные ре́ки – Обь, Енисе́й, Аму́р. Вы уви́дите «сла́вное мо́ре, свяще́нный Байка́л», са́мое глубо́кое на Земле́ о́зеро, и живопи́снейшее побере́жье Ти́хого океа́на.

Ита́к, мы отправля́емся в путь!

купе́ compartment
непреры́вный uninterrupted
сме́на succession
впечатле́ние impression
равни́на plain

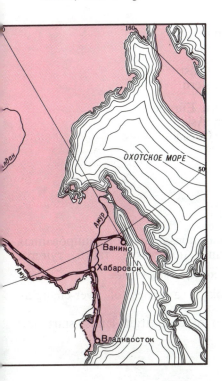

I. Доро́га длино́ю в 90 лет

(1) Её на́чали стро́ить ещё в нача́ле 1890-х годо́в. Она́ ви́дела мно́гое...

(2) По ней е́хали револю́цио́нные солда́ты освобожда́ть от интерве́нтов Да́льний Восто́к, строи́тели; она́ помога́ла выполня́ть пла́ны электрифика́ции, коллективиза́ции, индустриализа́ции Сове́тской страны́. В го́ды Вели́кой Оте́чественной войны́ она́ везла́ солда́т и ору́жие на фронт.

(3) А по́сле войны́ она́ повезла́ люде́й и маши́ны – осва́ивать цели́нные зе́мли, начина́ть но́вые стро́йки в тайге́ и в ту́ндре. По ней е́хали со всей страны́ студе́нты и профессора́, учёные и инжене́ры создава́ть но́вые нау́чные це́нтры – в Сиби́ри, на Да́льнем Восто́ке, на Ура́ле. Доро́га

везти́ *imp.* to carry
солда́т, *gen. pl. of*
солда́ты soldiers
ору́жие arms
осва́ивать *imp.* to reclaim
цели́нные зе́мли virgin lands
стро́йка building project

освое́ние development
набира́ть ско́рость to pick up speed

и сейча́с игра́ет огро́мную роль в дальне́йшем освое́нии сиби́рских и дальневосто́чных ресу́рсов.

Набира́ет ско́рость пассажи́рский по́езд «Росси́я»...

спать	меня́ть
спа́льный ваго́н	сме́на
стро́ить	соверши́ть путеше́ствие
стро́йка	преодоле́ть путь
осво́ить	вы́полнить план
освое́ние	осва́ивать цели́нные зе́мли
	игра́ть роль
часть	Да́льний Восто́к the Far East
уча́сток	дальневосто́чный Far Eastern
ско́рый	Восто́чная Евро́па Eastern Europe
ско́рость	Се́верная А́зия Northern Asia
	Ти́хий океа́н the Pacific Ocean
	Обь the Ob
	Енисе́й the Yenisei
	Аму́р the Amur

осва́ивать / осво́ить

A. You must have guessed the meanings of:

проде́лать путь, спа́льный ваго́н, пассажи́рский по́езд, электрифици́рованная ли́ния, комфорта́бельный экспре́сс, живопи́снейшее побере́жье, тайга́, ту́ндра.

B. In the text, find the sentences (or parts of sentences) corresponding to these:

1. The journey from Moscow to Vladivostok is a series of ever-changing impressions.
2. It carried people and machines that were to reclaim virgin lands, start new projects and build new research centres.
3. The train is picking up speed.

C. Point out the paragraphs which tell:

(a) о ро́ли доро́ги в дальне́йшем освое́нии Сиби́ри и Да́льнего Восто́ка;
(b) когда́ её на́чали стро́ить;
(c) о пла́нах электрифика́ции, коллективиза́ции и индустриализа́ции.

перекрёсток road junction

когда́-то formerly

II. Пе́рвый большо́й перекрёсток

(4) С моста́ далеко́ видна́ Во́лга. Когда́-то её называ́ли «гла́вной у́лицей Росси́и». Она́ и тепе́рь име́ет большо́е значе́ние для европе́йской ча́сти СССР. Она́ свя́зывает 5 море́й в еди́ную тра́нспортную систе́му. А гидроэлектроста́нции Во́лги вхо́дят в Еди́ную энергети́ческую систе́му, кото́рая даёт ток и для Транссиби́рской магистра́ли.

ток current

(5) Пе́рвая кру́пная ста́нция на на́шем пути́ – Каза́нь. Она́ нахо́дится в 800 киломе́трах от Москвы́. Э́то столи́ца Тата́рской АССР (Автоно́мной Сове́тской Социалисти́ческой Респу́блики).

(6) В респу́блике развива́ется хими́ческая и лёгкая промы́шленность, машинострое́ние.

Мы пересека́ем Во́лгу, пе́рвый большо́й перекрёсток.

пересека́ть *imp.* to cross

III. «Спинно́й хребе́т» Росси́и

(7) Позади́ пе́рвая ты́сяча киломе́тров. Ура́льские го́ры. По ним прохо́дит грани́ца ме́жду Евро́пой и А́зией. Об э́том говори́т пограни́чный обели́ск: 1777-й киломе́тр Транс-сиби́рской магистра́ли.

спинно́й хребе́т spinal column
позади́ behind

обели́ск obelisk

Последняя секунда в Евро́пе, впереди́ – ещё бо́льше 5 су́ток по А́зии.

шкату́лка casket
драгоце́нность f. jewel

(8) Ура́л – настоя́щая шкату́лка с драгоце́нностями, где мо́жно найти́ почти́ все элеме́нты систе́мы Менделе́ева. Осо́бенно бога́т Ура́л мета́ллами.

бога́т rich (in)

(9) Свердло́вск – оди́н из городо́в-миллионе́ров СССР: его́ населе́ние бо́льше миллио́на челове́к. Свердло́вск – го́род-рабо́чий. В нём нахо́дится заво́д

шага́ющий walking

заво́дов «Уралма́ш», кото́рый выпуска́ет шага́ющие экскава́торы.

филиа́л branch

(10) Свердло́вск – не то́лько промы́шленный, но и культу́рный центр Ура́ла. Здесь рабо́тают нау́чно-иссле́довательские институ́ты Ура́льского филиа́ла Акаде́мии нау́к СССР. Здесь растёт ещё оди́н нау́чный центр страны́.

основа́ть p. to found

(11) 2555-й киломе́тр. Омск. Го́род основа́ли в 1716 году́. Че́рез 200 лет в нём бы́ло 150 ты́сяч жи́телей. Тепе́рь его́ населе́ние бо́лее миллио́на челове́к. В на́ши дни Омск стал промы́шленным и культу́рным це́нтром с зелёными широ́кими у́лицами и площадя́ми, с прекра́сным мосто́м че́рез ре́ку Ирты́ш.

❗ ток-электрото́к

миллио́н
миллионе́р

спина́
спинно́й хребе́т

шага́ть
шага́ющий экскава́тор

грани́ца
пограни́чный

крест
перекрёсток

машинострое́ние (маши́на + стро́ить)
Заво́д «Уралма́ш» – Ура́льский машинострои́тельный заво́д

A. You must have understood the meanings of:

пограни́чный, обели́ск, элеме́нт, систе́ма элеме́нтов Менделе́ева, го́род-мил-лионе́р, го́род-рабо́чий, заво́д заво́дов, экскава́тор.

B. Point out the paragraphs which tell:

(a) о том, чем бога́т Ура́л;
(b) о Во́лге;
(c) о Свердло́вске;
(d) о Каза́ни;
(e) о грани́це ме́жду Евро́пой и А́зией;
(f) о еди́ной тра́нспортной систе́ме, кото́рая соединя́ет 5 море́й;
(g) об О́мске.

C. In the text, find the sentences which will help you to answer these questions:

1. Каки́е о́трасли промы́шленности развива́ются в Тата́рской АССР?
2. Почему́ Ура́льские го́ры называ́ют «спинны́м хребто́м» Росси́и?
3. Почему́ Свердло́вск называ́ют го́родом-миллионе́ром?
4. Почему́ Свердло́вск называ́ют та́кже го́родом-рабо́чим?

IV. С чего́ начина́ется Сиби́рь?

(12) За Ура́лом начина́ется обши́рнейший край, кото́рый и дал назва́ние магистра́ли – Сиби́рь. Пе́ред на́ми Тю-ме́нская о́бласть – нача́ло Сиби́ри.

край territory

о́бласть *f.* province

(13) Здесь откры́ли месторожде́ния не́фти. В тайге́, в ту́ндре стро́ят доро́ги, нефтепрово́ды, заво́ды и элект-роста́нции, города́ и посёлки.

месторожде́ние не́фти oil deposit

V. «Столи́ца Сиби́ри»

(14) В 3200 киломе́трах от Москвы́ – Новосиби́рск, то́же миллионе́р по числу́ жи́телей, как Свердло́вск и Омск. Сра́зу ви́дим, что э́то кру́пный тра́нспортный у́зел: здесь са́мый большо́й в стране́ железнодоро́жный вокза́л.

(15) В Новосиби́рске бо́лее 200 заво́дов и фа́брик, свой университе́т и мно́го други́х вы́сших уче́бных заведе́ний, 22 нау́чно-иссле́довательских институ́та. В 1985 году́ здесь откры́та пе́рвая ли́ния метро́. Ме́стный теа́тр о́перы и бале́та – бо́льше знамени́того Большо́го теа́тра.

ме́стный local

(16) «Столи́ца Сиби́ри» с её спу́тником – Академгородко́м – центр Сиби́рского филиа́ла Акаде́мии нау́к СССР, кото́рый со́здали во второ́й полови́не 50-х годо́в.

VI. «Гла́вные у́лицы кра́я»

(17) У Новосиби́рска мы пересека́ем ещё оди́н оживлённый перекрёсток страны́ – Обь, крупне́йшую ре́ку СССР, кото́рая по пло́щади своего́ бассе́йна ме́ньше то́лько Амазо́нки, Ко́нго и Миссиси́пи.

(18) Обь – «гла́вная у́лица» За́падной Сиби́ри. Как и Во́лга, э́то не то́лько тра́нспортная магистра́ль. Из окна́ ваго́на ви́дно иску́сственное мо́ре, кото́рое разлило́сь о́коло Новосиби́рска за плоти́ной гидроэлектроста́нции.

иску́сственный artificial
разли́ться p. to spread
плоти́на dam

192

(19) На 750-километро́вом уча́стке ме́жду Новосиби́рском и Красноя́рском начина́ется Восто́чная Сиби́рь, кото́рая в не́сколько раз бо́льше За́падной. Гла́вные ре́ки э́того кра́я – Енисе́й и Ле́на. Как и Обь, они́ впада́ют в Се́верный Ледови́тый океа́н. Мы пересека́ем лишь одну́ – Енисе́й.

 Академгородо́к = академи́ческий городо́к

газопрово́д	Ко́нго the Congo
нефтепрово́д	Миссиси́пи the Mississippi
месторожде́ние	За́падная Сиби́рь Western Siberia
	Восто́чная Сиби́рь Eastern Siberia
разлива́ться/разли́ться	Се́верный Ледови́тый океа́н the Arctic Ocean
пересека́ть/пересе́чь	

A. You must have guessed the meanings of:

обши́рный край, тра́нспортный у́зел, ли́ния, Академгородо́к, бассе́йн реки́, иску́сственное мо́ре, нефтепрово́д, го́род-спу́тник.

B. Point out the paragraphs which tell:

(a) о го́роде-спу́тнике Новосиби́рска;
(b) где начина́ется Восто́чная Сиби́рь;
(c) о са́мом большо́м в СССР железнодоро́жном вокза́ле;
(d) о реке́ Оби́;
(e) о теа́тре, кото́рый бо́льше моско́вского Большо́го;
(f) об иску́сственном мо́ре на Оби́;
(g) где начина́ется Сиби́рь.

C. In the text, find the sentences which will help you to answer these questions:

1. Что тако́е Академгородо́к?
2. Почему́ Обь мо́жно назва́ть крупне́йшей реко́й СССР?
3. Каки́е ре́ки Сиби́ри впада́ют в Се́верный Ледови́тый океа́н?

D. In these sentences, translate the italicised words into English.

(a) 1. В Пово́лжье молоды́е лю́ди в знак ве́рности завя́зывают в *у́зел* ве́тки берёзы. 2. Новосиби́рск – кру́пный тра́нспортный *у́зел*.
(b) 1. Пловцы́ трениру́ются в *пла́вательном бассе́йне*. 2. По пло́щади своего́ *бассе́йна* Обь занима́ет четвёртое ме́сто в ми́ре.
(c) 1. Байка́л – как мо́ре: смо́тришь на него́ и нет ему́ ни конца́, ни *кра́я*. 2. Сиби́рь – обши́рнейший *край*, кото́рый начина́ется за Ура́лом.
(d) 1. Э́тот учёный сде́лал ва́жное откры́тие в *о́бласти* киберне́тики. 2. Террито́рия респу́блики де́лится администрати́вно (administratively) на две *о́бласти*.

VII. У «сиби́рского меридиа́на»

(20) Красноя́рск – 4000 киломе́тров от Москвы́. Го́род
стои́т на берега́х Енисе́я, кото́рые состоя́т из кра́сных поро́д.   **поро́да** rock
Отсю́да и назва́ние го́рода – Красноя́рск. Ландша́фты здесь

о́чень живопи́сны, осо́бенно в госуда́рственном запове́днике «Столбы́». «Ви́дел я А́льпы швейца́рские и италья́нские, но нигде́ не ви́дел тако́й красоты́»,–писа́л об э́тих места́х ру́сский худо́жник Су́риков. А ру́сский писа́тель Че́хов говори́л: «...В свое́й жи́зни я не ви́дел реки́ великоле́пнее Енисе́я».

запове́дник reserve
столб column

(21) Предме́том осо́бой го́рдости жи́телей Красноя́рска явля́ются велича́йшие в ми́ре гидроэлектроста́нции – Красноя́рская и Сая́но-Шу́шенская, кото́рые даю́т ток промы́шленности Сиби́ри.

предме́т object
осо́бый particular

(22) За Красноя́рском ещё то́лько начина́ется втора́я полови́на страны́ – Енисе́й де́лит террито́рию СССР на две приблизи́тельно ра́вные ча́сти: неда́ром э́ту ре́ку называ́ют «сиби́рским меридиа́ном». Втора́я же полови́на Транссиби́рской магистра́ли начина́ется ещё да́льше, о́коло небольшо́й ста́нции Тайше́т. Отсю́да иду́т две ве́тки доро́ги: одна́ на ю́го-за́пад, друга́я на се́веро-восто́к че́рез Братск, где нахо́дится Бра́тская ГЭС – та́кже одна́ из крупне́йших гидроэлектроста́нций ми́ра.

приблизи́тельно ap-
proximately

жемчу́жина pearl

VIII. Жемчу́жина Се́верной А́зии

(23) Ирку́тск. Как и Братск, он стои́т на Ангаре́, кото́рая впада́ет в Енисе́й. Ангара́ – еди́нственная река́, кото́рая вытека́ет из Байка́ла (все други́е 336 рек впада́ют в это глубоча́йшее о́зеро на Земле́).

Сейча́с Ангара́ вме́сте с Енисе́ем и други́ми ре́ками-рабо́тницами несёт тепло́ и свет свое́й ма́тери-Сиби́ри.

форпо́ст outpost

(24) Го́род Ирку́тск, кото́рому бо́лее 300 лет, за после́дние десятиле́тия стал форпо́стом индустри́и и культу́ры в Восто́чной Сиби́ри.

(25) Когда́ по́езд идёт по побере́жью Байка́ла, пассажи́ры не мо́гут оторва́ться от о́кон: кто не ви́дел Байка́ла, тот не ви́дел Сиби́ри. Пе́ред на́ми настоя́щая жемчу́жина Се́верной А́зии.

впада́ть в о́зеро
вытека́ть из о́зера

бли́зко
приблизи́тельно

глубо́кий
глубоча́йший

ве́тка де́рева
ве́тка желе́зной доро́ги

десятиле́тие
индустри́я = промы́шленность

А́льпы the Alps
Швейца́рия Switzerland
Ита́лия Italy

Швейца́рия – швейца́рский
Ита́лия – италья́нский

A. You must have guessed the meanings of:

меридиа́н, глубоча́йшее о́зеро, швейца́рский, италья́нский, десятиле́тие, предме́т осо́бой го́рдости, индустри́я.

B. Point out the paragraphs which tell:

(a) о Байка́ле;
(b) о крупне́йших гидроэлектроста́нциях Сиби́ри;
(c) об Ирку́тске;
(d) о Красноя́рске;
(e) об Ангаре́;
(f) об А́льпах.

C. In the text, find the sentences which will help you answer these questions:

1. Почему́, когда́ по́езд идёт по побере́жью Байка́ла, пассажи́ры не мо́гут оторва́ться от о́кон?
2. Почему́ Красноя́рску да́ли тако́е назва́ние?
3. Как де́лит Енисе́й террито́рию страны́?
4. Каки́е кру́пные города́ Сиби́ри стоя́т на Ангаре́?
5. Ско́лько рек вытека́ет из Байка́ла?

D. In these sentences, translate the italicised words into English.

(a) 1. От Транссиби́рской магистра́ли идёт *ве́тка* к Бра́тску. 2. На *ве́тке* сиди́т пти́ца. 3. В Сиби́ри развива́ются но́вые *о́трасли* промы́шленности.

(b) 1. Шёл ста́рый фильм, и в за́ле бы́ли свобо́дные *места́*. 2. Я с удово́льствием пое́ду в Сиби́рь; я ещё не ви́дел э́ти *места́*.

IX. Там, где конча́ется Сиби́рь

(26) К восто́чным грани́цам Сиби́ри по́езд идёт че́рез Буря́тскую АССР. Буря́тия – оди́н из интере́снейших райо́нов СССР. До револю́ции наро́д Буря́тии был поголо́вно негра́мотным. По́сле револю́ции буря́ты получи́ли возмо́жность учи́ться в лу́чших университе́тах и институ́тах СССР. В Буря́тии со́здали пи́сьменность, постро́или шко́лы, больни́цы, теа́тры. Расту́т города́, развива́ется промы́шленность и се́льское хозя́йство.

негра́мотный illiterate

пи́сьменность *f.*
writing

В Чити́нской о́бласти мы оконча́тельно проща́емся с Сиби́рью.

X. Гла́вный дальневосто́чный перекрёсток

Чита́ Chita
Аму́р the Amur
значи́тельно considerably

(27) Пересека́ем грани́цу Чити́нской и Аму́рской областе́й. Да́льний Восто́к СССР. Он значи́тельно ме́ньше Сиби́ри, но и тут нас ожида́ют ты́сячи киломе́тров пути́.

раздва́иваться *imp.* to bifurcate
коне́чный пункт terminus
прито́к tributary

(28) По́езд прихо́дит в Хаба́ровск – кру́пный промы́шленный и культу́рный центр Да́льнего Восто́ка.

Здесь Транссиби́рская магистра́ль раздва́ивается: ю́жная ве́тка идёт на Владивосто́к, се́верная – на Ва́нино (о́ба коне́чных пу́нкта – тихоокеа́нские по́рты). Река́ Аму́р соединя́ется здесь со свои́м прито́ком Уссу́ри и соединя́ет Хаба́ровск с Ти́хим океа́ном. Пе́ред на́ми перекрёсток перекрёстков, кото́рый игра́ет гла́вную роль в свя́зях всей страны́ с дальневосто́чным морски́м бассе́йном.

XI. Далёкое бли́зкое

да́ча datcha (country cottage)
да́чное ме́сто country area with many datchas

воро́та gate

доста́вить *p.* to convey

(29) И вот наконе́ц после́дние киломе́тры. После́дний тунне́ль, и мы на берегу́ Аму́рского зали́ва. По́езд идёт совсе́м бли́зко от воды́ – по да́чным и куро́ртным места́м.

(30) Экспре́сс остана́вливается у после́днего перро́на. Вот и Владивосто́к, кото́рый основа́ли в 1860 году́. Э́то крупне́йший тра́нспортный у́зел, восто́чные воро́та страны́, не то́лько морски́е, но и возду́шные. Отсю́да самолёты Аэрофло́та в то́т же день доста́вят пассажи́ров в Москву́

и други́е европе́йские столи́цы. Не так уж и далеко́ сего́дняшний Владивосто́к от Москвы́, да и от любо́го уголка́ страны́!

любо́й any

(31) Вот и ко́нчилось на́ше вообража́емое путеше́ствие. Не хоти́те ли соверши́ть его́ на са́мом де́ле?

вообража́емый imaginary
на са́мом де́ле in reality

❗

голова́	Буря́тия	Buryatia
поголо́вно негра́мотное населе́ние	Буря́тская АССР	the Buryat ASSR
	Буря́тская Автоно́мная Сове́тская Социалисти́ческая респу́блика	the Buryat Autonomous Soviet Socialist Republic
до револю́ции		
по́сле револю́ции	буря́т Buryat	
	Да́льний Восто́к – дальнево-	
писа́ть	сто́чный	
пи́сьменность	Ти́хий океа́н – тихоокеа́нский	
	Евро́па – европе́йский	
коне́ц		
оконча́тельно	доставля́ть / доста́вить	
коне́чный пункт		
два		
раздва́иваться		

A. You must have guessed the meanings of:

поголо́вно негра́мотное населе́ние, оконча́тельно, дальневосто́чный, тихоокеа́нский, возду́шные воро́та страны́.

B. Point out the paragraphs which speak:

(a) о Хаба́ровске;
(b) о нача́ле Да́льнего Восто́ка;
(c) о буря́тах;
(d) о дальневосто́чном морско́м бассе́йне;
(e) о Владивосто́ке.

C. In parts IX-XI of the text, find the sentences which will help you answer these questions:

1. Ско́лько гра́мотных бы́ло в Буря́тии до револю́ции?
2. Как называ́ют Хаба́ровск?
3. Молодо́й ли го́род Владивосто́к?

D. If you liked our imaginary journey and feel like making it once more, reread the whole text and try to answer these questions:

1. Почему́ желе́зная доро́га Москва́ – Владивосто́к называ́ется Вели́кая Транссиби́рская магистра́ль?
2. Как называ́ли когда́-то Во́лгу? Устаре́ло ли (Has ... become obsolete?) э́то назва́ние сего́дня?
3. Отку́да начина́ется Сиби́рь?
4. Что стои́т на грани́це ме́жду Евро́пой и А́зией? Где прохо́дит э́та грани́ца?
5. Каки́е города́ называ́ют миллионе́рами?
6. Како́й го́род называ́ют столи́цей Сиби́ри?
7. Как называ́ют ре́ки Обь, Енисе́й и Ле́ну?
8. Почему́ Енисе́й называ́ют «сиби́рским меридиа́ном»?
9. Как называ́ют Байка́л?
10. Где конча́ется Сиби́рь?
11. Почему́ Хаба́ровск называ́ют «перекрёстком перекрёстков»?
12. Почему́ Владивосто́к называ́ют «восто́чными воро́тами страны́»?

Dear Friend,
You have completed your study of Chapter Five.
You have learned a lot of new and interesting things. You may have noticed that you are moving along faster. That is quite natural since you have put a lot of time and effort into your studies.
And now let's go on!

KEY TO THE EXERCISES

Exercise 2. 2. здоро́вы. 3. спуска́ется. 4. поднима́ется. 5. светло́. 6. тёмные. 7. вверх. 8. вниз.

Exercise 3. 1. охо́тником. 2. музыка́нтом. 3. хиру́ргом. 4. пе́сни. 5. всё равно́. 6. водопа́д. 7. вы́веска. 8. серебра́. 9. зо́лота. 10. де́рева. 11. ка́мня. 12. фрукто́вые дере́вья.

Exercise 4. выпуска́ть – выпускно́й, выпускни́к; боле́ть – больно́й, больни́ца, бо́льно; хозя́ин – хозя́йство, хозя́йственный; де́тский – по-де́тски; ве́село – весёлый, весе́лье; поздра́вить – поздрави́тельный, поздравле́ние; образова́ние – образо́ванный; стари́к – стару́ха, ста́рый, стари́нный, старина́;

звони́ть – зво́нко, звоно́к; у́лица – у́лочка; далеко́ – вдаль; ме́сто – помести́ться; па́мятник – па́мять; люби́ть – любо́вь; мо́ре – моря́к; ло́гика – логи́чно; лета́ть – полёт, лётчик; бога́тый – бога́тство; револю́ция – революционе́р; преподава́ть – преподава́тель; по́чта – почтальо́н, почто́вый; горди́ться – го́рдость; опера́ция – опери́ровать; знать – зна́ние; чи́стый – чистота́; е́здить – подъе́зд; стол – столо́вая; красота́ – краси́вый; друг – дру́жный.

Exercise 5. 2c, 3b, 4a, 5c, 6b, 7b, 8b, 9b, 10c, 11c, 12b.

Exercise 6. 2b, 3a, 4b, 5b, 6c, 7d, 8d, 9d, 10c, 11e, 12b, 13c, 14b, 15c.

Exercise 7. 2b, 3c, 4a, 5b, 6c, 7b, 8d, 9c, 10b.

Exercise 8. A. 2d, 3b, 4d, 5b, 6d, 7c, 8d, 9c. B. 1b, 2d, 3e, 4d, 5c, 6d, 7e, 8c, 9e, 10d, 11c, 12d, 13e.

Exercise 9. 1, 2, 4, 5, 10, 11, 12, 15, 16, 17, 20, 21, 23, 24, 25, 26, 28, 30, 31, 35, 36.

Exercise 10. 2b, 6c, 7d, 9d, 11d – the suffix **-ыва- (-ива-)**; 3d, 4d, 10a – the suffix **-а-**; 5d, 8c – the suffix **-ва-**.

Exercise 11. 2b, 4d – the suffix **-ну-**; 3c, 5d, 6b, 7d, 8c, 9b, 10a – the suffix **-и-**.

Exercise 12. 2d, 3e, 4c, 5d, 6d.

Exercise 13. 1, 4, 6, 7, 8.

Exercise 14. 2, 3, 4, 7.

Text *Необыкнове́нная исто́рия... Exercise* C. 1b, 2a.

Text *Воротничо́к. Exercise* A. 1, 3, 5. *Exercise* B. 1c, 2c, 3c, 4a, 5b.

Text *Был май... Exercise* C. 2, 3, 5, 7, 9.

Text *Ко́е-что́ о фами́лиях. Exercise* B. 1, 2, 4.

Text *Джоко́нда.*

Part I. *Exercise* C. a-2; b-1, 3; c-1.
Part II. *Exercise* C. a-6; b-5; c-7; d-7; 8.
Part III. *Exercise* C. a-9; b-11; c-13; d-14. *Exercise* G. 1, 2, 3, 4, 6, 10, 11.
Part IV. *Exercise* B. a-18; b-21; c-19; 20; d-23. *Exercise* C. 1c, 2a, 3b, 4b.
Part V. *Exercise* B. a-25; b-28; c-27; d-29; e-30; f-31. *Exercise* C. 1b, 2c, 3c.

Text *Моя́ профе́ссия.*

Part II. *Exercise* D. a-6, b-5, c-7.
Part III. *Exercise* E. 1. room. 2. number. 3. issue. *Exercise* F. a-9, b-10, c-10, d-10.

Text *Арме́ния вчера́, сего́дня, за́втра.*

Part I. *Exercise* B. a-3, b-1, c-4, d-2.
Part II. *Exercise* B. a-8, b-6, c-9, d-7, e-9, f-5, g-8. *Exercise* D. (a) 1. view. 2. appearance. 3. pretended. 4. you look. (b) 1. material. 2. material.
Part III. *Exercise* C. a-13, b-11, c-10, 11, d-12, e-10.
Part IV. *Exercise* B. a-20, b-18, c-19, d-19, e-18.
Part V. *Exercise* B. a-23, b-21, c-22.

Text *Транссиби́рская магистра́ль.*
Part I. *Exercise* C. a-3, b-1, c-2.
Parts II and III. *Exercise* B. a-8, b-4, c-9, d-5, e-7, f-4, g-11.
Parts IV, V and VI. *Exercise* B. a-16, b-19, c-14, d-17, e-15, f-18, g-12. *Exercise* D. (a) 1. knot. 2. hub. (b) 1. swimming-pool. 2. basin. (c) 1. end. 2. territory. (d) 1. field. 2. provinces.
Parts VII and VIII. *Exercise* B. a-23, 25, b-21, c-23, 24, d-20, e-23, f-20. *Exercise* D. (a) 1. branch line. 2. branch. 3. branches. (b) 1. seats. 2. places.
Parts IX, X and XI. *Exercise* B. a-28, b-27, c-26, d-28, e-30.

CHAPTER SIX

Dear Friend,
To be able to study this chapter, you must remember the following grammar (dealt with in the Sixth Concentric Cycle of Book Б):

1. The use of unprefixed verbs of motion of the **идти́, е́хать, бежа́ть, плыть, лете́ть, нести́, везти́, вести́** and the **ходи́ть, е́здить, бе́гать, пла́вать, лета́ть, носи́ть, вози́ть, води́ть** types.
2. The use of the same verbs with the prefixes **по-, при-, у-, в(во)-, вы-, под-, от-, про-, пере-, до-, за-**.
3. The use of verbs of motion and the prepositions **ми́мо, от** and **до** + *the genitive* to denote direction.
4. Correlation between the prefixes and the prepositions used with verbs of motion.
5. Aspects of prefixed verbs of motion.
6. The use of complex sentences with the conjunction **е́сли** to express real actions and with the conjunction **е́сли бы** to express unreal actions.
7. The use of complex sentences with the conjunction **что́бы**.
8. Direct and indirect speech.
9. The use of complex sentences with the conjunction **кото́рый** in any case.

To be able to study this chapter, you must also remember the new words from the Sixth Concentric Cycle of Book Б and from Chapter Five of this book.

As we did in the preceding chapters, we shall discuss the new words before introducing the texts.

Among them we can single out words which have English counterparts with a similar meaning and spelling.

автоно́мный	индустриализа́ция	ма́ска	регуля́рно
аналоги́чный	индустри́я	материа́лы	респу́блика
англосаксо́нский	интона́ция	мемориа́льный	ресу́рсы
аппара́т	италья́нский	меридиа́н	романти́ческий
аргуме́нт	кардиологи́ческий	миллионе́р	сигна́л
арестова́ть	карнава́л	моме́нт	систе́ма
арифме́тика	каска́д	обели́ск	стеногра́фия
а́рмия	киберне́тика	организова́ть	суве́ренный
астрофизи́ческий	коллективиза́ция	па́ртия	траги́чный
бадминто́н	коллекти́вный	парти́йный	традицио́нный
географи́ческий	комите́т	пассажи́рский	трибу́на
гео́лог	конфере́нция	плане́та	тюльпа́н
декре́т	коридо́р	плани́ровать	фаши́ст
делега́т	космодро́м	полити́ческий	фигу́ра
делега́ция	критикова́ть	поли́ция	фи́рма
диктова́ть	культу́ра	популя́рный	фронт
диску́ссия	ку́рсы	поэти́чный	хокке́йный (матч)
европе́йский	магни́т	пре́сса	холл
Евро́па	ма́ксимум	революцио́нный	чемпио́н

чемпиона́т	экспре́сс	электро́н	эне́ргия
экскава́тор	элега́нтность	элеме́нт	эпи́тет
э́кспорт	электрифика́ция	энерге́тика	э́ра

We advise you to pay particular attention to words which have English counterparts with a similar spelling but a different meaning.

Бланк means "form" (as in телегра́фный бланк "telegram form"); it never means "blank".

Геро́й does correspond to the English "hero"; however, unlike in English in Russian we often speak of геро́и расска́за, рома́на, etc., meaning "characters of a story, novel, etc."

Машини́ст means "engine-driver" and not "machinist".

Но́мер does correspond to the English "number"; however, you should note the phrase но́мер в гости́нице "hotel room".

Проду́кция means "output", "produce", the Russian for "production" being произво́дство.

Профе́ссия has a very wide meaning in Russian and corresponds to the English "profession", "trade", "occupation".

Эконо́мика means both "economics" and "economy", the more usual Russian equivalent for "economy" being хозя́йство (*cf.* наро́дное хозя́йство "national economy").

 And now let us take a closer look at some Russian words you came across in the Sixth Concentric Cycle of Book Б and in Chapter Five of Book Д.

Exercise 1. Read the words and say:
    (a) whether they denote concrete or abstract notions;
    (b) what the formal features in accordance with which they are grouped together are.

1. страда́ние, объясне́ние, воспомина́ние, выполне́ние, распростране́ние, удивле́ние, рисова́ние, куре́ние.

2. сме́лость, опа́сность, мо́лодость, бе́дность, уве́ренность, го́рдость, ве́рность, ще́дрость, скро́мность, спосо́бность, пре́данность, случа́йность.

3. удо́бство, произво́дство, строи́тельство, чу́вство.

All these words obviously denote abstract notions and are grouped together in accordance with their suffixes:

1. words with the suffixes **-ани-(е)** and **-ени-(е)** are neuter, denote actions or states and are formed from verbs;

2. words with the suffix **-ость** are feminine, denote a quality or property and are formed from adjectives;

3. words with the suffix **-ство** are formed either from adjectives, or from nouns or verbs.

Exercise 2. Reread the words from the preceding exercise, write them down one under another in alphabetical order and beside each word write the verb or adjective it is formed from (you came across all these verbs and adjectives in the texts).

Exercise 3. Read the words. You will notice that they are grouped in pairs of antonyms.

взро́слые – де́ти   тала́нтливый – безда́рный
ра́дость – го́ре   вне́шний – вну́тренний
ненави́деть – люби́ть
уезжа́ть – возвраща́ться
впада́ть – вытека́ть

Exercise 4. Complete the sentences. For this you will need some of the words from the preceding exercise.

1. Зимо́й на конька́х лю́бят ката́ться не то́лько *де́ти*, но и... .
2. Ве́рный друг – э́то тако́й, кото́рый де́лит с ва́ми и *го́ре*, и ... .
3. В о́зеро Байка́л ... 336 рек, а *вытека́ет* то́лько одна́.
4. Как ча́сто *вне́шний* вид челове́ка не соотве́тствует его́ ... ми́ру!
5. Вы *уезжа́ете* в командиро́вку за́втра? А когда́ ... ?

Exercise 5. Complete the sentences, supplying the words required by the sense. For this you will need some of the words you came across in the Sixth Concentric Cycle of Book Б and in Chapter Five of Book Д.

1. По́езд отправля́ется от вокза́ла, а самолёт – из ... . 2. Журнали́ст бесе́довал с рабо́чими, и э́та ... продолжа́лась бо́льше ча́са. 3. Желе́зная доро́га – назе́мный (overland) вид тра́нспорта, а самолёты – ... . 4. Жи́телей гор называ́ют ... . 5. На ... стои́т пограни́чный столб. 6. Железобето́н и стекло́ – са́мые распространённые строи́тельные ... . 7. ... корабли́ запуска́ют на космодро́ме. 8. Во вре́мя за́сухи ма́ленькие ре́чки начина́ют ... . 9. Е́сли вы потеря́ли доро́гу и не зна́ете, куда́ идти́, спроси́те ... жи́телей. 10. Го́род, в кото́ром бо́льше миллио́на жи́телей, называ́ют го́родом-... . 11. Пётр I ... го́род Петербу́рг (ны́нешний Ленингра́д) в 1703 году́. 12. Како́й прия́тный за́пах! Вы не зна́ете, каки́е цветы́ так прия́тно ... ? 13. Де́вушки пе́ли наро́дную пе́сню. У них бы́ли хоро́шие голоса́, и их ... всем о́чень понра́вилось. 14. Земля́ – э́то одна́ из ... со́лнечной систе́мы (the solar system). 15. Мой ма́ленький племя́нник лю́бит сла́дкое, и я всегда́ приношу́ одну́ и́ли две ... шокола́да. 16. Полёт косми́ческих корабле́й «Сою́з» и «Аполло́н» в ию́ле 1975 го́да широко́ освеща́лся (covered) не то́лько в сове́тской, но и в мирово́й ... . 17. Мы с мои́м дру́гом ..., потому́ что о́ба родили́сь в 1941 году́. 18. Нефть – э́то ... для получе́ния бензи́на. 19. Газе́ту гото́вят к печа́ти (for the press) в реда́кции, а печа́тают в ... . 20. Отличи́тельное ка́чество (distinctive feature) хра́брого челове́ка – ..., скро́много челове́ка – ..., го́рдого челове́ка – ..., а скупо́го – ... . 21. Хруста́ль – э́то осо́бый вид высокока́чественного (high-quality) ... . 22. Ча́йка – э́то пти́ца, кото́рая живёт о́коло ... .

Exercise 6. In each horizontal row, find the word which denotes an abstract notion. What formal features have helped you?

Example: 1 b (нетерпе́ние – the suffix **-ени-е**)

	a	b	c	d
1.	пла́мя	нетерпе́ние	равни́на	перекрёсток
2.	доро́га	де́ятель	удивле́ние	за́пись
3.	стекло́	скро́мность	ого́нь	кровь

	a	b	c	d
4.	напи́ток	свёрток	настрое́ние	подро́сток
5.	спосо́бность	герб	край	костёр
6.	спина́	рове́сник	улы́бка	го́рдость
7.	пла́мя	плане́та	запове́дник	спасе́ние
8.	случа́йность	железобето́н	хруста́ль	грязь
9.	стекло́	окно́	произво́дство	плечо́

Exercise 7. In each horizontal row, find the imperfective verb. What formal features have helped you?

Example: 1 b (возвраща́ть – the suffix **-а-**).

	a	b	c	d
1.	потеря́ть	возвраща́ть	возврати́ть	пове́рить
2.	реши́ть	пове́рить	подержа́ть	реша́ть
3.	успоко́иться	про́бовать	успока́иваться	завяза́ть
4.	добыва́ть	добы́ть	прости́ть	заболе́ть
5.	успе́ть	зарабо́тать	зараба́тывать	прекрати́ть
6.	испра́вить	исправля́ть	заложи́ть	осво́ить
7.	засмея́ться	оста́вить	оставля́ть	сообщи́ть
8.	приба́вить	предложи́ть	запо́мнить	предлага́ть
9.	предупреди́ть	обмеле́ть	предупрежда́ть	поги́бнуть

Exercise 8. In each horizontal row, find the word which answers the question кто? or что?

Example: 1 d (волокно́)

	a	b	c	d
1.	значи́тельно	зато́	доброво́льно	волокно́
2.	досто́инство	напра́сно	нево́льно	не́жно
3.	прошло́	стекло́	ушло́	пропа́ло
4.	неуже́ли	я́сли	почти́	ра́ди
5.	похо́жий	прохо́жий	вообража́емый	споко́йный
6.	души́стый	живопи́сный	негра́мотный	вожа́тый
7.	взро́слый	ва́жный	уста́лый	вку́сный
8.	спра́ва	снача́ла	воро́та	сле́ва
9.	позади́	бро́ви	расти́	впереди́
10.	напра́сно	плечо́	горячо́	приме́рно

Exercise 9. In each horizontal row, find the word with the most general meaning.

Example: 1 с (фру́кты)

	a	b	c	d
1.	я́блоки	лимо́н	фру́кты	виногра́д
2.	ро́за	тюльпа́н	цвето́к	подсне́жник
3.	конь	соба́ка	живо́тное	ко́шка
4.	берёза	расте́ние	ель	сире́нь
5.	ра́дость	чу́вство	тоска́	наслажде́ние
6.	плане́та	Со́лнце	Луна́	Земля́
7.	шокола́д	конфе́ты	пече́нье	сла́дости

8. материа́л	железобето́н	ка́мень	стекло́
9. фа́кел	костёр	пла́мя	ого́нь
10. киберне́тика	астрофи́зика	нау́ка	эконо́мика
11. животново́дство	виногра́дарство	садово́дство	о́трасль (се́льского хозя́йства)

🔑 **Exercise 10.** In each horizontal row, find the word whose meaning is incompatible with those of the other words.

Example: 1 b (вну́тренний)

	a	b	c	d
1.	знамени́тый	вну́тренний	изве́стный	популя́рный
2.	вес	ширина́	плоти́на	высота́
3.	бро́ви	глаза́	вуз	усы́
4.	морско́й	дополни́тельный	речно́й	возду́шный
5.	грани́ца	заседа́ние	конфере́нция	съезд
6.	индустриализа́ция	коллективиза́ция	интона́ция	электрифика́ция
7.	коридо́р	холл	фойе́	филиа́л
8.	у́лица	награ́да	перекрёсток	тротуа́р
9.	па́чка	пли́тка	ору́жие	коро́бка
10.	край	обы́чай	о́бласть	райо́н
11.	огро́мный	отли́чный	обши́рный	большо́й
12.	прекра́сный	удиви́тельный	пре́данный	своеобра́зный
13.	скро́мность	хра́брость	досто́инство	разви́тие
14.	треть	че́тверть	си́ла	полови́на

🔑 **Exercise 11.** In the second group of words, find the words with the same roots as the words in the first group.

Example: ум – безу́мно, у́мный.

I. ум, символизи́ровать, поэти́чный, ве́чно, нау́ка, уста́лый, помеще́ние, ве́рность, души́стый, сближа́ть, случа́йно, морско́й, изготовля́ть, по́езд, све́тлый, следи́ть, весёлый, оконча́тельно, собесе́дник, улы́бка, отте́нок, пить, побе́да, суди́ть, шути́ть, ме́лкий, сухо́й, грусть, оши́бка.

II. уста́ть, поэ́зия, ве́чный, нау́чный, безу́мно, помести́ть, си́мвол, ве́рно, ме́сто, век, ве́рный, поэ́т, у́мный, бли́зко, моря́к, случи́ться, изготовле́ние, пое́здка, слу́чай, след, насле́дство, мо́ре, весе́лье, улыба́ться, напи́ток, свет, коне́ц, тень, победи́тель, коне́чный, побежда́ть, суд, ве́село, шутя́, свети́ть, судья́, шу́тка, бесе́довать, меле́ть, за́суха, ошиба́ться, гру́стный, бесе́да, светло́, духи́, е́здить.

🔑 **Exercise 12.** In each horizontal row, find the compound word (i. e. a word consisting of two or more roots).

Example: 1 c (зарпла́та)

	a	b	c	d
1.	индустриализа́ция	плане́та	зарпла́та	зага́дка
2.	сочу́вствовать	спосо́бность	случа́йность	самочу́вствие

3. коридо́р	благода́рность	освое́ние	профсою́з
4. рове́сник	киномеха́ник	металлурги́я	пи́сьменность
5. чу́вство	произво́дство	рыболо́вство	спасе́ние
6. распростра- нённый	традицио́нный	пригласи́тель- ный	междунаро́дный
7. железобето́н	передово́й	на́бережная	определе́ние
8. электрифика́- ция	десятиле́тие	специа́льный	собы́тие
9. заво́д	нефтепрово́д	наоборо́т	миллио́н
10. месторожде́- ние	плани́рование	откры́тие	приготовле́ние
11. настрое́ние	приборострое́ние	распростране́ние	воспомина́ние
12. ую́тно	удиви́тельно	одновре́менно	дополни́тельно
13. вну́тренний	тихоокеа́нский	знамени́тый	осо́бый

Exercise 13. In which sentences do the italicised verbs denote the person's absence from the place concerned?

1. Де́душка *прие́хал* к вну́кам в го́сти. 2. По доро́ге с рабо́ты она́ *зашла́* в магази́н. 3. Брат получи́л о́тпуск и *улете́л* на юг. 4. На светофо́ре (traffic lights) был зелёный свет, и мы споко́йно *перешли́* у́лицу. 5. Я *подошёл* к две́ри и позвони́л. 6. Ка́тя *пришла́* из де́тского са́да. 7. Никола́й Ива́нович *уе́хал* в командиро́вку. 8. Оле́г *ушёл* на стадио́н. 9. Ше́йла *прилете́ла* по́сле кани́кул, кото́рые она́ провела́ на ро́дине. 10. Ка́тя поздоро́валась с ма́терью и *убежа́ла*. 11. Он *вы́шел* и́з дому, что́бы купи́ть газе́ту. 12. Ка́тя *прибежа́ла* к отцу́, когда́ он позва́л её. 13. Он закры́л окно́ и *отошёл* от него́. 14. Он откры́л дверь ключо́м и *вошёл* в ко́мнату.

Exercise 14. In which sentences in the preceding exercise do the italicised verbs denote the person's presence in the place concerned?

(a) Read the heading of the story and try to guess the meaning of the word *подсо́лнухи*; (b) Read the story. Was your guess right?

ПОДСО́ЛНУХИ

Два ра́за в день проходи́ла Марья́ша по э́тому по́лю – ра́но у́тром и ве́чером, на рабо́ту и домо́й. И стра́нное де́ло – с како́й бы сторо́ны она́ ни шла, с за́пада ли, с восто́ка ли, подсо́лнухи, миллио́ны жёлтых глаз, смотре́ли пря́мо на неё. Она́ снача́ла не замеча́ла э́того, а когда́ заме́тила, ста́ла проверя́ть, не оши́блась ли. Выхо́дит и́з дому ра́но у́тром и сра́зу на по́ле: смо́трят подсо́лнухи на неё? Смо́трят!

По́сле рабо́чего дня возвраща́ется домо́й и уже́ издалека́ смо́трит на подсо́лнечное по́ле: куда́ гляди́т её друзья́? На неё!

с како́й бы сторо́ны она́ ни шла no matter in which direction she went

Так продолжа́лось уже́ тре́тье ле́то. Удивля́лась де́-
вушка и ра́довалась. Она́ да́же сочини́ла весёлую пе́сенку
и пе́ла её, когда́ ходи́ла рабо́тать в по́ле.

Марья́ша не зна́ла, как она́ краси́ва, а то, пожа́луй,
поду́мала бы, что подсо́лнухи про́сто любу́ются е́ю.

Е́сли бы Марья́ша захоте́ла, она́ могла́ бы, коне́чно,
вспо́мнить, как учи́тель на уро́ке бота́ники расска́зывал
о подсо́лнухах, кото́рые потому́ так и называ́ются, что под
со́лнцем живу́т – куда́ со́лнце, туда́ и они́ го́ловы повора́-
чивают.

повора́чивать *imp.* to turn

Идёт у́тром Марья́ша на за́пад – со́лнце све́тит ей
в спи́ну, подсо́лнухи повора́чивают го́ловы к ней лицо́м.
Ве́чером доро́жка ведёт де́вушку с за́пада на восто́к – со́лнце
сиди́т у неё на плеча́х, подсо́лнухи смо́трят ей пря́мо
в глаза́.

спина́ back

Вот и вся зага́дка! Так объясни́л Марья́ше и молодо́й
сосе́д – инжене́р, кото́рый неда́вно прие́хал в го́сти к свое́й
ма́тери. Объясни́л всё и да́же приба́вил, что по́сле захо́да
со́лнца голо́вки подсо́лнухов возвраща́ются в исхо́дное по-
ложе́ние.

исхо́дное положе́ние initial position
смешно́ funnily

– Вот так, смотри́, – сказа́л он и смешно́ поверну́л
пе́ред не́ю го́лову. – Поня́тно?
– Поня́тно. То́лько...
– Что то́лько?
– Как э́то у них стебелёк не слома́ется? Тяжело́ ведь –
мо́жет и совсе́м слома́ться.
Инжене́р засмея́лся:
– Не слома́ется!
Сказа́л так, а сам всё-таки потро́гал руко́й свою́ ше́ю,
кото́рая в после́дние дни начала́ у него́ почему́-то боле́ть,
и вдруг покрасне́л: а что, е́сли Марья́ша уже́ заме́тила,
как он из окна́ следи́т за ней, за ка́ждым её ша́гом,
совсе́м как вот тот подсо́лнух?..

стебелёк *dim. of* сте́-
бель stem
слома́ться *p.* to break

потро́гать *p.* to touch
ше́я neck

покрасне́ть *p.* to blush

– Вот каки́е глаза́стые!... – воскли́кнула она́ и пошла́
в по́ле, навстре́чу подсо́лнухам, кото́рые опя́ть смотре́ли
на неё, и опя́ть над по́лем плыла́ её весёлая пе́сенка.
Марья́ша пересекла́ всё по́ле, ни ра́зу не оберну́лась,
хотя́ зна́ла, чу́вствовала, как вме́сте с миллио́нами жёлтых
глаз гляди́т на неё сейча́с ещё одна́ па́ра – се́ро-зелёных,
ещё бо́лее при́стальных.
Де́вушка совсе́м скры́лась из ви́да, а пе́сенка её всё
лете́ла где́-то у са́мого у́ха инжене́ра.

глаза́стый sharp-eyed
воскли́кнуть *p.* to ex-
claim

оберну́ться *p.* to turn
back

па́ра pair
при́стальный intent
скры́ться (*p.*) из ви́да
to disappear
у́хо ear

голова́ – голо́вка
пе́сня – пе́сенка
доро́га – доро́жка
сте́бель – стебелёк

шаг
шага́ть

гляде́ть = смотре́ть

восклица́ть / воскли́кнуть
красне́ть / покрасне́ть

подсо́лнух	лома́ться / слома́ться
подсо́лнечное по́ле	обора́чиваться / оберну́ться
подсо́лнечное ма́сло	повора́чивать / поверну́ть
сочини́ть	тро́гать / потро́гать
сочине́ние	

со́лнце захо́дит the sun sets ≠ со́лнце восхо́дит the sun rises
захо́д со́лнца ≠ восхо́д со́лнца

A. You must have guessed the meanings of:

де́ло, рабо́чий день, подсо́лнечное по́ле, сочиня́ть (сочини́ть), пе́сенка, бота́ника, повора́чивать, захо́д со́лнца, следи́ть за ка́ждым ша́гом.

B. In the text, find the sentences (or parts of sentences) corresponding to these:

1. Wherever she went, whether westwards or eastwards, the sunflowers looked straight at her.
2. After sunset the sunflowers' heads return to their initial position.
3. She had noticed him watch her every movement out of his window.
4. The girl had disappeared but her song kept on ringing in the engineer's ears.

C. So how did you translate the title of the story? Why is the sunflower called *подсо́лнух* in Russian? Substantiate your explanation by the relevant sentence from the text.
How would you explain to your Russian friends the meaning of "sunflower"?

Read the story. Was the boy's father really a failure?

КАК ВА́ШЕ ЗДОРО́ВЬЕ?

I

Я где́-то чита́л, что же́нщины не лю́бят неуда́чников. Они́ их жале́ют... Но ра́зве э́то ну́жно мужчи́не?!

Ба́бушка счита́ла моего́ па́пу неуда́чником. Она́ не заявля́ла об э́том пря́мо. Но вре́мя от вре́мени сообща́ла нам о том, что все па́пины това́рищи по институ́ту ста́ли гла́вными врача́ми, профессора́ми и́ли в кра́йнем слу́чае кандида́тами нау́к. Ба́бушка всегда́ так гро́мко ра́довалась успе́хам па́пиных друзе́й, что по́сле э́того в кварти́ре станови́лось ти́хо и гру́стно.

– Хотя́ все они́ когда́-то приходи́ли к тебе́ за сове́тами. Ты им подска́зывал на экза́менах! – воскли́кнула ка́к-то ба́бушка.

– Они́ и сейча́с прино́сят ему́ свои́ диссерта́ции, – ти́хо сказа́ла ма́ма. – Они́ пи́шут нау́чные труды́! А у него́ ка́ждый день э́та больни́ца! Опера́ции, опера́ции... И бо́льше ничего́.

Вско́ре па́па заболе́л гри́ппом. Ему́ прописа́ли лека́рства.

– А ещё, – сказа́л врач, – ну́жен поко́й, тишина́...

неуда́чник failure
жале́ть *imp.* to pity
вре́мя от вре́мени now and again
в кра́йнем слу́чае at least
кандида́т нау́к candidate of science
ра́доваться *imp.* to rejoice

сове́т advice
подска́зывать *imp.* to prompt

вско́ре presently
прописа́ть *p.* to prescribe

209

Телефо́н у нас стал звони́ть ка́ждые две мину́ты.

– Как его́ здоро́вье? Как он себя́ чу́вствует? – спра́шивали незнако́мые голоса́.

злить *imp.* to make angry

Снача́ла меня́ э́то зли́ло: па́па не мог засну́ть. Ве́чером я сказа́л ма́ме, кото́рая верну́лась с рабо́ты:

– Звони́ли, наве́рно, раз два́дцать!

– Ско́лько? – переспроси́ла ма́ма.

– Раз три́дцать! – отве́тил я, потому́ что почу́вствовал вдруг, что ма́ма ка́к-то прия́тно удиви́лась.

– Они́ меша́ют ему́ спать, – сказа́л я.

– Я понима́ю. Но, зна́чит, они́ волну́ются?

Ещё как! And how!
чуть не пла́кали nearly cried
успока́ивать *imp.* to reassure

– Ещё как! Не́которые чуть не пла́кали… от волне́ния. Я их успока́ивал!

– Когда́ э́то бы́ло? – поинтересова́лась ба́бушка.

– Когда́ ты ушла́ в апте́ку за лека́рствами. Или была́ здесь на ку́хне… То́чно не по́мню.

возмо́жно maybe

– Возмо́жно… Звонко́в, действи́тельно, бы́ло мно́го! – сказа́ла ба́бушка и с удивле́нием посмотре́ла на дверь ко́мнаты, в кото́рой лежа́л па́па.

Она́ не ожида́ла, что бу́дет сто́лько звонко́в. Они́ о́бе не ожида́ли!

жаль	поко́й	па́пины това́рищи = това́рищи па́пы
жале́ть	споко́йно	па́пин
сове́товать	ти́хо	ма́мин
сове́т	ти́хий	де́душкин
		ба́бушкин
волнова́ться		
волне́ние		това́рищи по институ́ту = институ́тские това́рищи
злой		това́рищи по шко́ле = шко́льные това́рищи
злить		
нача́ло		пойти́ за лека́рством
снача́ла		прийти́ за сове́том

жале́ть / пожале́ть
злить / разозли́ть
подска́зывать / подсказа́ть
прописа́ть / пропи́сывать
ра́доваться / обра́доваться
успока́ивать / успоко́ить

A. You must have guessed the meanings of:

това́рищ по институ́ту, гла́вный врач, сове́т, нау́чный труд, прия́тно удиви́ться, волне́ние, диссерта́ция

B. In the text, find the sentences (or parts of sentences) corresponding to these:

1. But this is not what men need.

2. Now and again she informed us that father's fellow-students at the institute had become professors or at least candidates of science.

3. Our telephone started ringing every two minutes.
4. Mother was pleasantly surprised.
5. Some people nearly wept ... with anxiety.
6. She did not expect so many telephone calls.

C. Complete the sentences in accordance with the text.

1. Мужчи́не ну́жно,
    (a) что́бы его́ жале́ли.
    (b) что́бы в него́ ве́рили (be believed in).
2. Оте́ц заболе́л гри́ппом,
    (a) но ему́ не прописа́ли никаки́х лека́рств.
    (b) и врач сказа́л, что кро́ме (besides) лека́рств ему́ ну́жен поко́й, тишина́.
    (c) и все забы́ли о нём.
3. Отцу́ без конца́ звони́ли,
    (a) потому́ что волнова́лись за его́ здоро́вье.
    (b) и он сам подходи́л к телефо́ну.
    (c) но ма́ма и ба́бушка не удивля́лись.

D. In these sentences, translate the italicised words into English.

1. Изучи́ть иностра́нный язы́к самостоя́тельно – э́то большо́й и нелёгкий *труд*. 2. Учёный ко́нчил большо́й нау́чный *труд*, кото́рому посвяти́л мно́го лет свое́й жи́зни.

II

«Как хорошо́, что па́па заболе́л! – ду́мал я. – Пусть узна́ют... И пойму́т. Осо́бенно ма́ма!» Да, бо́льше всего́ мне хоте́лось, чтоб ма́ма узна́ла, как о па́пе волну́ются соверше́нно посторо́нние лю́ди.

– Одна́жды я уха́живал за студе́нтом Ю́рой. Ну, кото́рый живёт в сосе́дней кварти́ре... – сказа́л я. – Вы по́мните? – Ма́ма с ба́бушкой кивну́ли в отве́т. – Он то́же был бо́лен гри́ппом. И ему́ то́же звони́ли. Челове́ка два и́ли три в день. Не бо́льше. А тут без конца́.

В э́ту мину́ту опя́ть позвони́л телефо́н.

– Прости́те меня́, пожа́луйста... – услы́шал я в тру́бке ти́хий же́нский го́лос. – Я с кем разгова́риваю?

– С его́ сы́ном!

– О́чень прия́тно... Тогда́ вы поймёте. У меня́ то́же есть сын. Его́ за́втра должны́ опери́ровать. Но я хоте́ла бы дожда́ться выздоровле́ния ва́шего па́пы. Попроси́те его́, пожа́луйста. Е́сли возмо́жно... У меня́ оди́н сын. Я о́чень волну́юсь. Е́сли э́то возмо́жно. Я хоте́ла, чтобы ваш па́па сам, ли́чно... Тогда́ я бу́ду споко́йна!

– Повтори́те, пожа́луйста, э́то его́ жене́, – сказа́л я. – То есть мое́й ма́ме... Я сейча́с её позову́!

И позва́л.

Ещё че́рез час и́ли мину́т че́рез со́рок мужско́й го́лос из тру́бки спроси́л:

пусть let (them)

посторо́нний strange
уха́живать *imp.* to look after

кивну́ть *p.* to nod

выздоровле́ние recovery

– С кем я говорю?
– С его сыном!
– Прекрасно! Тогда вы не можете не понять меня. Моей жене будут делать операцию. Обещали, что будет делать ваш отец. Именно поэтому я и положил её в эту больницу... И вдруг такая неприятная неожиданность! Как же так? Надо поднять его на ноги!
– Скажите всё это его жене. Вот так, как вы говорили мне... Слово в слово! Может быть, она сумеет помочь!

Я опять позвал маму.

именно поэтому... that's the only reason why...

поднять на ноги to help (one) to get well

слово в слово word for word

суметь *p.* to be able

!

сторона	особенно	женщина – женский
посторонний	особенный	мужчина – мужской
ждать	лицо	операция
неожиданность	лично	оперировать
здоров		оперировать = делать операцию
выздороветь		дожидаться / дождаться
выздоровление		кивать / кивнуть
		уметь / суметь

A. You must have guessed the meanings of:

лично, оперировать.

B. In the text, find the sentences (or parts of sentences) corresponding to these:

1. They nodded in reply.
2. Then you can't fail to understand me.
3. That's the only reason why I put her in this hospital.
4. He must be helped to get well.
5. Tell all this to his wife... Word for word!

C. Read the sentences and say whether they differ (a) only in word order or (b) in meaning as well.

Через сорок минут мужской голос спросил.
Минут через сорок мужской голос спросил.

As you have noticed, these sentences differ in their word order: in the first sentence the numeral precedes the noun and in the second it follows it. In the first sentence the construction concerned denotes *exact* time, and in the second *approximate* time.

Also compare these two answers to the same question:
– Далеко ли до города?
– Двадцать километров.   "Twenty kilometres."
– Километров двадцать.   "About twenty kilometres".

D. Complete the sentences in accordance with the text.

1. Больше всего сыну хотелось,
   (а) чтобы никто не звонил.

(b) чтобы мать и бабушка узнали, как об отце волнуются совершенно незнакомые люди.

2. Женщина сказала,
   (a) что ей всё равно, кто будет делать операцию её сыну.
   (b) что она хотела бы дождаться выздоровления отца.

III

В последующие дни я говорил всем, кто интересовался папиным самочувствием:

— Сейчас ничего определённого сказать не могу. Вы позвоните вечером. Как раз его жена будет дома! Она вам всё объяснит...

определённый definite
как раз then

Вечером после работы мама садилась в прихожей около столика с телефоном и разговаривала с теми, кого я днём просил позвонить.

Иногда я говорил бабушке:

— Может быть, ты ей поможешь?

И она «помогала» маме у столика в коридоре.

Больные, врачи, медсёстры, которые звонили папе, каждый раз спрашивали:

— А какая у него температура?

К сожалению, температура у папы была невысокая. А мне хотелось, чтобы все они продолжали волноваться о его здоровье! И я однажды сказал:

— Температура? Не знаю... Разбили термометр. Но лоб очень горячий. И вообще, плохо!..

разбить *p.* to break
лоб forehead

Так я в тот день стал отвечать всем. Я говорил шёпотом в коридоре, чтобы папа не слышал. Мой шёпот на всех очень действовал. И мне отвечали тоже чуть слышно:

действовать *imp.* to have an effect

— Всё ещё плохо?

— Да... Позвоните позже, когда будет его жена!

Вечером нам принесли целых четыре термометра.

целых четыре no less than four

— Хочется, чтобы у него была нормальная температура,— тихо сказала та самая женщина, сына которой папа должен был оперировать. И протянула мне термометр.— Ему всё ещё плохо?..

— Нет, уже лучше,— сказал я.— Гораздо лучше. Не волнуйтесь, пожалуйста...

гораздо much

— Поставьте ему этот термометр,— попросила она. Как будто от термометра что-то зависело.

зависеть *imp.* to depend

— По-моему, есть заметное улучшение,— снова успокоил я женщину.

Она заплакала и ушла.

Когда-то в юные годы мама любила ученика музыкальной школы, который играл на виолончели. И даже стал лауреатом всероссийского конкурса. «Далеко пошёл!..»—любила говорить о нём бабушка.

виолончель *f.* violoncello
всероссийский конкурс All-Russian competition

– Неуже́ли вы ду́маете,–сказа́л я на ку́хне ма́ме и ба́бушке,–что е́сли бы ваш виолончели́ст заболе́л гри́ппом, ему́ бы сто́лько звони́ли? И купи́ли бы сто́лько термо́метров?!

– Ну, что ты! Ра́зве мо́жно сра́внивать?–воскли́кнула ба́бушка.–Тут же речь идёт о челове́ческих жи́знях...

– Да, он ну́жен лю́дям,–сказа́л я.

– Безусло́вно!–воскли́кнула ма́ма.

Е́сли бы па́па не заболе́л ви́русным гри́ппом, она́ бы ни за что́ э́того не восклиќнула. То́ есть она́ произнесла́ бы, мо́жет быть, то́ же са́мое сло́во, но не так гро́мко и не та́к уве́ренно.

Во всех газе́тах пи́шут, что с ви́русным гри́ппом на́до беспоща́дно боро́ться. А я в тот день ду́мал об э́тих ви́русах с не́жностью и да́же с любо́вью... Что поде́лаешь, е́сли они́ мне так помогли́!..

!
шёпотом	лу́чше	челове́к
шёпот	улучше́ние	челове́ческий
замеча́ть	Росси́я	медсестра́ (медици́нская сестра́)
заме́тный	всеросси́йский	
заме́тно		де́йствовать / поде́йствовать
	виолонче́ль	разбива́ть / разби́ть
уве́рен	виолончели́ст	сра́внивать / сравни́ть
уве́ренно		
	ви́рус	
не́жный	ви́русный	
не́жность		

A. You must have guessed the meanings of:

после́дующие дни, па́пино самочу́вствие, медсестра́, термо́метр, шёпот, чуть слы́шно, заме́тное улучше́ние, в ю́ные го́ды, музыка́льная шко́ла, лауреа́т ко́нкурса, виолончели́ст, челове́ческая жизнь, ви́рус, ви́русный грипп, уве́ренно, не́жность.

B. In the text, find the sentences (or parts of sentences) corresponding to these:

1. I can't tell you anything definite at the moment.
2. She will already be at home then!
3. My whisper had an immediate effect on everyone.
4. And they too spoke almost inaudibly.
5. Is he still in a bad way?
6. Take his temperature with this thermometer.
7. He's gone far!...
8. People need him.
9. A relentless struggle must be waged against 'flu.
10. I thought about that virus with tenderness and even affection.

C. Complete the sentences, adding the clauses which agree with the text.

1. Тепе́рь, когда́ мать ма́льчика возвраща́лась с рабо́ты,

214

(a) она́ сади́лась отдыха́ть и включа́ла телеви́зор;

(b) она́ начина́ла гото́вить обе́д;

(c) она́ сади́лась о́коло сто́лика с телефо́ном.

2. Температу́ра у отца́ была́ невысо́кая,

(a) и ма́льчик всем об э́том говори́л;

(b) но ма́льчик никому́ об э́том не говори́л.

D. What did the boy's grandmother and mother think about his father? Do you agree with them? Do you think they changed their opinion after the event described in the story?

 And now try to study a more difficult literary text, a short story by the renowned Soviet writer, Konstantin Paustovsky.

СНЕГ

I

Стари́к Пота́пов у́мер че́рез ме́сяц по́сле того́, как Татья́на Петро́вна посели́лась у него́ в до́ме. Татья́на Петро́вна оста́лась одна́ с до́черью Ва́рей и стару́хой-ня́нькой.

Ма́ленький до́мик – всего́ три ко́мнаты – стоя́л на горе́, над се́верной реко́й. Да́льше беле́ла берёзовая ро́ща.

Татья́на Петро́вна до́лго не могла́ привы́кнуть к пусты́нному городку́, к его́ доми́шкам, к глухи́м вечера́м.

«Кака́я я ду́ра! – ду́мала Татья́на Петро́вна. – Заче́м уе́хала из Москвы́, бро́сила теа́тр, друзе́й! На́до бы́ло отвезти́ Ва́рю к ня́ньке – там не́ было возду́шных налётов, а само́й оста́ться в Москве́. Бо́же мой! Кака́я я ду́ра!»

Но возвраща́ться в Москву́ бы́ло уже́ нельзя́. Татья́на Петро́вна реши́ла выступа́ть в госпиталя́х – их бы́ло не́сколько в городке́ – и успоко́илась. Городо́к на́чал ей да́же нра́виться, осо́бенно когда́ пришла́ зима́ и завали́ла его́ сне́гом.

Постепе́нно Татья́на Петро́вна привы́кла к городку́ и к чужо́му до́му. Привы́кла к расстро́енному роя́лю, к ста́рым фотогра́фиям на стене́. Стари́к Пота́пов был в про́шлом корабе́льным меха́ником. На его́ пи́сьменном столе́ стоя́ла моде́ль кре́йсера «Громобо́й», на кото́ром он пла́вал. Ва́ре не разреша́ли тро́гать э́ту моде́ль. И вообще́ не разреша́ли ничего́ тро́гать.

Татья́на Петро́вна зна́ла, что у Пота́пова оста́лся сын моря́к, что он сейча́с в Черномо́рском фло́те. На столе́ ря́дом с моде́лью кре́йсера стоя́ла его́ фотогра́фия. Иногда́ Татья́на Петро́вна брала́ её, до́лго смотре́ла, заду́мывалась. Ей всё каза́лось, что она́ где́-то ви́дела э́то лицо́, но о́чень давно́, ещё до своего́ неуда́чного заму́жества. Но где и когда́?

по́сле того́, как after

посели́ться *p.* to settle

ня́нька nurse

беле́ть *imp.* to show white

привы́кнуть *p.* to get used

пусты́нный deserted

глухо́й ве́чер silent evening

ду́ра fool

возду́шный налёт air raid

Бо́же мой! O God!

го́спиталь *m.* hospital

завали́ть *p.* to cover

расстро́енный роя́ль a piano which is out of tune

в про́шлом in the past

вообще́ in general

неуда́чный unsuccessful

заму́жество marriage

насме́шливый mocking
Ну что ж? Well?

Моря́к смотре́л на неё споко́йными, чуть насме́шливыми глаза́ми, как бу́дто спра́шивал: «Ну что ж? Неуже́ли вы так и не вспо́мните, где мы встреча́лись?»

– Нет, не по́мню,–ти́хо отвеча́ла Татья́на Петро́вна.

– Ма́ма, с кем ты разгова́риваешь?–крича́ла из сосе́дней ко́мнаты Ва́ря.

– С роя́лем,–смея́лась в отве́т Татья́на Петро́вна.

населе́ние	го́род – городо́к	чужо́й ≠ свой
посели́ться	дом – доми́шко	
		вы́йти за́муж
бе́лый	Чёрное мо́ре the	она́ за́мужем
беле́ть	Black Sea	заму́жество
	Черномо́рский	
го́спиталь		беле́ть / побеле́ть
больни́ца	смея́ться	сели́ться / посели́ться
	насме́шливый	
кора́бль		
корабе́льный		

A. You must have guessed the meanings of:

беле́ть, корабе́льный меха́ник, Черномо́рский флот, чужо́й дом, пи́сьменный стол, смея́ться в отве́т.

Remember that both *го́спиталь* and *больни́ца* are translated into English by one and the same word ("hospital"); however, their meanings are different: *го́спиталь* is a military hospital only.

B. In the text, find the sentences (or parts of sentences) corresponding to these:

1. For a long time she could not get used to the deserted little town, to its ramshackle little houses and its dark, silent evenings.
2. She was not allowed to touch anything.
3. She constantly felt she had seen that face somewhere before.

C. When did the events described in the story take place: (a) in peacetime or (b) in wartime? Quote the relevant passages of the text to bear out your answer.

D. What was Tatyana Petrovna's occupation? Does the text you have read so far allow you to give (a) a definite or (b) an approximate answer?

II

на и́мя addressed to
оди́н и то́т же one and the same
просну́ться p. to wake
оста́ться в насле́дство от to be inherited from

пото́м then
заже́чь p. to light
свеча́ candle
распеча́тать p. to open

Среди́ зимы́ на́чали приходи́ть пи́сьма на и́мя Пота́пова. Их писа́ла одна́ и та́ же рука́. Татья́на Петро́вна кла́ла их на пи́сьменный стол. Одна́жды но́чью она́ просну́лась. На дива́не ти́хо спал се́рый кот Архи́п, кото́рый оста́лся в насле́дство от Пота́пова.

Татья́на Петро́вна вста́ла, пошла́ в кабине́т к Пота́пову, постоя́ла у окна́. Пото́м зажгла́ свечу́ на столе́, се́ла в кре́сло и до́лго смотре́ла на ого́нь. Зате́м она́ осторо́жно взяла́ одно́ из пи́сем, распеча́тала и начала́ чита́ть.

«Ми́лый мой стари́к,–чита́ла Татья́на Петро́вна,–вот

216

уже́ ме́сяц, как я лежу́ в го́спитале. Ра́на не о́чень тяжёлая. И вообще́ она́ зажива́ет. Не волну́йся и не кури́ папиро́су за папиро́сой. О́чень тебя́ прошу́!»

«Я ча́сто вспомина́ю тебя́, па́па,–чита́ла она́ да́льше,– и наш дом, и наш городо́к. Всё э́то далеко́, как бу́дто на краю́ све́та. Я закрыва́ю глаза́ и тогда́ ви́жу: вот я открыва́ю кали́тку, вхожу́ в сад. Зима́, снег, но доро́жка к ста́рой бесе́дке расчи́щена, а кусты́ сире́ни все в снегу́. В ко́мнате горя́т пе́чи, па́хнет берёзовым ды́мом. Роя́ль наконе́ц настро́или, и ты вста́вил в подсве́чник жёлтые све́чи–те, кото́рые я привёз из Ленингра́да. И те же но́ты лежа́т на роя́ле. Звони́т ли колоко́льчик у две́ри? Я так и не успе́л его́ почини́ть. Неуже́ли я опя́ть бу́ду умыва́ться холо́дной водо́й из си́него кувши́на? По́мнишь? Эх, е́сли бы ты знал, как я полюби́л всё э́то отсю́да, и́здали!

Ты не удивля́йся, но я говорю́ тебе́ соверше́нно серьёзно: я вспомина́л об э́том в са́мые стра́шные мину́ты бо́я. Я знал, что защища́ю не то́лько всю страну́, но и вот э́тот её ма́ленький и са́мый ми́лый для моего́ се́рдца уголо́к–и тебя́, и наш сад, и вихра́стых на́ших мальчи́шек, и берёзовые ро́щи за реко́й, и да́же кота́ Архи́па. Пожа́луйста, не сме́йся и не кача́й голово́й.

Мо́жет быть, когда́ я вы́йду из го́спиталя, мне разреша́т зае́хать ненадо́лго домо́й. Не зна́ю. Но лу́чше не жди».

Татья́на Петро́вна до́лго сиде́ла у стола́, смотре́ла широко́ откры́тыми глаза́ми за окно́, где начина́лся рассве́т, ду́мала, что вот со дня на́ день мо́жет прие́хать с фро́нта в э́тот дом незнако́мый челове́к, и ему́ бу́дет тяжело́ встре́тить здесь чужи́х люде́й и уви́деть всё совсе́м не таки́м, каки́м он хоте́л бы уви́деть.

вот уже́ ме́сяц, как it's already a month since
ра́на wound
зажива́ть *imp.* to heal

на краю́ све́та at the world's end
кали́тка gate
бесе́дка summer-house
доро́жка... расчи́щена the path ... has been cleared
печь *f.* stove
настро́ить *p.* to tune
вста́вить *p.* to put in
подсве́чник candlestick
те́ же the same
но́ты *pl.* sheet music
колоко́льчик (little) bell
почини́ть *p.* to repair
стра́шный terrible

вихра́стый shock-headed
кача́ть голово́й to shake one's head
ненадо́лго for a short time
рассве́т dawn
со дня на́ день any day

❗ свеча́
подсве́чник

тяжёлая су́мка
тяжёлая боле́знь
тяжёлая ра́на

на краю́ городка́
на краю́ све́та

берёза
берёзовый

у́гол – уголо́к
ма́льчик – мальчи́шки

чужо́й дом
чужи́е лю́ди

просыпа́ться / просну́ться ≠ засыпа́ть / засну́ть

зате́м = пото́м
свет = мир, земля́
соверше́нно = абсолю́тно

свет
рассве́т
печь *verb*
печь *noun*

вставля́ть / вста́вить
защища́ть / защити́ть
настра́ивать / настро́ить
распеча́тывать / распеча́тать
чини́ть / почини́ть

A. You must have guessed the meanings of:

серьёзно, берёзовый дым, на краю́ све́та.

B. In the text, find the sentences (or parts of sentences) corresponding to these:

1. In the middle of the winter letters addressed to Potapov began to arrive.
2. I have been in hospital for a month already.
3. It's so far away – it might be at the world's end.
4. I knew I was defending not only the whole country, but also this little corner of it, which is so dear to my heart.
5. She thought it would be hard for him to meet strangers there and find everything so different from what he had wanted it to be.

C. What new information did you glean about Tatyana Petrovna? Do you think she is (a) an unhappy woman? (b) a woman indifferent to others? (c) a sympathetic woman?

D. Why did she open the letter?

E. What do you think Tatyana Petrovna did after she had read the letter?

F. In the text of the letter, find the lines which convey Potapov's recollections of home. How did he picture his arrival home?

III

лопа́тка shovel
расчи́стить *p.* to clear
вишу́ *1st pers. of* висе́ть to hang

зазвене́ть *p.* to ring
румя́ный with rosy cheeks

Утром Татья́на Петро́вна сказа́ла Ва́ре, что́бы она́ взяла́ деревя́нную лопа́тку и расчи́стила доро́жку к бесе́дке над реко́й. А сама́ Татья́на Петро́вна почини́ла колоко́льчик над две́рью. На нём была́ смешна́я на́дпись: «Я вишу́ у двере́й – звони́ веселе́й!» Татья́на Петро́вна тро́нула колоко́льчик. Он зазвене́л высо́ким го́лосом.

Днём Татья́на Петро́вна, румя́ная, шу́мная, привела́ из го́рода старика́ настро́йщика. Он настро́ил роя́ль и сказа́л, что хотя́ роя́ль ста́рый, но о́чень хоро́ший. Татья́на Петро́вна и без него́ э́то зна́ла.

загляну́ть *p.* to look into

напо́лниться *p.* to fill

Когда́ он ушёл, Татья́на Петро́вна осторо́жно загляну́ла во все я́щики пи́сьменного стола́ и нашла́ па́чку то́лстых жёлтых свече́й. Она́ поста́вила их в подсве́чники на роя́ле. Ве́чером она́ зажгла́ свечи, се́ла к роя́лю, и дом напо́лнился зво́ном.

запа́хло ды́мом it smelt of smoke
на ёлку i.e. when the candles on the New Year's tree are lit

Когда́ Татья́на Петро́вна переста́ла игра́ть и погаси́ла свечи, в ко́мнатах запа́хло сла́дким ды́мом, как быва́ет на ёлку.

Ва́ря не вы́держала.

– Заче́м ты тро́гаешь чужи́е ве́щи? – сказа́ла она́ Татья́не Петро́вне. – Мне не разреша́ешь, а сама́ тро́гаешь! И колоко́льчик, и свечи, и роя́ль – всё тро́гаешь. И чужи́е но́ты на роя́ль положи́ла.

недове́рчиво distrustfully
свети́ться *imp.* to shine

– Потому́ что я взро́слая, – отве́тила Татья́на Петро́вна. Ва́ря недове́рчиво посмотре́ла на неё. Сейча́с Татья́на Петро́вна ме́ньше всего́ была́ похо́жа на взро́слую. Она́ вся как бу́дто свети́лась и была́ похо́жа на ту де́вушку с золоты́ми волоса́ми, кото́рая потеря́ла хруста́льную ту́флю во дворце́. Об э́той де́вушке Татья́на Петро́вна сама́ расска́зывала Ва́ре.

настро́ить
настро́йщик

звони́ть
звон

по́лный
напо́лниться

лопа́та – лопа́тка

ве́рить
недове́рчиво

хруста́ль
хруста́льный

гаси́ть / погаси́ть
загля́дывать / загляну́ть
звене́ть / зазвене́ть
наполня́ться / напо́лниться
расчища́ть / расчи́стить
свети́ться / засвети́ться

A. You must have guessed the meanings of:

настро́йщик, лопа́тка, звон, хруста́льная ту́фля.

B. Point out the sentences which contradict the text.

1. У́тром Татья́на Петро́вна расчи́стила доро́жку.
2. Она́ не могла́ починѝть колоко́льчик над две́рью.
3. Она́ реши́ла настро́ить роя́ль.
4. Она́ не смогла́ найти́ в э́том городке́ настро́йщика.
5. Она́ реши́ла всё сде́лать таки́м, каки́м хоте́л э́то ви́деть сын Пота́пова.
6. Она́ де́лала всё э́то равноду́шно, неохо́тно.
7. Ва́ре нра́вилось всё, что де́лала Татья́на Петро́вна.

C. What question did Varya ask her mother? Did her mother's answer convince her? Why?

D. What new information did you glean about Tatyana Petrovna? Was your initial opinion of her confirmed? Do her actions after she read the letter seem consistent to you?

E. Do you know the fairy-tale which Varya had recollected? (In Russian it is called *Зо́лушка* from зола́ "ash". *Cf.* Cinderella)

F. Do you agree with Varya?

IV

Лейтена́нт Пота́пов мог пробы́ть у отца́ не бо́льше су́ток. О́тпуск был о́чень коро́ткий, а доро́га дли́нная.

лейтена́нт lieutenant

По́езд пришёл в городо́к днём. Ту́т же, на вокза́ле, от знако́мого нача́льника ста́нции лейтена́нт узна́л, что оте́ц его́ у́мер ме́сяц наза́д и что в их до́ме посели́лась с до́черью молода́я певи́ца, эвакуи́рованная из Москвы́.

нача́льник ста́нции station-master

эвакуи́рованный evacuated

Пота́пов молча́л, смотре́л за окно́, и се́рдце у него́ сжа́лось.

се́рдце у него́ сжа́лось his heart was wrung

– Да,– сказа́л нача́льник ста́нции.– Хоро́ший был челове́к. Так и не смог уви́деть сы́на.

– Когда́ обра́тный по́езд? – спроси́л Пота́пов.

– Но́чью, в пять часо́в,– отве́тил нача́льник ста́нции, помолча́л, пото́м приба́вил.– Вы у меня́ побу́дьте. Попьёте ча́ю, пое́дите. Домо́й вам идти́ не́зачем.

не́зачем there is no reason

– Спаси́бо,– отве́тил Пота́пов и вы́шел.

Он пошёл че́рез го́род, к реке́. Над ней висе́ло се́рое не́бо. Лете́л ре́дкий снежо́к. Темне́ло.

ре́дкий снежо́к light snow

«Ну что ж!–сказа́л Пота́пов.–Опозда́л. И тепе́рь э́то всё для меня́ как бу́дто чужо́е–и городо́к, и река́, и леса́, и дом».

Он огляну́лся, посмотре́л на далёкий бе́рег реки́ за го́родом. Там стоя́л в снегу́ сад, темне́л дом. Из трубы́ его́ поднима́лся дым. Ве́тер уноси́л дым в берёзовую ро́щу.

огляну́ться *p.* to look back
труба́ chimney

Пота́пов ме́дленно пошёл в сто́рону до́ма. Он реши́л в дом не заходи́ть, а то́лько пройти́ ми́мо, быть мо́жет, загляну́ть в сад, постоя́ть в ста́рой бесе́дке. Ему́ бы́ло тяжело́ ду́мать, что в отцо́вском до́ме живу́т чужи́е, равноду́шные лю́ди. Лу́чше ничего́ не ви́деть, уе́хать и забы́ть о про́шлом!

«Ну что́ же,–поду́мал Пота́пов,–с ка́ждым днём стано́вишься взросле́е, всё стро́же смо́тришь вокру́г».

Когда́ Пота́пов подошёл к до́му, был уже́ ве́чер. Он осторо́жно откры́л кали́тку, но всё же она́ скри́пнула. Бе́лый сад как бы вздро́гнул. Пота́пов огляну́лся. Доро́жка к бесе́дке была́ расчи́щена. Он прошёл в бесе́дку.

всё же in spite of this
скри́пнуть *p.* to creak
вздро́гнуть *p.* to give a start
расчи́щена cleared
розове́ть *imp.* to become roseate
фура́жка service cap
сжать *p.* to clutch

Вдали́ за ле́сом розове́ло не́бо. Должно́ быть, за облака́ми поднима́лась луна́. Пота́пов снял фура́жку. Бы́ло о́чень ти́хо.

Он сжал го́лову рука́ми, ти́хо сказа́л:
– Ка́к же э́то так?

❗

петь
певи́ца

обра́тно
обра́тный по́езд

оте́ц – отцо́вский
снег – снежо́к
стро́го – стро́же
взро́слый – взросле́е

тёмный – темне́ть
ро́зовый – розове́ть
кра́сный – красне́ть
бе́лый – беле́ть

вздра́гивать / вздро́гнуть
огля́дываться / огляну́ться
сжима́ть / сжать
сжима́ться / сжа́ться
скрипе́ть / скри́пнуть

A. In the text, find the sentences (or parts of sentences) corresponding to these:

1. Stay with me. You can have tea and a bite to eat.
2. There is no reason for you to go home.
3. It was snowing lightly.
4. It pained him to think that strange, indifferent people were living in his father's house.
5. Better not see anything, go away and forget the past!
6. With every passing day one gets older and more critical.

B. In the text, find the sentences which bear out that:

1. О сме́рти отца́ Пота́пову сказа́л нача́льник ста́нции.
2. Нача́льник ста́нции счита́л старика́ Пота́пова хоро́шим челове́ком.

3. Нача́льник ста́нции пригласи́л лейтена́нта Пота́пова к себе́.

C. Find the sentences which will help you answer these questions:

1. Почему́ Пота́пов мог пробы́ть у отца́ не бо́льше су́ток?
2. Почему́ нача́льник ста́нции пригласи́л Пота́пова к себе́ в дом?
3. Почему́ Пота́пов реши́л не заходи́ть в отцо́вский дом, а то́лько пройти́ ми́мо него́?

D. Can you say with more certainty now what Tatyana Petrovna's occupation was? What did she do in the hospital?

E. Why did Potapov go to look at his father's house?
(a) потому́ что у него́ бы́ло мно́го свобо́дного вре́мени?
(b) потому́ что обра́тный по́езд был то́лько в пять часо́в утра́?
(c) потому́ что смерть отца́ была́ для него́ больши́м го́рем?

F. Do you think Potapov entered his father's house after all? How did it happen?

V

Кто́-то осторо́жно тро́нул Пота́пова за плечо́. Он огляну́лся. Сза́ди него́ стоя́ла молода́я же́нщина с бле́дным стро́гим лицо́м. Она́ мо́лча смотре́ла на Пота́пова. На её ресни́цах и щека́х та́ял снег.

– Наде́ньте фура́жку,– ти́хо сказа́ла же́нщина.– Вы просту́дитесь. Пойдёмте в дом. Не на́до здесь стоя́ть.

Пота́пов молча́л. Же́нщина взяла́ его́ за рука́в и повела́ по доро́жке. У Пота́пова сно́ва сжа́лось се́рдце. Он не мог вздохну́ть. Же́нщина та́к же ти́хо сказа́ла:

– Это ничего́. И вы, пожа́луйста, меня́ не стесня́йтесь. Сейча́с э́то пройдёт.

Она́ постуча́ла нога́ми, чтобы сбить снег с ног, и сра́зу отозва́лся, зазвене́л колоко́льчик.

Пота́пов вошёл в дом, снял шине́ль, почу́вствовал сла́бый за́пах берёзового ды́ма и уви́дел Архи́па. Архи́п сиде́л на дива́не. О́коло дива́на стоя́ла де́вочка и ра́достными глаза́ми смотре́ла на Пота́пова, но не на его́ лицо́, а на золоты́е наши́вки на рукаве́.

– Пойдёмте!–сказа́ла Татья́на Петро́вна и повела́ Пота́пова на ку́хню.

Там в си́нем кувши́не стоя́ла холо́дная вода́, висе́ло знако́мое полоте́нце.

Татья́на Петро́вна вы́шла. Де́вочка принесла́ Пота́пову мы́ло и смотре́ла, как он мы́лся. Смуще́ние Пота́пова ещё не прошло́.

– Кто же твоя́ ма́ма?–спроси́л он де́вочку и покрасне́л. Вопро́с э́тот он за́дал, ли́шь бы что́-нибудь спроси́ть.

– Она́ ду́мает, что она́ взро́слая,–таи́нственно сказа́ла де́вочка.–А она́ совсе́м не взро́слая. Она́ ху́же де́вочка, чем я.

– Почему́?–спроси́л Пота́пов.

бле́дный pale
стро́гий severe
ресни́ца eyelash
щека́ cheek
простуди́ться *p.* to catch a chill
рука́в sleeve

вздохну́ть *p.* to sigh
стесня́ться *imp.* to feel shy
сбить *p.* to knock off
отозва́лся... колоко́льчик the bell ... responded
шине́ль *f.* greatcoat

наши́вки chevrons

ли́шь бы что́-нибудь спроси́ть just to say something

Но де́вочка не отве́тила, засмея́лась и вы́бежала из ку́хни.

Пота́пову весь ве́чер каза́лось, бу́дто он живёт в лёгком, но про́чном сне. Всё в до́ме бы́ло таки́м, каки́м он хоте́л его́ ви́деть. Те́ же но́ты лежа́ли на роя́ле. Те́ же све́чи горе́ли и освеща́ли ма́ленький отцо́вский кабине́т. Да́же на столе́ лежа́ли его́ пи́сьма из го́спиталя – лежа́ли под тем же ста́рым ко́мпасом, под кото́рый оте́ц всегда́ клал пи́сьма.

про́чный deep

освеща́ть *imp.* to light up

❗ рука́   смущённо   та́йна
рука́в   смуще́ние   таи́нственно

ра́дость   свеча́   взро́слый ≠ ребёнок
ра́достный   свет   взро́слые ≠ де́ти
            освеща́ть   вздыха́ть / вздохну́ть
                             сбива́ть / сбить

A. You must have guessed the meanings of:

таи́нственно, ко́мпас.

B. In the text, find the sentences (or parts of sentences) corresponding to these:

1. He gasped for breath.
2. It's all right.... It'll pass in a moment.
3. Potapov had not yet got over his embarrassment.
4. She is more of a girl than me.
5. It seemed to Potapov that he was living in a pleasant and uninterrupted dream.

C. Had Potapov's dreams of his home:

(a) come completely true?
(b) come partially true?
(c) not come true?

In Part V of the text, find the words and sentences which bear out your answer. You will find your task easier if you compare what you have read in Part II of the text and your answer to exercise F in Part II and what you have read in Part V.

D. In the text, find the sentences (there are two of them) which convey Potapov's attitude towards what was happening around him.

E. In the text, find Varya's answer to the question about her mother.
(a) Does it contradict what you previously learned about Tatyana Petrovna? or (b) Does it reveal her character more fully?

VI

моги́ла grave
тума́н mist, haze
тень *f.* shadow

си́дя sitting

По́сле ча́я Татья́на Петро́вна провела́ Пота́пова на моги́лу отца́, за ро́щу. Тума́нная луна́ подняла́сь уже́ высоко́. В её све́те берёзы броса́ли на снег лёгкие те́ни.

А пото́м, по́здно ве́чером, Татья́на Петро́вна, си́дя у роя́ля, сказа́ла Пота́пову:

– Мне всё ка́жется, что где́-то я уже́ ви́дела вас.

– Да, пожа́луй, – отве́тил Пота́пов.

Он посмотре́л на неё. Свет свече́й освеща́л полови́ну её лица́. Пота́пов встал, прошёл по ко́мнате из угла́ в у́гол, останови́лся.

– Нет, не могу́ вспо́мнить,– сказа́л он глухи́м го́лосом.

глухо́й го́лос toneless voice

Татья́на Петро́вна посмотре́ла на Пота́пова, но ничего́ не отве́тила.

Пота́пову постели́ли в кабине́те на дива́не, но он не мог засну́ть. Ка́ждая мину́та в э́том до́ме каза́лась ему́ драгоце́нной, и он не хоте́л теря́ть её. Он лежа́л и прислу́шивался к шага́м Архи́па, к ти́канью часо́в, к шёпоту Татья́ны Петро́вны – она́ о чём-то говори́ла с ня́нькой за закры́той две́рью. Пото́м ня́нька ушла́, но поло́ска све́та над две́рью не пога́сла. Пота́пов по́нял, что Татья́на Петро́вна не ложи́тся, что́бы разбуди́ть его́ к по́езду. Ему́ хоте́лось сказа́ть ей, что он то́же не спит, но он не реши́лся.

постели́ть *p.* to make the bed
драгоце́нный precious
прислу́шиваться *imp.* to listen attentively (to)
ти́канье ticking
поло́ска strip

реши́ться *p.* to bring oneself (to do smth.)

В четы́ре часа́ Татья́на Петро́вна ти́хо откры́ла дверь:

– Пора́. Вам на́до встава́ть,– сказа́ла она́.– О́чень жа́лко мне вас буди́ть!

Татья́на Петро́вна проводи́ла Пота́пова на ста́нцию че́рез ночно́й го́род. Когда́ они́ проща́лись, Татья́на Петро́вна протяну́ла Пота́пову о́бе руки́, сказа́ла:

– Пиши́те. Мы тепе́рь как ро́дственники. Пра́вда?

Пота́пов ничего́ не отве́тил, то́лько кивну́л голово́й.

тума́н
тума́нный

прислу́шиваться / прислу́шаться
реша́ться / реши́ться
стели́ть / постели́ть

родны́е = ро́дственники

драгоце́нный
(до́рого + цена́)

A. You must have guessed the meanings of:

тума́нная луна́, лёгкие те́ни, пройти́ по ко́мнате из угла́ в у́гол, драгоце́нные мину́ты.

B. In the text, find the sentences (or parts of sentences) corresponding to these:

1. In the moonlight the birches cast light shadows on the snow.
2. I can't help thinking that I have seen you somewhere before.
3. He walked across the room.
4. He listened to the cat's footsteps, to the ticking of the clock, and to Tatyana Petrovna's whisper.

C. In the text, find the sentences which will help you answer these questions:

1. Почему́ Пота́пов не мог засну́ть?
2. Как Пота́пов догада́лся, что Татья́на Петро́вна не ложи́лась спать?

D. «Пиши́те. Мы тепе́рь как ро́дственники. Пра́вда?»–сказа́ла Татья́на Петро́вна Пота́пову.

Did she say it because:
(a) she was sorry for Potapov;
(b) she felt that Potapov had somehow become close to her?

F. Could that be the end of the story? Why?

VII

Че́рез не́сколько дней Татья́на Петро́вна получи́ла письмо́ с доро́ги.

«Я вспо́мнил, коне́чно, где мы встреча́лись,—писа́л Пота́пов,—но не хоте́л говори́ть вам об э́том там, до́ма. По́мните Крым в 1927 году́? О́сень. Я шёл по доро́жке к Ореа́нде. На скаме́йке о́коло доро́жки сиде́ла де́вушка. Ей бы́ло лет шестна́дцать. Она́ уви́дела меня́, вста́ла и пошла́ навстре́чу. Когда́ мы поравня́лись, я взгляну́л на её. Она́ прошла́ ми́мо меня́ бы́стро, легко́, с раскры́той кни́гой в руке́. Я останови́лся, до́лго смотре́л ей вслед. Этой де́вушкой бы́ли вы. Я не мог ошиби́ться. Я смотре́л вам вслед и почу́вствовал тогда́, что ми́мо меня́ прошла́ же́нщина, кото́рая могла́ бы и разру́шить всю мою́ жизнь, и дать мне огро́мное сча́стье... Тогда́ я уже́ знал, что до́лжен найти́ вас, во что́ бы то ни ста́ло, но всё же не дви́нулся с ме́ста. Почему́—не зна́ю. С тех пор я полюби́л Крым и э́ту доро́жку, где я ви́дел вас то́лько мгнове́ние и потеря́л навсегда́. И вот я встре́тил вас сно́ва. И е́сли всё око́нчится хорошо́ и вам бу́дет нужна́ моя́ жизнь, она́, коне́чно, бу́дет ва́ша. Да, я нашёл на сто́лике отца́ своё письмо́, кото́рое вы распеча́тали. Я по́нял всё и могу́ то́лько благодари́ть вас и́здали».

Татья́на Петро́вна отложи́ла письмо́, тума́нными глаза́ми посмотре́ла на сне́жный сад за окно́м, сказа́ла:

– Бо́же мой! Я никогда́ не была́ в Крыму́. Никогда́! Но ра́зве тепе́рь э́то мо́жет име́ть хоть како́е-нибудь значе́ние? И сто́ит ли разуверя́ть его́! И себя́.

Она́ засмея́лась, закры́ла глаза́ ладо́нью. За окно́м горе́л и ника́к не мог пога́снуть нея́ркий зака́т.

поравня́ться *p.* to draw level with each other
раскры́тый open

разру́шить *p.* to ruin

дви́нуться с ме́ста to stir
мгнове́ние moment

отложи́ть *p.* to put aside
име́ть хоть како́е-нибудь значе́ние to be of any importance
разуверя́ть *imp.* to disillusion
ладо́нь *f.* palm of the hand
зака́т sunset

снег	вслед (к у д а?)	тума́нная луна́
сне́жный	и́здали (о т к у́ д а?)	тума́нные глаза́

A. You must have guessed the meanings of:

письмо́ с доро́ги, сне́жный сад, нея́ркий зака́т, вслед, тума́нные глаза́.

B. In the text, find the sentences (or parts of sentences) corresponding to these:

1. I followed you with my eyes and I felt then that a woman had passed by who could have either ruined my whole life or given me great happiness....
2. I saw you only for a brief moment and then lost you for ever.
3. But can this be of any importance now?
4. Was there any point in disillusioning him? And herself too?

C. In the text, find the sentences which will help you answer these questions:

1. Почему́ Пота́пов написа́л письмо́ Татья́не Петро́вне?
2. Что он почу́вствовал в Крыму́, когда́ встре́тил де́вушку?
3. Полюби́л ли он Татья́ну Петро́вну?
4. Как он догада́лся, что всё в до́ме сде́лала так Татья́на Петро́вна?

D. Can you say now whether they had ever met before?

We hope you liked the story. Do you want to read more of Paustovsky's works? Paustovsky has been translated into many foreign languages, including English. But, perhaps, you should try to read him in the original?

 Does the title of the following text suggest that its author is (a) a scientist, (b) a writer, (c) a scientist and a writer.

КАК Я ОБХОДИ́ЛСЯ БЕЗ ПЕРЕВО́ДЧИКА

(О́пыт почти́ нау́чного иссле́дования)

обходи́ться *imp.* to manage without
иссле́дование research

I

Когда́ я впервы́е прие́хал в Сове́тский Сою́з, я не говори́л по-ру́сски. Бо́лее того́: я до э́того вообще́ не слы́шал ру́сскую речь. Я знал, что «да» зна́чит "Yes" и что «нет» – "No". И э́то бы́ло всё.

Пе́рвый мой разгово́р по-ру́сски был о́чень коро́тким и делови́м. Когда́ самолёт сел на аэродро́м, в него́ вошёл служа́щий и произнёс: «Па́спор-р-р-рт». Я протяну́л ему́ свой докуме́нт. На э́том разгово́р око́нчился. Мне показа́лось, что ру́сский язы́к о́чень похо́ж на англи́йский – на́до то́лько научи́ться как мо́жно бо́лее раска́тисто произноси́ть бу́кву «р». Но всё оказа́лось сложне́е.

делово́й business-like

раска́тисто rolling one's r's
сло́жный complicated

II

Тогда́ я приезжа́л то́лько на́ две неде́ли. Мне да́ли перево́дчика. Он де́лал всё, что мог. В том, что он переводи́л мне на мой родно́й язы́к, бы́ло мно́го интере́сного и ва́жного для меня́. Но перево́дчик стал ка́к бы мои́м «пле́нником», а я оказа́лся у него́ в плену́. С кем бы я ни разгова́ривал в Москве́, у э́того собесе́дника неме́дленно появля́лись черты́ моего́ перево́дчика. Я привы́к внима́тельно слу́шать интона́ции го́лоса, понима́ть са́мые то́нкие отте́нки фра́зы собесе́дника. А тут я вдруг стал глухи́м: я не понима́л отте́нки голосо́в, кото́рые звуча́ли вокру́г меня́...

Мне, наприме́р, каза́лось, что ру́сские повыша́ют го́лос на конце́ фра́зы. Мы, америка́нцы, де́лаем э́то лишь тогда́,

плен captivity
оказа́ться в плену́ to be taken captive
с кем бы я ни разгова́ривал whoever I spoke to
то́нкий subtle
глухо́й deaf
звук sound
повыша́ть *imp.* to raise

когда́ се́рдимся. Я, наприме́р, задава́л че́рез перево́дчика вопро́с: чита́л ли мой сове́тский собесе́дник таку́ю-то кни́гу? На англи́йском языке́ он отве́тил бы про́сто: "Yes" и́ли "No". В Москве́ отвеча́ли так: «Да, чита́л». Прямо́й перево́д э́той фра́зы на англи́йский звучи́т ре́зко, да́же вызыва́юще. Если у нас, в Аме́рике, отвеча́ют на вопро́с те́ми же слова́ми, то э́то звучи́т приме́рно так: «Да, чита́л, ну и что вы мне сде́лаете за э́то?»

Я чу́вствовал себя́ всё бо́лее и бо́лее несча́стным в э́той атмосфе́ре вообража́емой ре́зкости и суро́вости, хотя́ прекра́сно знал, что москвичи́ говоря́т мне о́чень дружелю́бные ве́щи и ви́дят во мне жела́нного го́стя.

тако́й-то this or that

прямо́й word-for-word
ре́зко sharp
вызыва́юще defiant

приме́рно approximately

суро́вость *f.* sternness
дружелю́бный friendly
жела́нный гость *m.* welcome visitor

переводи́ть
перево́дчик
перево́д

высо́кий
вы́ше
повыша́ть

ре́зко
ре́зкость

произнести́ речь
о чём идёт речь?
ру́сская речь

иссле́дование
нау́чное иссле́дование
нау́чно-иссле́довательский

сло́жный ≠ просто́й

де́ло
делово́й
делово́й челове́к
делово́й разгово́р

дружелю́бный (друг + люби́ть)

отте́нок цве́та
отте́нок фра́зы
отте́нок го́лоса

глухо́й челове́к
глухо́й го́лос

обходи́ться / обойти́сь
повыша́ть / повы́сить

A. You must have guessed the meanings of:

па́спорт, докуме́нт, пле́нник, фра́за, перево́д, звуча́ть, прямо́й перево́д, атмосфе́ра, ре́зкость.

B. In parts I and II of the text, find the sentences (or parts of sentences) corresponding to these:

1. I had never heard spoken Russian before.
2. With that our conversation ended.
3. My interlocutor immediately acquired some features of my interpreter.
4. I was accustomed to understanding the subtlest nuances of my interlocutor's words.
5. Through my interpreter I asked my interlocutor whether he had read this or that book.
6. Yes, I did, and what are you going to do about it?
7. I knew that Muscovites were talking to me in a very friendly way and regarded me as a welcome visitor.

C. In the text, find the sentence which conveys the author's first conclusion about the Russian language. How is this conclusion likely to change? Why do you think so?

D. Find the sentence which contains the main idea of Part II.

E. What information have you gleaned about the author? Does it help you to answer the question preceding the text?

III

После того́ как я верну́лся в Нью-Йо́рк, я при́нял твёрдое реше́ние: во-пе́рвых, никогда́ бо́льше не быть в плену́ у перево́дчика и, во-вторы́х, разгова́ривать с ру́сскими то́лько на их языке́.

И я на́чал изуче́ние ру́сского языка́ так реши́тельно, что э́то да́же немно́го испуга́ло моего́ учи́теля. По ме́ре того́ как я изуча́л ру́сский язы́к, я всё бо́льше понима́л, как э́то нелегко́. Я с трудо́м пробира́лся че́рез лес оконча́ний ру́сских глаго́лов, падеже́й и склоне́ний, кото́рых нет в англи́йском языке́. Э́то мо́жно бы́ло сравни́ть с двенадцатичасово́й рабо́той крестья́нина в по́ле. По́мню, как я соверше́нно обесси́лел, когда́ вы́учил наконе́ц тако́й уро́к из уче́бника:

«Я вы́шел из до́ма и пешко́м дошёл до па́рка, вошёл че́рез воро́та, зате́м перешёл мост и прошёл ми́мо ма́ленького до́мика, куда́ зашёл на мину́ту, и, когда́ вы́шел из па́рка обра́тно, встре́тил моего́ дру́га, кото́рый отвёз меня́ вниз по бульва́ру, и мы прое́хали тунне́ль, перее́хали железнодоро́жный мост и останови́лись у ста́нции, где я сел в по́езд и уе́хал».

Э́тот текст я зубри́л по-ру́сски наизу́сть: все э́ти «пошёл», «зашёл», «дошёл», «пришёл», «перешёл». Я да́же повторя́л их но́чью во сне. Но в конце́ концо́в всё-таки забы́л проце́нтов девяно́сто из э́того те́кста.

приня́ть реше́ние to take a decision

испуга́ть *p.* to frighten
по ме́ре того́ как as

зубри́ть *itr.* **наизу́сть** to learn by heart
сон dream
в конце́ концо́в in the end

реше́ние
реши́тельно
коне́ц
оконча́ние

двенадцатичасова́я рабо́та (12 + час)
обесси́леть (о + без + си́ла)

зубри́ть / вы́зубрить
принима́ть / приня́ть
пробира́ться / пробра́ться

A. You must have guessed the meanings of:

двенадцатичасово́й, твёрдое реше́ние, реши́тельно, оконча́ние (глаго́ла), обесси́леть, проце́нт.

B. Read the following sentence. Is it by chance that the author uses the phrase *a noun + a numeral* (проце́нтов девяно́сто) instead of the usual phrase *a numeral + a noun* (девяно́сто проце́нтов)?
Но в конце́ концо́в всё-таки забы́л *проце́нтов девяно́сто* из э́того те́кста.
The author uses the phrase проце́нтов девяно́сто because he can give only an approximate percentage of the verbs he forgot. You have already come across this construction (see p. 212).

C. In the text, find the sentences which will help you answer these questions:
Како́е реше́ние при́нял а́втор, верну́вшись из Москвы́?
Как он на́чал его́ выполня́ть?

D. Do you think the author succeeded in carrying out his decision?

E. What new information about the author have you gleaned?

F. What kind of verbs are used in the lesson learned by the author? Did you also find it difficult to master those verbs?

IV

В сле́дующий мой прие́зд в Москву́ я удиви́л мои́х моско́вских друзе́й свои́ми успе́хами: как мно́го я успе́л сде́лать, с тех пор как мы ви́делись про́шлый раз.

с тех пор как since

– Я уме́ю говори́ть по-ру́сски,–повторя́л я.–Пра́вда, у меня́ ещё небольшо́й запа́с слов, но его́ доста́точно. Я хоте́л бы знать бо́льше и узна́л бы бо́льше, е́сли бы бы́ло вре́мя, но вы уви́дите, что всё бу́дет хорошо́.

запа́с stock

Э́ту сло́жную фра́зу я произнёс по-ру́сски. На́до ли объясня́ть, что её я то́же вы́учил наизу́сть – э́то бы́ло како́е-то граммати́ческое упражне́ние. И я был о́чень горд в э́ти мину́ты.

Друзья́ горячо́ поздравля́ли меня́.

Мой пе́рвый разгово́р по-ру́сски был удиви́тельно успе́шным. Я вы́шел из гости́ницы, и како́й-то челове́к спроси́л у меня́, как пройти́ на у́лицу Го́рького. Я сказа́л «вот» и показа́л па́льцем. Я подошёл к кио́ску и узна́л, что ну́жные мне сигаре́ты сто́ят два́дцать копе́ек. Я заплати́л. О́коло перехо́да че́рез у́лицу я вдруг почу́вствовал, что како́й-то прохо́жий неча́янно толкну́л меня́ и сра́зу же извини́лся. Я сказа́л: «Пожа́луйста!»

заплати́ть *p.* to pay

неча́янно толкну́ть *p.* to push smb. unintentionally

Тут нужны́ объясне́ния. Без них не мо́жет быть нау́чного иссле́дования.

Е́сли ру́сское «пожа́луйста» перевести́ на англи́йский сло́вом "Please", то э́то у нас бу́дет означа́ть, что вы приглаша́ете челове́ка, кото́рый вас толкну́л, повтори́ть э́то де́йствие ещё раз и продолжа́ть толка́ть вас, ско́лько ему́ хо́чется. Но я знал уже́, что прохо́жий не сде́лает э́того: ведь я уже́ немно́го знал то́нкости ру́сской ре́чи!

де́йствие action

❗ приезжа́ть го́рдый то́нкий
прие́зд горд то́нкость ре́чи

переходи́ть объясня́ть плати́ть / заплати́ть
перехо́д объясне́ние толка́ть / толкну́ть

проходи́ть успе́х
прохо́жий успе́шный

A. You must have guessed the meanings of:

прие́зд, перехо́д, сло́жная фра́за, граммати́ческое упражне́ние, успе́шный разгово́р, объясне́ние, то́нкости ре́чи.

B. Where do you think was the hotel at which the author stopped, in the centre of Moscow or in a Moscow suburb? Why do you think so?

C. So who is the author of the story? Perhaps he is a scientist after all? Why do you think so?

V

В большинстве́ ру́сско-англи́йских словаре́й сло́во «пожа́луйста» перево́дят "Please". На са́мом же де́ле «пожа́луйста» та́к же похо́же на "Please", как, наприме́р, фра́за «Я люблю́ вас, дорога́я» на фра́зу «Бу́дьте мое́й жено́й».

Америка́нцу, кото́рый изуча́ет ру́сский язы́к на слух, ка́жется, что «пожа́луйста» име́ет со́рок ты́сяч разли́чных значе́ний. Я представля́ю себе́ како́го-нибудь америка́нского фило́лога, кото́рый с блокно́том в рука́х следи́т за разгово́ром ру́сских, кото́рые, как я убеди́лся, произно́сят «пожа́луйста» че́рез ка́ждые де́сять слов. Предполо́жим, что э́тот фило́лог вы́брал ме́стом свои́х наблюде́ний о́чередь у око́шка на телегра́фе. Он ви́дит, как како́й-то взволно́ванный ру́сский стара́ется пробра́ться к око́шечку. Челове́к о́чень спеши́т, он говори́т умоля́юще: «Пожа́луйста!». Америка́нец запи́сывает в блокно́т: «Пожа́луйста» – "Please".

Но лю́ди в о́череди то́же говоря́т: «Пожа́луйста». Америка́нец зачёркивает "Please" и запи́сывает: «Пожа́луйста – не стесня́йтесь, проходи́те пе́рвый». Челове́к протя́гивает че́рез око́шко ру́ку. Телеграфи́стка даёт бланк и говори́т: «Пожа́луйста». Америка́нец серди́то зачёркивает пре́жнее значе́ние и запи́сывает: «Вот что вам ну́жно».

Челове́к берёт бланк и вдруг начина́ет иска́ть ру́чку: сосе́д по о́череди даёт ему́ свою́ ру́чку и – о у́жас! – говори́т: «Пожа́луйста!» Америка́нец запи́сывает ещё одно́ значе́ние сло́ва: «Охо́тно гото́в помо́чь вам».

Челове́к бы́стро пи́шет текст телегра́ммы, телеграфи́стка счита́ет слова́. Она́ улыба́ется и говори́т: «Мо́жно написа́ть ещё три сло́ва». Он берёт бланк и послу́шно произно́сит: «Пожа́луйста». И пи́шет: «Люблю́, люблю́, люблю́!» Америка́нец ста́вит вопроси́тельный знак о́коло того́, что он написа́л ра́ньше. Пото́м он пи́шет: «Тут, ви́димо, бесконе́чное мно́жество разли́чных значе́ний». Пото́м он сно́ва что́-то пи́шет в блокно́те, зачёркивает, сно́ва запи́сывает и наконе́ц бледне́ет и па́дает на́ пол.

Над ним склоня́ется це́лая толпа́ ру́сских.

– Вам пло́хо? Мо́жет быть, позва́ть врача́? – спра́шивают они́ у несча́стного.

– Пожа́луйста! – говори́т он по-ру́сски. И в э́ту неприя́тную мину́ту он с удово́льствием ду́мает про себя́: «Вот оно́, настоя́щее значе́ние сло́ва ,,пожа́луйста!"».

на слух by ear

блокно́т notebook
следи́ть за разгово́ром to follow a conversation
убеди́ться *p.* to ascertain
предполо́жим, что let us suppose
наблюде́ние observation
о́чередь *f.* queue
взволно́ванный agitated
умоля́юще imploringly
зачёркивать *imp.* to cross out

у́жас horror

послу́шно obediently

ви́димо evidently
мно́жество a great number

склоня́ться *imp.* to bend over
це́лая толпа́ whole crowd

про себя́ to himself
настоя́щее значе́ние real meaning

слу́шать	чита́ть про себя́ ≠ чита́ть вслух
слух	
на слух	вопро́с
	вопроси́тельный
наблюда́ть	
наблюде́ние	мно́го
	мно́жество
телегра́ф	
телеграфи́ст	бле́дный
	бледне́ть
серди́ться	
серди́то	зачёркивать / зачеркну́ть
	пробира́ться / пробра́ться
хоте́ть	склоня́ться / склони́ться
охо́тно	убежда́ться / убеди́ться

A. You must have guessed the meanings of:

фило́лог, изуча́ть ру́сский язы́к на слух, наблюде́ние, телеграфи́стка, серди́то, вопроси́тельный знак, бледне́ть.

B. In Part V of the text, find the sentences (or parts of sentences) corresponding to these:

1. Notebook in hand, he listens carefully to Russians talking.
2. Russians, as I have found out, say «пожа́луйста» after every ten words.
3. I am willing to help you.
4. It evidently has an infinite number of meanings.
5. This is it, the real meaning of the word «пожа́луйста».

VI

обы́чный everyday

Одна́жды мне пришла́ в го́лову мысль немно́жко отдохну́ть от обы́чного разгово́рного ру́сского языка́. Я реши́л обрати́ться к языку́, на кото́ром разгова́ривают

одина́ковый the same

учёные. Мои́ моско́вские колле́ги – фи́зики – уверя́ли меня́, что э́то бу́дет для меня́ гора́здо ле́гче: терминоло́гия физи́ческой нау́ки одина́кова во всех стра́нах.

Я позвони́л сове́тскому фи́зику Л. Д. Ланда́у, и он пригласи́л меня́ на семина́р в институ́те физи́ческих пробле́м.

– Вероя́тно, э́то вам бу́дет интере́сно, – сказа́л он. – Изве́стный сове́тский фи́зик бу́дет де́лать докла́д.

знать в лицо́ to know
smb. by sight
ска́жем for example
помидо́р tomato

Когда́ я вошёл в конфере́нц-зал, я обра́довался. Ну, коне́чно, я сно́ва был до́ма! Я, пра́вда, не знал тех, кто там был, в лицо́, но они́ чём-то бы́ли близки́ мне. Фи́зики похо́жи друг на дру́га, как, ска́жем, помидо́ры, кото́рые расту́т в ра́зных стра́нах.

В пе́рвых ряда́х сиде́ли лю́ди пожилы́е, да́льше – пу́блика помоло́же.

Докла́дчик подошёл к большо́й чёрной доске́. Я взял свой блокно́т. То, что чита́тель прочита́ет ни́же, – моя́ стенографи́ческая за́пись семина́ра. Пра́вда, он уви́дит нема́ло пусты́х мест: э́то ру́сские слова́, кото́рые я не́ по́нял. Но, наде́юсь, су́щность докла́да бу́дет чита́телю ясна́.

– Уже́ давно́ изве́стно,–на́чал докла́дчик,–что ... электро́ны ... мезо́ны и нейтро́ны (да́льше идёт ряд фо́рмул, кото́рые он написа́л на доске́) ... ита́к, мы все согла́сны, что ... электро́ны ... я́дра ... части́цы ... ка-мезо́ны, ... и магни́тные поля́ ... и́ли же ... хотя́ ... впро́чем ... и поэ́тому.–Он замолча́л, пото́м по́днял па́лец вверх.

– Но!–воскли́кнул он.–Тяжёлые я́дра ... И, как мы ви́дим ...

Он говори́л приме́рно де́сять мину́т. И вдруг кто́-то из пере́дних рядо́в спроси́л его́:

– ... ?

Все засмея́лись.

Докла́дчик то́же улыбну́лся, но ту́т же ве́жливо отве́тил:
– ... эйгенфункцио́н ... пси-пси!

Докла́дчик сно́ва подошёл к доске́. Его́ мел лета́л по чёрной доске́. Фо́рмулы росли́.

– ...–говори́л он, продолжа́я писа́ть,–И ... бе́та.

Семина́р ко́нчился дискуссией, кото́рая была́ для меня́, коне́чно, сли́шком бы́строй. Оди́н из тех, кто сиде́л впереди́ и, очеви́дно, хорошо́ знал су́щность те́мы, встал и сказа́л:

– ... ?

– ... !–бы́стро отве́тил докла́дчик.

На э́том зако́нчился мой экспери́мент с ру́сским нау́чным языко́м.

су́щность *f.* essence
я́сный clear

ядро́ nucleus
части́ца particle
магни́тное по́ле magnetic field

пере́дний front

ве́жливо politely
ту́т же at once
эйгенфункцио́н eigen-function
пси-пси psi-psi
бе́та beta
продолжа́я continuing

(!) разгово́р   стенографи́стка   конфере́нц-зал
разгово́рный   стенографи́ческий

фи́зика   докла́д   запи́сывать
фи́зик   докла́дчик   запи́ска
фи́зи́ческий   за́пись
                    уверя́ть
рад   уве́ренно   знать в лицо́
обра́доваться   пере́дний ≠ за́дний

A. You must have guessed the meanings of:

разгово́рный язы́к, колле́ги, терминоло́гия, семина́р, конфере́нц-зал, пу́блика, стенографи́ческая за́пись, институ́т физи́ческих пробле́м, обра́доваться, фо́рмула, нейтро́н, диску́ссия, экспери́мент, электро́н, мезо́н.

B. In Part V of the text, find the sentences (or parts of sentences) corresponding to these:

1. An idea occurred to me–to get away for a short while from everyday conversational Russian.
2. The physics terminology is the same in all countries.
3. I did not know the people who were present there.
4. I hope the main idea of the report will be clear to the reader.
5. With that my experiment with scientific Russian came to an end.

C. Read the following sentences. Do the italicised words have the same meaning? Do they belong to the same part of speech? If so, what part of speech?

Брат *моло́же* сестры́.

В пе́рвых ряда́х сиде́ли лю́ди пожилы́е, да́льше – пу́блика *помоло́же*.

Evidently, both the italicised words are comparatives of the adjective молодо́й. However, the prefix **по-** in the word помоло́же adds to it the meaning "a little" ("a little younger"). Also compare: бо́льше "more", – побо́льше, "a bit more", ме́ньше "less" – поме́ньше "a bit less".

D. Can you answer the question "Is the author a scientist or a writer?" more definitely now? Why?

E. Was his experiment with scientific Russian a success? Do you think the author was likely to repeat his experiment?

VII

пре́мия prize

договори́ться *p.* to agree

прекраща́ться *imp.* to cease

посо́льство embassy

понемно́гу gradually

сумасше́дший дом mental home

завиту́шки doodles

набра́ть *p.* **но́мер** to dial a number

пото́к stream
пойма́ть *p.* to make out

серди́тый angry
тон tone

ве́жливый упрёк polite reproach

В оди́н из прие́здов в Москву́ я хоте́л встре́титься с сове́тским фи́зиком, лауреа́том Но́белевской пре́мии, акаде́миком И. Е. Та́ммом.

Я позвони́л Та́мму. Мы договори́лись о встре́че на сле́дующий день в двена́дцать. Но пе́ред э́тим я до́лжен был позвони́ть ему́ ещё раз.

Тамм дал мне но́мер своего́ дома́шнего телефо́на, я аккура́тно записа́л его́ и положи́л на ви́дное ме́сто у телефо́на в мое́й гости́ничной ко́мнате.

У́тро сле́дующего дня начало́сь у меня́ в полови́не восьмо́го, когда́ в пе́рвый раз зазвони́л телефо́н. Да́льше звонки́ не прекраща́лись. Я про́бовал подсчита́ть: за четы́ре часа́ у меня́ бы́ло ро́вно 42 телефо́нных разгово́ра. Те́мы бы́ли са́мые ра́зные: о встре́че в америка́нском посо́льстве; об обе́де с одни́м из моско́вских друзе́й; о докла́де в библиоте́ке иностра́нной литерату́ры... Понемно́гу в моём гости́ничном но́мере установи́лась атмосфе́ра небольшо́го сумасше́дшего до́ма.

Во вре́мя э́тих разгово́ров я сиде́л у стола́ и рисова́л завиту́шки вокру́г но́мера телефо́на Та́мма. О́коло двена́дцати, как мы договори́лись, я до́лжен был позвони́ть Та́мму. Набра́л но́мер, мне отве́тил же́нский го́лос. Я спроси́л по-ру́сски, до́ма ли акаде́мик Тамм. Из бы́строго отве́та же́нщины я по́нял то́лько: «Не ... до́ма». Я спроси́л, когда́ же он бу́дет. Но́вый пото́к слов, и я пойма́л ещё два: «Не зна́ю».

Я сно́ва на́чал звони́ть: позвони́л в институ́т, где рабо́тал акаде́мик Тамм, сно́ва домо́й Та́мму. Опя́ть тот же отве́т уже́ бо́лее серди́тым то́ном: «Не ... до́ма». Я реши́л, что Тамм забы́л о на́шей встре́че.

Ме́жду тем мой телефо́н продолжа́л звони́ть без конца́. И вдруг я услы́шал го́лос самого́ Та́мма. В нём звуча́л ве́жливый упрёк: почему́ я не позвони́л ему́, как обеща́л? Он всё вре́мя ждал до́ма и ждёт до сих пор.

Я стал уверя́ть его́, что звони́л ему́ не́сколько раз.

– Звони́л кто уго́дно, но то́лько не вы,– отве́тил Тамм. –Éсли вы всё ещё хоти́те побесе́довать со мной, я пошлю́ за ва́ми маши́ну...

И тут у меня́ мелькну́ла стра́шная дога́дка! Я схвати́л запи́ску с телефо́ном Та́мма и прочита́л ему́ но́мер телефо́на. Тамм расхохота́лся. Оказы́вается, когда́ я во вре́мя разгово́ров рисова́л завиту́шки вокру́г но́мера телефо́на Та́мма, я не заме́тил, как приба́вил ма́ленькую чёрточку к бу́кве «Б» и она́ преврати́лась в бу́кву «В». А э́то обознача́ло соверше́нно друго́й райо́н Москвы́!

Я стал ждать маши́ну. Но тут опя́ть звоно́к! Оди́н из мои́х друзе́й стал мне подро́бно объясня́ть, что у меня́ неве́рный но́мер телефо́на Та́мма и что, когда́ он позвони́л по э́тому телефо́ну, кака́я-то же́нщина почему́-то истери́чески начала́ крича́ть: «Что вы мне всё повторя́ете: там, там, там! Где там? И кто там?»

На э́том конча́ется моё ма́ленькое иссле́дование на те́му «Как я обходи́лся без перево́дчика».

кто уго́дно whoever you like

вы всё ещё хоти́те you still want

мелькну́ть *p.* to flash across one's mind

дога́дка guess

схвати́ть *p.* to seize

расхохота́ться *p.* to burst out laughing

чёрточка stroke

преврати́ться *p.* to turn into

э́то обознача́ло that designated

❗

ви́деть	серди́ться	дома́шняя хозя́йка
ви́дное ме́сто	серди́тый	дома́шний телефо́н
встре́титься	ве́жливо	знак
встре́ча	ве́жливый	обознача́ть
гости́ница	звук	догова́риваться / договори́ться
гости́ничный	звуча́ть	мелька́ть / мелькну́ть
		набира́ть / набра́ть
телефо́н	дога́дываться	превраща́ться / преврати́ться
телефо́нный	дога́дка	прекраща́ться / прекрати́ться
		прибавля́ть / приба́вить

A. You must have guessed the meanings of:

Но́белевская пре́мия, акаде́мик, аккура́тно, ви́дное ме́сто, встре́ча, гости́-ничный но́мер, телефо́нный разгово́р, библиоте́ка иностра́нной литерату́ры, атмосфе́ра, звуча́ть, неве́рный, истери́чески.

B. In Part VII of the text, find the sentences (or parts of sentences) corresponding to these:

1. He gave me his home telephone number.
2. I dialled the number.
3. And suddenly I heard the voice of Tamm himself.
4. Everybody telephoned but you.
5. And at that moment a terrible idea flashed across my mind.
6. It designated quite a different district of Moscow.
7. With this my little investigation came to an end.

C. Did you like his "little investigation"? Do all scientists write so amusingly? Perhaps the author is a writer after all?

The author of the story is in fact the American physicist and writer Mitchell Wilson.

D. Mitchell Wilson prefaced the various parts of the story with these headings:

(a) Язы́к нау́ки;
(b) Ско́лько значе́ний име́ет сло́во «пожа́луйста»;
(c) Преда́тельская (treacherous) бу́ква;
(d) Лингвисти́ческая глухота́ (deafness);
(e) Я разгова́риваю по-ру́сски;
(f) Ока́зывается, ру́сский язы́к о́чень похо́ж на англи́йский;
(g) Я изуча́ю ру́сский язы́к.

Which parts of the story do you think correspond to these headings?

E. If you want to check this scientific investigation, you'd better learn Russian! Incidentally, there'll be no danger of you landing in the situation in which Mitchell Wilson found himself, for all the telephone numbers in Moscow now consist of figures alone.

And now let us go on another trip.

ПО РЕСПУ́БЛИКАМ СРЕ́ДНЕЙ А́ЗИИ

Сре́дняя А́зия Central
Asia

отста́лый backward
окра́ина outlying district

обще́ственный social
укла́д structure
поря́док system

доби́ться *p.* to achieve
успе́х success

кратча́йшее вре́мя the
shortest time possible

мину́я by-passing
ста́дия stage
темп ро́ста growth rate
развито́й developed

(1) До Вели́кой Октя́брьской социалисти́ческой револю́ции Сре́дняя А́зия была́ отста́лой окра́иной ца́рской Росси́и. Промы́шленности там не́ было почти́ никако́й, населе́ние бы́ло почти́ поголо́вно негра́мотным. В осно́ве обще́ственного укла́да бы́ли феода́льные и полуфеода́льные поря́дки.

(2) Сего́дня же среднеазиа́тские респу́блики – Узбе́кская, Туркме́нская, Таджи́кская и Кирги́зская – доби́лись таки́х успе́хов, каки́х не зна́ла исто́рия А́зии.

(3) За кратча́йшее вре́мя (в 1984 году́ они́ пра́здновали своё 60-ле́тие) среднеазиа́тские респу́блики прошли́ путь от феодали́зма к социали́зму, мину́я ста́дию капитали́зма, и по те́мпам ро́ста произво́дства иду́т впереди́ мно́гих разви́тых стран.

(4) Хоти́те соверши́ть путеше́ствие по Сре́дней А́зии? Е́сли да, то Ва́шим ги́дом в э́том путеше́ствии бу́дет изве́стный сове́тский гео́граф и писа́тель Н. Миха́йлов.

царь	Сре́дняя А́зия – среднеазиа́тский
ца́рский	коро́ткий – кратча́йший
	отста́лый ≠ развито́й
феода́льный	добива́ться / доби́ться
полуфеода́льный	
феодали́зм	социалисти́ческий – социали́зм
	капиталисти́ческий – капитали́зм
расти́	феода́льный – феодали́зм
рост	
геогра́фия	
гео́граф	

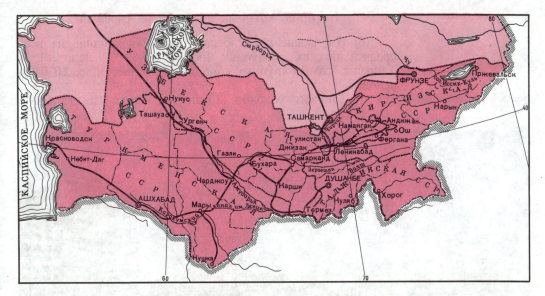

A. You must have guessed the meanings of:

ца́рская Росси́я, феода́льный, полуфеода́льный, феодали́зм, среднеазиа́тский, кратча́йшее вре́мя, гео́граф.

B. In the text, find the sentences (or parts of sentences) corresponding to these:

1. Central Asia was a backward outlying area of tsarist Russia.

2. The Central Asian republics have achieved successes unparalleled in the history of Asia.

3. The growth rates in the Central Asian republics exceed those of many developed countries.

C. In text, find the sentences which bear out that:

(a) среднеазиа́тским респу́бликам неда́вно испо́лнилось 60 лет;
(b) среднеазиа́тские респу́блики не зна́ли капитали́зма.

D. Which paragraphs of the text tell:

(a) о те́мпах ро́ста произво́дства среднеазиа́тских респу́блик;
(b) об обще́ственном укла́де Сре́дней А́зии до револю́ции;
(c) о пра́здновании 60-ле́тия среднеазиа́тских респу́блик;
(d) о предложе́нии попутеше́ствовать по Сре́дней А́зии.

УЗБЕ́КСКАЯ СОВЕ́ТСКАЯ СОЦИАЛИСТИ́ЧЕСКАЯ РЕСПУ́БЛИКА

(5) Путеше́ствие по Сре́дней А́зии лу́чше всего́ нача́ть с земли́ узбе́ков. Отсю́да иду́т, как лучи́, возду́шные, желе́знодоро́жные и автомоби́льные пути́ во все сосе́дние респу́блики.

луч гау

I. Го́род, кото́рый подня́лся из разва́лин

(6) По населе́нию Узбекиста́н – са́мая кру́пная из всех среднеазиа́тских респу́блик (бо́лее 17 989 000 челове́к), а Ташке́нт – са́мый кру́пный го́род. В нём живёт бо́лее 2 030 000 челове́к.

условно conventionally

(7) Ташке́нт усло́вно мо́жно раздели́ть на ста́рый и но́вый го́род.

кривой crooked

два с ли́шним more than two
востокове́дение Oriental studies
землетрясе́ние earthquake
колеба́ния tremors
подря́д in succession
уничто́жить p. to destroy
повреди́ть p. to damage
треть one-third
жило́й фонд available housing stock

Усло́вно, потому́ что от ста́рого го́рода с его́ кривы́ми у́зкими у́лицами и одноэта́жными гли́няными дома́ми давно́ уже́ ничего́ не оста́лось. В но́вом и ста́ром го́роде – повсю́ду широ́кие у́лицы, многоэта́жные дома́, кинотеа́тры, па́рки. Ташке́нтцы гордя́тся свои́м Дворцо́м национа́льного иску́сства и архитекту́ры, библиоте́кой, где два с ли́шним миллио́на томо́в, Институ́том востокове́дения с колле́кцией стари́нных ру́кописей (среди́ них са́мой дре́вней – 1000 лет) и мно́гим други́м.

(8) Тяжело́ бы́ло ташке́нтцам, когда́ в 1966 году́ произошло́ землетрясе́ние. Колеба́ния земли́ продолжа́лись не́сколько ме́сяцев подря́д. Це́лые у́лицы преврати́лись в разва́лины. Землетрясе́ние уничто́жило и повреди́ло треть жило́го фо́нда го́рода. Но с по́мощью всех респу́блик СССР

Ташке́нт в коро́ткий срок не то́лько встал из разва́лин, но и увели́чил объём жило́го фо́нда в два ра́за. И как бы назло́ стихи́и лю́ди постро́или под го́родом метро́.

назло́ to spite
стихи́я element

(9) Ташке́нт зна́ют и как междунаро́дный центр. На конфере́нции и симпо́зиумы сюда́ регуля́рно приезжа́ют писа́тели из А́зии и А́фрики.

Традицио́нными ста́ли и ташке́нтские междунаро́дные кинофестива́ли. В уче́бных заведе́ниях го́рода у́чатся студе́нты и аспира́нты из мно́гих госуда́рств ми́ра.

! узбе́к   Ташке́нт   у́зкий ≠ широ́кий
  узбе́кский   ташке́нтский   криво́й ≠ прямо́й
  Узбекиста́н   ташке́нтцы

                                                     поврежда́ть / повреди́ть
  гли́на – гли́няный   уничтожа́ть / уничто́жить
  восто́к – востокове́дение

A. You must have guessed the meanings of:

кривы́е у́лицы, гли́няные дома́, ташке́нтец, национа́льное иску́сство и архитекту́ра, институ́т востокове́дения, колле́кция, жило́й фонд, симпо́зиум.

B. In Part I of the text, find the sentences (or parts of sentences) corresponding to these:

1. From there, airways, railways and motor roads radiate to all neighbouring republics.
2. Nothing was left of the old part of the city.
3. Whole streets became ruins.
4. One-third of the city's available housing stock was destroyed by the earthquake.

C. In the text, find the sentences which bear out that:

1. Ташке́нт – го́род-миллионе́р.
2. Сего́дняшний Ташке́нт – соверше́нно но́вый го́род.
3. Ташке́нтцам есть чем горди́ться (to be proud of).
4. Землетрясе́ние 1966 го́да бы́ло ужа́сным.
5. В Ташке́нте происхо́дят междунаро́дные встре́чи писа́телей из азиа́тских и африка́нских стран.
6. Здесь регуля́рно происхо́дят междунаро́дные кинофестива́ли.

D. Which paragraphs of the text speak:

(a) о землетрясе́нии в Ташке́нте;
(b) о населе́нии Узбекиста́на;
(c) о по́мощи Ташке́нту всех респу́блик СССР;
(d) о населе́нии Ташке́нта;
(e) о традицио́нных междунаро́дных встре́чах в Ташке́нте;
(f) о путя́х, кото́рые иду́т из Узбекиста́на во все сосе́дние респу́блики;
(g) о колле́кции стари́нных ру́кописей;
(h) об уче́бных заведе́ниях Ташке́нта.

II. Промы́шленный Узбекиста́н

текст́ильный textile
хло́пок cotton
хлопчатобума́жный cotton
ткань *f.* fabric
изготовля́ть *imp.* to manufacture
демонти́ровать *imp.* & *p.* to dismantle
отпра́вить *p.* to send

оча́г centre

вывози́ть *imp.* to export

неизмери́мо incomparably
повы́ситься *p.* to rise
духо́вный spiritual
в сре́днем on an average

агроно́м agronomist

полтора́ста = 150

в том числе́ including
я́дерная фи́зика nuclear physics
а́томный реа́ктор nuclear reactor
о́спа smallpox

обслу́живание service

(10) До Вели́кой Октя́брьской социалисти́ческой револю́ции в Узбекиста́не не́ бы́ло да́же свое́й тексти́льной промы́шленности, хотя́ хло́пок здесь се́яли всегда́. Хлопчатобума́жные тка́ни изготовля́лись в центра́льных райо́нах Росси́и, далеко́ от исто́чников сырья́. Тексти́льная промы́шленность в Узбекиста́не, как и в други́х хлопкосе́ющих райо́нах, начала́сь при Сове́тской вла́сти с того́, что в центра́льных райо́нах страны́ демонти́ровали и отпра́вили в Сре́днюю А́зию не́сколько фа́брик. На ба́зе э́тих фа́брик ру́сские рабо́чие и инжене́ры помогли́ постро́ить пе́рвые промы́шленные ко́мплексы. Э́ти ко́мплексы ста́ли одновре́менно и пе́рвыми очага́ми культу́ры, шко́лой но́вой жи́зни.

(11) Ташке́нтские машинострои́тельные заво́ды сейча́с де́лают почти́ все маши́ны, ну́жные для произво́дства хло́пка.

(12) У го́рода бога́тая энергети́ческая ба́за. То́лько на реке́ Чирчи́к, недалеко́ от Ташке́нта, постро́или каска́д из 16 электроста́нций.

(13) В Узбекиста́не бо́лее ста о́траслей промы́шленности.

Узбекиста́н не то́лько произво́дит промы́шленную проду́кцию для себя́, но и выво́зит её в други́е сове́тские респу́блики и экспорти́рует бо́лее чем в 90 зарубе́жных стран.

(14) Неизмери́мо повы́силась духо́вная культу́ра наро́да. Сейча́с здесь гора́здо трудне́е найти́ негра́мотного, чем до револю́ции – гра́мотного. Тепе́рь в ка́ждом совхо́зе рабо́тает в сре́днем 20 специали́стов с дипло́мами, а до револю́ции не то́лько в Узбекиста́не, но и во всей Сре́дней А́зии бы́ло 23 дипломи́рованных агроно́ма.

(15) На 17 миллио́нов челове́к в респу́блике бо́лее 43 ву́зов, полтора́ста нау́чно-иссле́довательских институ́тов и лаборато́рий Узбе́кской Акаде́мии нау́к, в том числе́ Институ́т я́дерной фи́зики с а́томным реа́ктором. То́лько нау́чных рабо́тников–же́нщин в них о́коло 4 500.

(16) Мно́го люде́й в ста́рое вре́мя умира́ло здесь от маляри́и, о́спы и други́х боле́зней, о́коло тре́ти дете́й расстава́лись с жи́знью до го́да. Сейча́с по числу́ враче́й на ты́сячу населе́ния Узбекиста́н идёт впереди́ мно́гих разви́тых стран Евро́пы. Как и везде́ в СССР, тут все ви́ды медици́нского обслу́живания беспла́тные.

(!) высо́кий	хлопкосе́ющий (хло́пок + се́ять)
повы́ситься	хлопчатобума́жный (хло́пок + бума́га)

дипло́м	отправля́ть / отпра́вить	больно́й	медици́на
дипломи́рованный	повыша́ться / повы́ситься	боле́знь	медици́нский

A. You must have guessed the meanings of:

хлопкосе́ющие райо́ны, промы́шленный ко́мплекс, экспорти́ровать, машино-строи́тельный заво́д, каска́д из 16 электроста́нций, духо́вная культу́ра, про-мы́шленная проду́кция, дипло́м, диплома́рованный агроно́м, маляри́я, боле́знь, медици́на, медици́нское обслу́живание.

B. In Part II of the text, find the sentences (or parts of sentences) corresponding to these:

1. Before the October Revolution cotton fabrics were manufactured in the cental regions of Russia, far from the sources of raw materials.
2. The Uzbek textile industry was founded when several textile mills in the country's central regions had been dismantled and sent to Central Asia.
3. The people's cultural level has risen incomparably.

C. Point out the paragraphs of the text which speak:

(a) о культу́ре узбе́кского наро́да;
(b) о том, с чего́ начала́сь тексти́льная промы́шленность в Узбекиста́не;
(c) об э́кспорте промы́шленной проду́кции;
(d) об энергети́ческой ба́зе Ташке́нта;
(e) о коли́честве промы́шленных о́траслей в Узбекиста́не;
(f) о по́мощи ру́сских инжене́ров и рабо́чих;
(g) о медици́нском обслу́живании в Узбекиста́не;
(h) о нау́чных рабо́тниках–же́нщинах.

III. Ца́рство хло́пка

(17) Узбекиста́н даёт хло́пка бо́льше, чем все остальны́е среднеазиа́тские респу́блики, вме́сте взя́тые. Узбекиста́н – э́то настоя́щее ца́рство хло́пка, но здесь не хвата́ет воды́, и поэ́тому поля́м ну́жно иску́сственное ороше́ние. В Узбекиста́не мо́щная сеть ороси́тельных кана́лов.

(18) Узбе́кский наро́д осво́ил цели́нные зе́мли Голо́дной сте́пи. И э́то – настоя́щий по́двиг. Голо́дная степь – како́е стра́шное назва́ние! А тепе́рь в Голо́дной степи́ вы уви́дите поля́ 25 богате́йших совхо́зов респу́блики. Благоустро́енные посёлки, сеть широ́ких шоссе́йных доро́г. В сада́х расту́т ро́зы, фру́кты, виногра́д. Но основна́я сельскохозя́йственная культу́ра, ра́ди кото́рой узбе́кский наро́д на́чал борьбу́ с пусты́ней, – хло́пок.

вме́сте взя́тые taken together
не хвата́ет there is not enough
ороше́ние irrigation
сеть *f.* network
голо́дный hungry
по́двиг feat

благоустро́енный with all proper amenities
сельскохозя́йственная культу́ра crop
ра́ди for the sake of

IV. Бухара́ и Самарка́нд

(19) Бухару́ когда́-то называ́ли то́лько «Благоро́дной Бухаро́й». Здесь роди́лся знамени́тый фило́соф и врач средневеко́вья Абу́ Али́ ибн-Си́на (Авице́нна). В го́роде сохрани́лись замеча́тельные па́мятники средневеко́вой архитекту́ры.

благоро́дный noble

(20) Рядом с прошлым – памятники труду современных мастеров. Это водохранилище на реке Зеравшан и новый город химиков Навои, восточнее Бухары. В Газли, тоже недалеко от Бухары, открыты месторождения газа, который идёт в города и сёла республики и за тысячи километров от неё – в центральные районы страны.

село large village

(21) Самарканд – ровесник Рима. Недавно он отметил своё 2500-летие. Мавзолей Шах-и-Зинда, мавзолей Гур-Эмир, где похоронены Тамерлан и его внук, знаменитый учёный-астроном Улугбек, развалины обсерватории Улугбека – всем

похоронен interred

включа́я including

э́тим гордя́тся жи́тели Самарка́нда. Но не ме́нее горды́ они́ и тем, что в их го́роде с населе́нием 489 ты́сяч челове́к выхо́дит пять газе́т, есть шесть ву́зов, включа́я университе́т, два нау́чных институ́та, не́сколько кру́пных заво́дов.

(22) Са́мый бога́тый и большо́й оа́зис не то́лько Узбекиста́на, но и всей Сре́дней А́зии – Ферга́нская доли́на. Из ю́жной ча́сти её вы мо́жете попа́сть в три други́е среднеазиа́тские респу́блики. Пое́дете на восто́к – пересечёте грани́цы Таджикиста́на и Кирги́зии, на за́пад – Туркме́нии.

царь	Растёт *культу́ра* наро́да.
ца́рский	Хло́пок – основна́я сельскохозя́йствен-
ца́рство	ная *культу́ра* Узбекиста́на
ороше́ние	восто́к
ороси́тельный	восто́чнее
шоссе́	село́
шоссе́йная доро́га	се́льский
свой	го́лод
освои́ть	голо́дный

средневеко́вье = сре́дние века́ (сре́дний + век)
водохрани́лище (вода́ + храни́ть)

осва́ивать / освои́ть

Узбекиста́н	Uzbekistan
Таджикиста́н	Tajikistan
Кирги́зия	Kirghizia
Туркме́ния	Turkmenia
Авице́нна	Avicenna

A. You must have guessed the meanings of:

ца́рство хло́пка, иску́сственное ороше́ние, ороси́тельный кана́л, шоссе́йная доро́га, ро́за, средневеко́вье, ма́стер, водохрани́лище, восто́чнее, астроно́м, обсервато́рия, оа́зис.

B. Point out the paragraphs which speak:
(a) об освое́нии цели́нных земе́ль в Узбекиста́не;
(b) об ороси́тельных кана́лах;
(c) о хло́пке;
(d) о богате́йших совхо́зах респу́блики;
(e) о го́роде хи́миков;
(f) о Бухаре́;
(g) о Ферга́нской доли́не;
(h) о том, чем гордя́тся жи́тели Самарка́нда.

C. In the text, find the sentences which bear out that:

1. Узбекиста́н занима́ет пе́рвое ме́сто в Сре́дней А́зии по произво́дству хло́пка.

242

2. Узбе́кский наро́д победи́л Голо́дную степь.

3. На пе́рвом ме́сте среди́ сельскохозя́йственных культу́р в Узбекиста́не сто́ит хло́пок.

4. Совреме́нный Самарка́нд – большо́й промы́шленный и культу́рный центр.

D. Which Soviet city, besides Samarkand, is the same age as Rome? (See the text about Armenia.)

ТУРКМЕ́НСКАЯ СОВЕ́ТСКАЯ СОЦИАЛИСТИ́ЧЕСКАЯ РЕСПУ́БЛИКА

I

(1) Что́бы получи́ть о́бщее представле́ние о Туркме́нии, доста́точно посмотре́ть на её герб. На фо́не восходя́щего со́лнца – го́ры, нефтяна́я вы́шка и заво́ды над песка́ми. Ни́же – туркме́нский ковёр и виногра́д. Вверху́ в луча́х со́лнца – си́мвол труда́ и ми́ра: серп, мо́лот и пятиконе́чная звезда́. Вокру́г – вено́к из пшени́чных коло́сьев и в них пуши́стые коро́бочки хло́пка.

о́бщее представле́ние general idea
фон background
восходя́щее со́лнце rising sun
нефтяна́я вы́шка oil derrick

(2) Населе́ние Туркме́нии – 3 197 000 челове́к. Террито́рия – почти́ полмиллио́на квадра́тных киломе́тров. Э́то са́мая ю́жная респу́блика СССР. Её кра́йняя то́чка – го́род Ку́шка –

то́чка point

гораздо ближе к экватору, чем африканский город Алжир. Природа здесь не очень добра к человеку: 350 тысяч квадратных километров из всей территории в 488 тысяч квадратных километров занимают Каракумы («Чёрные пески»).

(3) Каракумы — четвёртая по величине пустыня на земном шаре и первая по орошаемости. Проблемами комплексного освоения Каракумов занимается уникальный Институт пустынь Туркменской Академии наук.

(4) Человек побеждает природу: почти на 900 километров через пески с востока на запад течёт Каракумский канал. Он берёт начало от Амударьи. На картах Каракумский канал обозначают не прерывистой, как другие каналы, линией, а толстой, как настоящую реку. И правильно: по нему плавают не только катера, но и суда и

баржи. Искусственная река дошла до столицы республики Ашхабада и идёт дальше на запад. Недаром старинная туркменская пословица говорит: «Родит вода, а не земля».

четвёртая по величине
fourth largest
пустыня desert
побеждать *imp.* to conquer
течь *imp.* to flow
брать начало to rise, to originate
прерывистая линия broken line
катер launch
суда *pl.* boats

баржа barge
плодородный fertile
родить *p.* to bear, to give birth (to)

(5) Есть в Туркме́нии ещё две реки́, кото́рые со́здал челове́к. Одна́ несёт «чёрное зо́лото» (так здесь называ́ют нефть), а друга́я – газ.

нефть	пятиконе́чный	ороше́ние
нефтяно́й	(пять + коне́ц)	ороси́тельный
	плодоро́дный	ороша́емость
край	(плод + роди́ть)	
кра́йний		
	Караку́мы	
А́фрика	караку́мский	
африка́нский		
	побежда́ть / победи́ть	
вода́	рожда́ть / роди́ть	
безво́дный		

A. You must have guessed the meanings of:

нефтяна́я вы́шка, серп, мо́лот, пятиконе́чная звезда́, си́мвол, вено́к из пшени́чных коло́сьев, коро́бочки хло́пка, кра́йняя то́чка, эква́тор, африка́нский.

B. In Part I of the text, find the sentences (or parts of sentences) corresponding to these:

1. Bathing in the sun-rays are a hammer, a sickle and a five-pointed star – symbols of peace and labour.
2. Nature is not too kind to man here.
3. The canal begins from the Amu Darya.

C. Point out the paragraphs which speak:

(a) о Караку́мском кана́ле;
(b) о пусты́не Караку́мы;
(c) о гербе́ Туркме́нии;
(d) о не́фти и га́зе.

D. In the text, find the sentences which bear out that:

1. Борьба́ челове́ка с приро́дой в Туркме́нии нелегка́.
2. Есть то́лько три пусты́ни на земно́м ша́ре, террито́рия кото́рых бо́льше террито́рии Караку́мов.
3. На земно́м ша́ре нет пусты́ни с таки́м ороше́нием, как Караку́мы.

II

(6) Нельзя́ прое́хать по респу́блике и не зае́хать в её столи́цу Ашхаба́д. В перево́де э́то означа́ет «го́род любви́». Он, действи́тельно, досто́ин любви́ и уваже́ния, э́тот го́род. В 1948 году́ пришла́ в го́род беда́ – землетрясе́ние. Но в отли́чие от Ташке́нта оно́ разру́шило го́род почти́ по́лностью, и его́ постро́или за́ново. Поэ́тому прие́зжий сра́зу обраща́ет внима́ние на совреме́нную плани́ро́вку и архитек ту́ру го́рода.

уваже́ние respect

за́ново anew

(7) Населе́ние Ашхаба́да 356 000 челове́к. В нём нахо́дится большинство́ вы́сших уче́бных заведе́ний респу́блики (в том числе́ университе́т), Акаде́мия нау́к, деся́тки круп-

пищево́й food
сла́виться *imp,* to be famous
ры́нок market

ных предприя́тий – машинострои́тельных, тексти́льных, пищевы́х. Здесь нахо́дится центр фи́рмы «Туркменкове́р». Знамени́тые туркме́нские ковры́ сла́вятся на вну́треннем и вне́шнем ры́нке.

(8) За́падными воро́тами Туркме́нии называ́ют го́род Красново́дск. Это кру́пный порт на Каспи́йском мо́ре. Ме́жду Красново́дском и Баку́, столи́цей Азербайджа́на, хо́дит паро́м. На э́том паро́ме свобо́дно помеща́ются железнодоро́жный соста́в и деся́тки автомоби́лей.

паро́м ferry
железнодоро́жный соста́в railway train

(9) Е́сли из кру́пных городо́в Туркме́нии Красново́дск са́мый за́падный, то са́мый восто́чный – Чарджо́у. Это второ́й по населе́нию го́род в респу́блике. Он стои́т на реке́ Амударье́.

(10) Из други́х городо́в респу́блики ну́жно отме́тить Неби́т-Да́г. Ему́ всего́ 40 лет, здесь живу́т нефтя́ники и строи́тели, потому́ что Неби́т-Да́г – центр нефтяны́х про́мыслов. Здесь нахо́дятся филиа́лы не́скольких крупне́йших институ́тов страны́, те́хникумы, учи́лища для нефтя́ников. Го́род в прямо́м смы́сле постро́или на песке́, но постро́или не на оди́н век, и стои́т он про́чно.

нефтяны́е про́мыслы oil-fields
в прямо́м смы́сле literally
про́чно firmly

* * *

покида́ть *imp.* to leave

Мы покида́ем гостеприи́мную зе́млю Туркме́нии и сно́ва пересечём Ферга́нскую доли́ну. Там, за гора́ми, тре́тья среднеазиа́тская респу́блика – Таджи́кская Сове́тская Социалисти́ческая Респу́блика (Таджикиста́н).

сла́ва
сла́виться

учи́ться
учи́лище

нефть
нефтя́ник
нефтяна́я вы́шка
нефтяны́е про́мыслы

вну́тренний ры́нок ≠ вне́шний ры́нок

автомоби́ль = маши́на

план
плани́ровать
плани́ро́вка

железнодоро́жный тра́нспорт
железнодоро́жный соста́в

прямо́й перево́д
прямо́й смысл

досто́ин ч е г о́?
покида́ть / поки́нуть
сла́виться / просла́виться

A. You must have guessed the meanings of:

плани́ро́вка, фи́рма, вне́шний и вну́тренний ры́нок, автомоби́ль, филиа́л, нефтя́ник.

B. In the text, find the sentences (or parts of sentences) corresponding to these:

1. That city is worthy of love and respect.

2. The city was rebuilt.

3. The city was literally built on sand, but it was built to last more than one century, and it stands firm.

C. Point out the paragraphs which speak:

(a) о нефтяны́х про́мыслах Туркме́нии;

(b) о планиро́вке и архитекту́ре Ашхаба́да;

(c) о Красново́дске;

(d) о туркме́нских коврах́;

(e) о второ́м по населе́нию го́роде респу́блики;

(f) о землетрясе́нии в Ашхаба́де;

(g) об Акаде́мии нау́к Туркме́нской ССР;

(h) о те́хникумах и учи́лищах для нефтя́ников.

D. In the text, find the sentences which bear out that:

1. Ашхаба́д и Ташке́нт пости́гла одна́ беда́ (suffered the same misfortune).

2. Сего́дняшний Ашхаба́д – соверше́нно но́вый го́род.

3. Ашхаба́д – университе́тский го́род.

4. Туркме́нские ковры́ изве́стны за рубежо́м.

5. В Чарджо́у есть речно́й порт.

6. В Неби́т-Да́ге гото́вят специали́стов для нефтяно́й промы́шленности.

ТАДЖИ́КСКАЯ СОВЕ́ТСКАЯ СОЦИАЛИСТИ́ЧЕСКАЯ РЕСПУ́БЛИКА

(1) Таджикиста́н по пло́щади в три ра́за ме́ньше Туркме́нии (143 100 квадра́тных киломе́тров), но населе́ние его́ почти́ в полтора́ ра́за бо́льше. Как и в Туркме́нии, здесь есть и пески́, и безво́дные плато́, но плодоро́дных земе́ль здесь бо́льше. И кли́мат не так сух, хотя́ без иску́сственного ороше́ния жизнь была́ бы здесь тру́дной.

(2) Таджи́ки – наро́д осе́длой культу́ры. В отли́чие от други́х наро́дов Сре́дней А́зии, тюркоязы́чных, таджи́ки говоря́т на языке́, кото́рый отно́сится к ира́нской гру́ппе языко́в.

в отли́чие unlike
тюркоязы́чный Turkic-speaking
относи́ться к to belong to
ира́нский Iranian

I. Душанбе́

(3) Когда́ в 1924 году́ образова́лась Таджи́кская автоно́мная респу́блика (сою́зной респу́бликой она́ ста́ла в 1929 году́), на террито́рии её не́ было ни одного́ кру́пного го́рода. Тогда́ столи́цу реши́ли основа́ть на ме́сте трёх дереве́нь, одна́ из кото́рых называ́лась Душанбе́, – т. е. понеде́льник, день, когда́ тут был база́р. Населе́ние Душанбе́ сейча́с 552 000 жи́телей.

образова́ться p. to be formed

т. е. i.e

(4) До Октя́брьской револю́ции то́лько оди́н из 200 таджи́ков уме́л чита́ть и писа́ть. Сейча́с в респу́блике – всео́бщая гра́мотность. На таджи́кском языке́ выхо́дят не то́лько кни́ги таджи́кских а́второв, но и произведе́ния Пу́шкина, Шекспи́ра, Бальза́ка... Таджи́кский теа́тр о́перы и ба-

247

приезжа́ть на гастро́ли
to come on a tour
поле́зные ископа́емые
minerals

ле́та зна́ют не то́лько в среднеазиа́тских респу́бликах, но и в Москве́, куда́ он ча́сто приезжа́ет на гастро́ли.

В Душанбе́ мно́го промы́шленных предприя́тий.

(5) Таджикиста́н бога́т поле́зными ископа́емыми.

(6) Хлопково́дство в Таджикиста́не, как и в сосе́дних респу́бликах – гла́вная о́трасль се́льского хозя́йства.

таджи́к   гра́мотный
таджи́кский   гра́мотность
Таджикиста́н Tajikistan
                      Шекспи́р Shakespeare
                      Бальза́к Balzac

A. You must have guessed the meanings of:

о́бщая гра́мотность, гру́ппа языко́в.

B. Point out the paragraphs which speak:

(a) о том, как выбира́ли населённый пункт (inhabited locality) – бу́дущую столи́цу Таджикиста́на;
(b) об основно́й о́трасли се́льского хозя́йства Таджикиста́на;
(c) о кли́мате респу́блики;
(d) о таджи́кском теа́тре о́перы и бале́та;
(e) о террито́рии и населе́нии респу́блики;
(f) о гра́мотности населе́ния;
(g) об ископа́емых;

248

(h) о зе́млях респу́блики;

(i) о том, к како́й гру́ппе языко́в отно́сится таджи́кский язы́к.

C. In Part I of the text, find the sentences which bear out that:

1. Снача́ла Таджи́кская респу́блика входи́ла в СССР как автоно́мная.
2. В Таджикиста́не лю́бят худо́жественную литерату́ру.
3. Москвичи́ хорошо́ зна́ют Таджи́кский теа́тр о́перы и бале́та.

II. Пами́р

(7) Пами́р – са́мая высокого́рная часть Сове́тского Сою́за. Его́ вы́сшая то́чка – пик Коммуни́зма – достига́ет 7 495 ме́тров над у́ровнем мо́ря.

достига́ть *imp.* to reach
у́ровень мо́ря sea-level
сходи́ться *imp.* to converge

(8) На Пами́ре схо́дятся велича́йшие хребты́ А́зии: Гиндуку́ш, Каракору́м, Куньлу́нь, Тянь-Ша́нь. Его́ ча́сто называ́ют «кры́шей ми́ра».

велича́йший highest
отре́зан cut off
необходи́мое necessary things

(9) С ноября́ по апре́ль Пами́р отре́зан от всего́ ми́ра. Всё необходи́мое для жи́зни ну́жно привезти́ в Го́рно-Бадахша́нскую о́бласть с ма́я по октя́брь. Тогда́ маши́ны мчатся здесь по доро́гам кру́глые су́тки. Ма́ленькие самолёты не мо́гут забра́ться на таку́ю высоту́, а для грузовико́в – э́то обы́чное де́ло.

о́бласть *f.* province
мча́ться *imp.* to speed
кру́глые су́тки round the clock
забра́ться *p.* to climb

(10) И мы мчи́мся по э́тим места́м на маши́не. К за́паду от на́шего пути́ – ледники́. Здесь рабо́тают автомати́ческие ста́нции, кото́рые передаю́т све́дения о пого́де 8 раз в су́тки.

ледни́к glacier

(11) Мы е́дем с ва́ми в Хоро́г, центр автоно́мной о́бласти. Здесь есть Дом наро́дного тво́рчества, музыка́льная шко́ла, музе́й. В ме́стном теа́тре вы могли́ бы посмотре́ть «Кова́рство и любо́вь» Ши́ллера. Под Хоро́гом на высоте́ 2 320 ме́тров нахо́дится ботани́ческий сад, оди́н из са́мых высокого́рных в ми́ре.

тво́рчество creative work
«Кова́рство и любо́вь» Ши́ллера *Intrigue and Love* by Schiller

(12) Из Хоро́га че́рез Ва́хшскую доли́ну наш путь лежи́т в сосе́днюю среднеазиа́тскую респу́блику – в Кирги́зскую Сове́тскую Социалисти́ческую Респу́блику (Кирги́зию).

наш путь лежи́т our journey takes us

❗ высокого́рный (высо́кий + гора́)   бота́ника
вы́сшая то́чка гор   ботани́ческий
вы́сшее образова́ние
                                                            лёд
ме́стный теа́тр   ледни́к
ме́стный жи́тель

достига́ть / дости́гнуть ч е г о́ ?
забира́ться / забра́ться
мча́ться / помча́ться
сходи́ться / сойти́сь

A. You must have guessed the meanings of:

грузови́к, автомати́ческая ста́нция, ме́стный теа́тр, ботани́ческий сад, обы́чное де́ло.

9-813

B. Point out the paragraphs which speak:

(a) о ледника́х;

(b) о велича́йших хребта́х А́зии;

(c) когда́ Пами́р отре́зан от всего́ ми́ра;

(d) об автомати́ческих ста́нциях;

(e) о пути́ в Кирги́зию;

(f) о хоро́гском теа́тре;

(g) о том, как приво́зят всё необходи́мое для жи́зни на Пами́р;

(h) о ботани́ческом са́де.

C. In Part II of the text, find the sentences which bear out that:

(a) Са́мый распространённый вид тра́нспорта на Пами́ре – маши́ны и грузовики́;

(b) Жизнь в Го́рно-Бадахша́нской о́бласти не лёгкая;

(c) Жизнь в Го́рно-Бадахша́нской о́бласти интере́сная.

D. Find on a map the mountain ranges which converge in the Pamirs. Do the Pamirs deserve their nick-name – "the roof of the world"?

КИРГИ́ЗСКАЯ СОВЕ́ТСКАЯ СОЦИАЛИСТИ́ЧЕСКАЯ РЕСПУ́БЛИКА

вы́ступ projection

(1) Посмотри́те на ка́рту. Кирги́зия – са́мая восто́чная среднеазиа́тская респу́блика. На 198 500 квадра́тных киломе́трах в ней живёт бо́лее 3 976 000 челове́к.

(2) Вы́ступ Тянь-Ша́ня де́лит Кирги́зию на се́верную и ю́жную. На се́вере лежи́т Чу́йская доли́на со столи́цей респу́блики го́родом Фру́нзе. Э́то край развито́й инду́стрии и се́льского хозя́йства.

ячме́нь barley

(3) К ю́жной Кирги́зии отхо́дит часть Ферга́нской доли́ны. В предго́рьях доли́ны се́ют хло́пок, вы́ше – таба́к, пшени́цу, ячме́нь.

(4) Го́ры, кото́рые нахо́дятся на ю́ге Ферга́нской доли́ны, бога́ты поле́зными ископа́емыми. В кирги́зской ча́сти Ферга́нской доли́ны откры́ты месторожде́ния не́фти и га́за.

I. Че́рез хребты́

вы́носливые hardy
всё вверх и вверх climbing up all the time
па́стбище pasture
сельскохозя́йственные уго́дья farm land

(5) Доро́га идёт по реке́ Нары́н. Что́бы лу́чше познако́миться с Кирги́зией, мо́жно сесть на ло́шадь и съе́хать в сто́рону от магистра́льного шоссе́. Кирги́зские ло́шади невысо́кие, но вы́носливые.

(6) Путь идёт не оди́н день, всё вверх и вверх. Бо́лее тре́ти Кирги́зии лежи́т вы́ше трёх киломе́тров над у́ровнем мо́ря. Здесь па́стбища, кото́рые занима́ют 9/10 сельскохозя́йственных уго́дий респу́блики.

250

(7) Впереди́ са́мая больша́я доли́на се́верной Кирги́-
зии – доли́на реки́ Чу. В середи́не доли́ны – столи́ца респу́бли-
ки Фру́нзе.

(8) По индустриа́льной мо́щи го́род Фру́нзе – второ́й в
Сре́дней А́зии по́сле Ташке́нта. Здесь изготовля́ют сельско-
хозя́йственные маши́ны, измери́тельные аппара́ты, грузови-
ки́, автомати́ческие ли́нии.

мощь power

измери́тельный measuring

(9) В ме́стном теа́тре вы мо́жете послу́шать и кирги́з-
скую о́перу «Ай-Чуре́к», и ру́сскую о́перу «Евге́ний Оне́гин».
До револю́ции кирги́зы не име́ли свое́й пи́сьменности, не́
бы́ло и ни одного́ кирги́за с вы́сшим образова́нием. Те-
пе́рь в Кирги́зии 11 ву́зов (в том числе́ университе́т), де-
ся́тки нау́чно-иссле́довательских институ́тов и лаборато́рий
национа́льной Акаде́мии нау́к. В сове́тское вре́мя Кирги́-
зия дала́ стране́ тала́нтливых музыка́нтов, худо́жников,
арти́стов и учёных. Широко́ изве́стны в СССР и за рубе-
жо́м кни́ги кирги́зского писа́теля Чинги́за Айтма́това.

(10) Пе́рвая газе́та на родно́м языке́ вы́шла в Кирги́зии
в 1924 году́. Сейча́с их здесь бо́льше ста. В са́мой отста́лой
в про́шлом Тянь-Ша́ньской о́бласти ка́ждая ты́сяча челове́к
выпи́сывает бо́лее 500 газе́т и журна́лов.

II. Вдоль реки́ Чу

(11) Из Фру́нзе доро́га направля́ется в глубь се́верной
Кирги́зии. Полново́дная река́ Чу, кото́рая течёт с гор Тянь-
Ша́ня, отдаёт своё бога́тство оа́зису и уже́ у́зенькая и ме́л-
кая ухо́дит к Казахста́ну, пока́ не исче́знет совсе́м.

в глубь into

исче́знуть *p.* to disappear

(12) Знамени́тое о́зеро Иссы́к-Ку́ль лежи́т на высоте́
1 609 ме́тров. Длина́ его́ почти́ 200 киломе́тров. Ра́ньше
его́ мо́жно бы́ло объе́хать то́лько на лошадя́х. Тепе́рь са-
ди́тесь в комфорта́бельный авто́бус и́ли пересека́йте го́рное
мо́ре на теплохо́де.

(13) Иссы́к-Ку́ль в перево́де с кирги́зского зна́чит «Тёп-
лое о́зеро». На берега́х Иссы́к-Ку́ля горя́чие исто́чники,
вокру́г них вы́росли куро́рты. На его́ восто́чном берегу́
нахо́дится моги́ла Пржева́льского, одного́ из са́мых заме-
ча́тельных путеше́ственников дореволюцио́нной Росси́и. Он
проси́л похорони́ть его́ и́менно тут. И́менем Пржева́льского
на́зван го́род, кото́рый нахо́дится недалеко́.

исто́чник spring

похорони́ть *p.* to bury

(14) Да́льше на восто́к лежи́т грандио́зный ледни́к. Над
ним поднима́ется верши́на в 7 439 ме́тров. Она́ называ́ется
пи́ком Побе́ды. Его́ откры́ли сравни́тельно неда́вно – в 1943
году́.

сравни́тельно comparatively

На э́том мо́жно, пожа́луй, и зако́нчить на́ше путе-
ше́ствие по Сре́дней А́зии, по её респу́бликам, кото́рые
прошли́ за го́ды Сове́тской вла́сти путь, ра́вный столе́-
тиям.

кирги́з
кирги́зский
Кирги́зия

предго́рье (пе́ред + гора́)
полново́дный (по́лный + вода́)
дореволюцио́нный (до + револю́ция)

длина́ – вдоль (к у д а́?)
глубина́ – вглубь (к у д а́?)

широ́кий ≠ у́зкий
глубо́кий ≠ ме́лкий

хлопково́дство
животново́дство
садово́дство

передова́я о́бласть ≠ отста́лая о́бласть
лёд
ледни́к

шестидесятиле́тие
столе́тие

исчеза́ть / исче́знуть

A. You must have guessed the meanings of:

край развито́й инду́стрии, животново́дство, предго́рье, таба́к, магистра́льное шоссе́, автомати́ческая ли́ния, полново́дная река́, объе́хать о́зеро, комфорта́бельный авто́бус, грандио́зный ледни́к, сравни́тельно неда́вно, столе́тие, оа́зис.

B. Point out the paragraphs which speak:

(a) о месторожде́ниях не́фти и га́за;
(b) о высокого́рных па́стбищах;
(c) о Кирги́зской Акаде́мии нау́к;
(d) об о́зере Иссы́к-Ку́ль;
(e) о се́верной Кирги́зии;
(f) о пи́ке Побе́ды;
(g) о пло́щади и населе́нии Кирги́зии;
(h) о ю́жной ча́сти респу́блики;
(i) об индустриа́льной мо́щи столи́цы;
(j) о том, когда́ вы́шла пе́рвая в Кирги́зии газе́та на родно́м языке́;
(k) о путеше́ственнике Пржева́льском;
(l) о Тянь-Ша́ньской о́бласти;
(m) о писа́теле Чинги́зе Айтма́тове.

C. In the text, find the sentences (or parts of sentences) which bear out that:

1. Кирги́зия – высокого́рная респу́блика.
2. Фру́нзе – крупне́йший в Сре́дней А́зии индустриа́льный го́род.
3. В Кирги́зии, как и в други́х среднеазиа́тских респу́бликах, лю́бят иску́сство.
4. В Кирги́зии, как и во всех сою́зных респу́бликах, есть своя́ Акаде́мия нау́к.
5. И́мя Чинги́за Айтма́това изве́стно не то́лько сове́тским, но и зарубе́жным чита́телям.
6. В Кирги́зии выхо́дит бо́лее 100 газе́т на кирги́зском языке́.
7. Вели́кий ру́сский путеше́ственник Пржева́льский о́чень люби́л Кирги́зию.

Dear Friend,

You have completed your study of Chapter Six. Though the texts given in this chapter were longer and more complicated, you are sure to have overcome all the difficulties.

As before, you have learned a lot of new and interesting things. And now let's go on!

KEY TO THE EXERCISES

Exercise 2. 1. вспоминáть, выполнять, курить, объяснять, распространять, рисовáть, страдáть, удивлять. 2. бéдный, вéрный, гóрдый, молодóй, опáсный, прéданный, скрóмный, случáйный, смéлый, спосóбный, увéренный, щéдрый. 3. бежáть, производить, стрóить, удóбный, чýвствовать.

Exercise 4. 1. взрóслые. 2. рáдость. 3. впадáют. 4. внýтреннему. 5. возвращáетесь.

Exercise 5. 1. аэропóрта. 2. бесéда. 3. воздýшный. 4. гóрцами. 5. границе. 6. материáлы. 7. космические. 8. мелéть. 9. мéстных. 10. миллионéром. 11. основáл. 12. пáхнут. 13. пéние. 14. планéт. 15. плитки. 16. печáти (прéссе). 17. ровéсники. 18. сырьё. 19. типогрáфии. 20. хрáбрость, скрóмность, гóрдость, скýпость 21. стеклá. 22. мóря.

Exercise 6. 2c, 4c, 7d – the suffix **-ени-е (-ани-е)**; 3b, 5a, 6d, 8a – the suffix **-ость**; 9c – the suffix **-ств-о**.

Exercise 7. 2d, 6b, 7c, 8d, 9c – the suffix **-а- (-я-)**; 3c, 4a, 5c – the suffix **-ыва- (-ива-)**.

Exercise 8. 2a, 3b, 4b, 5b, 6d, 7a, 8c, 9b, 10b.

Exercise 9. 2c, 3c, 4b, 5b, 6a, 7d, 8a, 9d, 10c, 11d.

Exercise 10. 2c, 3c, 4b, 5a, 6c, 7d, 8b, 9c, 10b, 11b, 12c, 13d, 14c.

Exercise 11. символизировать – символ; поэтичный – поэзия, поэт; вéчно – вéчный, век; наýка – наýчный; устáлый – устáть; помещéние – поместить, мéсто; вéрность – вéрно, вéрный; душистый – духи; сближáть – близко; случáйно – случиться, слýчай; морскóй – моряк, мóре; изготовлять – изготовлéние; пóезд – поéздка, éздить; свéтлый – свет, светить, светлó; следить – след, наслéдство; весёлый – весéлье, вéсело; окончáтельно – конéц, конéчный; собесéдник – бесéдовать, бесéда; улыбка – улыбáться; оттéнок – тень; пить – напиток; побéда – победитель, побеждáть; судить – суд, судья; шутить – шутя, шýтка; мéлкий – мелéть; сухóй – зáсуха; грусть – грýстный; ошибка – ошибáться.

Exercise 12. 2d, 3d, 4b, 5c, 6d, 7a, 8b, 9b, 10a, 11b, 12c, 13b.

Exercise 13. 3, 7, 8, 10 – the prefix **y-**.

Exercise 14. 1, 6, 9, 12 – the prefix **при-**.

Text *Как вáше здорóвье?*
Part I. *Exercise C.* 1b, 2b, 3a.
Exercise D. 1. work. 2. work.
Part II. *Exercise D.* 1b, 2b.
Part III. *Exercise C.* 1c, 2b.

Text *Снег.* Part III. *Exercise B.* 1, 2, 4, 6, 7.
Part IV. *Exercise E.* c.
Part VI. *Exercise D.* b.

Text *Как я обходился без перевóдчика.*
Part VII. *Exercise D.* a-VI, b-V, c-VII, d-II, e-IV, f-I, g-III.

Text *По респýбликам Срéдней Áзии.*
Part I. *Exercise D.* a–3, b–1, c–3, d–4.

Узбéкская Совéтская Социалистическая Респýблика.
Part I. *Exercise D.* a–8, b–6, c–8, d–6, e–9, f–5, g–7, h–7.

Part II. *Exercise C*. a–14, b–10, c–13, d–12, e–13, f–10, g–16, h–15.
Part III and IV. *Exercise B*. a–18, b–17, c–17, d–18, e–20, f–19, g–22, h–21.

Туркме́нская Сове́тская Социалисти́ческая Респу́блика.
Part I. *Exercise C*. a–4, b–3, c–1, d–5.
Part II. *Exercise C*. a–10, b–6, c–9, d–7, e–9, f–6, g–7, h–10.

Таджи́кская Сове́тская Социалисти́ческая Респу́блика.
Part I. *Exercise B*. a–3, b–6, c–1, d–4, e–1, f–4, g–5, h–1, i–2.
Part II. *Exercise B*. a–10, b–8, c–9, d–10, e–12, f–11, g–9, h–11.

Кирги́зская Сове́тская Социалисти́ческая Респу́блика.
Exercise B. a–4; b–6; c–9; d–12, 13; e–2, 7; f–14; g–1; h–3; i–8; j–10; k–13; 1–10; m–9.

CHAPTER SEVEN

Dear Friend,

To be able to study this chapter, you must remember the following grammar (dealt with in the Seventh Concentric Cycle of Book Б):

1. Participles. Active and passive present and past participles. Participle constructions.
2. Short-form passive participles. Active and passive constructions.
3. Verbal adverbs. Verbal adverb constructions.

You must also remember the new words you came across in the Seventh Concentric Cycle of Book Б and in Chapter Six of this book.

As we did in the preceding chapters, we shall discuss some of the new words before introducing the tests.

Your new vocabulary includes words with a similar meaning and spelling in Russian and in English:

автомати́ческий	докуме́нт	па́спорт
а́втор	интернациона́льный	плато́
агроно́м	информа́ция	прое́кт
акаде́мик	информацио́нный	проце́нт
астроно́м	колле́га	пу́блика
атмосфе́ра	колле́кция	семина́р
а́томный	коми́ссия	симпо́зиум
база́р	ко́мпас	телеграфи́стка
брига́да	коммуни́зм	темп
бригади́р	конгре́сс	терминологи́ческий
бота́ника	конфере́нц-зал	техни́ческий
ботани́ческий	лейтена́нт	уника́льный
ви́рус	майо́р	фа́ктор
гео́граф	маляри́я	феодали́зм
гид	ма́стер	феода́льный
го́спиталь	медици́на	фи́рма
граммати́ческий	меха́ник	фо́рмула
грандио́зный	мобилизова́ть	фило́лог
демобилизова́ть	музыка́льный	фра́за
дета́ль	оа́зис	эвакуи́рованный
дипломати́я	организова́ть	экспериме́нт
диссерта́ция		экспорти́ровать

The new vocabulary also includes a "translators'" false friend, i. e. word with a similar spelling, but a different meaning in Russian and in English:

Да́та means "date", the Russian for "data" being **да́нные**.

255

And now let us take a closer look at some Russian words you came across in the Seventh Concentric Cycle of Book Б and in Chapter Six of Book Д.

Exercise 1. Complete the sentences, supplying the words required by the sense. For this you will need some of the new words from the Seventh Concentric Cycle of Book Б and from Chapter Six of Book Д.

A. 1. Челове́ка, кото́рый руководи́т (is in charge of) брига́дой, называ́ют ... . 2. Сад, в кото́ром со́браны образцы́ (specimens) фло́ры разли́чных стран, называ́ют ... . 3. Челове́ка, кото́рый пи́шет му́зыку, называ́ют ... . 4. Заво́д, кото́рый выпуска́ет маши́ны, называ́ют ... . 5. Ткань из хло́пка называ́ют ... . 6. Райо́ны, где се́ют хло́пок, называ́ют ... . 7. Институ́ты, веду́щие нау́чные иссле́дования, называ́ют ... . 8. Чле́на Акаде́мии нау́к СССР называ́ют ... . 9. Кана́лы, кото́рые стро́ят для ороше́ния безво́дных земе́ль, называ́ют ... . 10. Челове́ка, кото́рый во́дит поезда́, называ́ют ... . 11. Ко́мнату в гости́нице называ́ют ... .

B. 1. Е́сли вы хоти́те узна́ть, когда́ прихо́дит ну́жный вам по́езд, обрати́тесь в ... . 2. Проду́кция среднеазиа́тских хлопчатобума́жных фа́брик изве́стна не то́лько на вну́треннем ры́нке, но и на ... . 3. В Баку́ нефть добыва́ют с морско́го дна (sea bottom), и поэ́тому далеко́ в мо́ре мо́жно ви́деть ... вы́шки. 4. Для разви́тия се́льского хозя́йства в Сре́дней А́зии стро́ят ороси́тельные ... . 5. Гео́логи и́щут поле́зные ... . 6. По́сле дождя́ в со́лнечный день на не́бе появля́ется я́ркая ... . 7. У больно́го был аппендици́т (appendicitis), и его́ ну́жно бы́ло сро́чно ... . 8. Бу́дущие врачи́ у́чатся в ... институ́тах. 9. Е́сли челове́к волну́ется, его́ на́до ... . 10. Ма́льчик не ве́рил тому́, что ему́ говори́ла сестра́, и смотре́л на неё ... .

Exercise 2. In each horizontal row, find the word formed by means of a diminutive suffix.

Exemple: 1 b (городо́к)

	a	b	c	d
1.	хло́пок	городо́к	заголо́вок	поря́док
2.	перекрёсток	свёрток	дымо́к	напи́ток
3.	ко́шка	лопа́тка	остано́вка	кали́тка
4.	вы́шка	бесе́дка	поло́ска	дога́дка
5.	щека́	ло́жка	доро́жка	зага́дка

Exercise 3. In each horizontal row, find the word with the most general meaning.

Example: 1 b (специали́ст)

	a	b	c	d
1.	агроно́м	специали́ст	гео́лог	фи́зик
2.	медици́на	бота́ника	нау́ка	киберне́тика
3.	маляри́я	грипп	анги́на	боле́знь
4.	ора́тор	медсестра́	ма́стер	челове́к
5.	пшени́ца	виногра́д	подсо́лнух	сельскохозя́йственная культу́ра
6.	алма́з	ископа́емое	нефть	медь

256

Exercise 4. In each horizontal row, find the word whose meaning is incompatible with those of the other words.

Example: 1 d (бой)

	a	b	c	d
1.	грузови́к	экскава́тор	маши́на	бой
2.	си́льный	грандио́зный	выно́сливый	здоро́вый
3.	овра́г	хребе́т	уще́лье	землетрясе́ние
4.	животново́дство	виногра́дарство	та́йна	хлопково́дство
5.	конгре́сс	диску́ссия	конфере́нция	экспериме́нт
6.	щека́	у́хо	рука́	во́зраст
7.	докла́д	речь	проду́кция	выступле́ние

Exercise 5. In each horizontal row, find the word with the opposite meaning to the first one.

Example: 1 c (свой)

	a	b	c	d	e
1.	чужо́й	ве́жливый	свой	выно́сливый	ю́ный
2.	то́лстый	гла́вный	глухо́й	голо́дный	то́нкий
3.	прямо́й	дружелю́бный	драгоце́нный	криво́й	жела́нный
4.	сло́жный	забы́тый	иску́сственный	просто́й	пусто́й
5.	жизнь	си́ла	та́йна	тень	смерть
6.	отста́лый	сне́жный	мо́щный	развито́й	про́чный
7.	довое́нный	глухо́й	послевое́нный	стра́шный	чу́ткий
8.	восхо́д	прие́зд	па́спорт	пре́мия	захо́д
9.	просну́ться	чини́ть	засну́ть	победи́ть	прису́тствовать
10.	пере́дний	за́дний	я́дерный	твёрдый	техни́ческий
11.	по́мнить	боро́ться	восстана́вливать	догова́риваться	забыва́ть
12.	вне́шний	возду́шный	тума́нный	вну́тренний	нау́чный

Exercise 6. In the second group of words, find the words with the same roots as the words in the first group.

Example: оте́ц – отцо́вский

I. оте́ц, здоро́в, шёпот, замеча́ть, снег, усло́вие, безво́дный, высо́кий, де́ло, коне́ц, посели́ться, ти́хо, больно́й, план, восто́к, приезжа́ть, вопро́с, коро́ткий, слу́шать;

II. шёпотом, здоро́вье, заме́тно, шепта́ть, сне́жный, восто́чный, село́, отцо́вский, конча́ть, вы́здороветь, безусло́вно, больни́ца, се́льский, плани́ровать, выздоровле́ние, заме́тный, снежо́к, ти́хий, повыша́ть, прие́зд, вопроси́тельный, тишина́, боле́ть, вода́, боле́знь, вы́ше, кратча́йший, плани́ровка, бо́льно, слух, делово́й, оконча́ние.

Exercise 7. In each horizontal row, find the compound word (i.e. word consisting of two or more roots).

Example: 1 b (дружелю́бный)

	a	b	c	d
1.	автомати́че-ский	дружелю́бный	взволно́ванный	вопроси́тельный

2. грандио́зный   госуда́рственный   среднеазиа́тский   дипломи́рованный
3. информацио́н-   комфорта́бельный   кратча́йший   хлопкосе́ющий
    ный
4. магистра́ль-   обще́ственный   машинострои́-   одина́ковый
    ный   тельный
5. улучше́ние   учи́лище   водохрани́лище   посо́льство
6. после́дующий   двенадцатичасо-   иссле́дователь-   успе́шно
                во́й   ский
7. терминологи́-   распространённый   железнодоро́жный   эксперимента́ль-
    ческий   ный
8. вне́шний   берёзовый   драгоце́нный   споко́йный
9. коллективиза́-   индустриализа́ция   медсестра́   диску́ссия
    ция
10. сте́пень   по́лдень   ладо́нь   достиже́ние
11. землетрясе́ние   ороше́ние   наблюде́ние   сооруже́ние
12. пригласи́тель-   всео́бщий   худо́жественный   ме́стный
    ный
13. объясне́ние   обяза́тельство   самочу́вствие   спасе́ние
14. цели́нный   народнохозя́йст-   индустриа́льный   нефтяно́й
                венный

Exercise 8. A. Which of these words are active past participles? (There are 15 of them.)
               B. Which of these words are active present participles? (There are 12 of them.)

1. старе́йший
2. соверши́вший
3. сказа́вший
4. интере́снейший
5. куря́щий
6. приходя́щий
7. це́ннейший
8. краси́вейший
9. соверши́вший
10. ро́сший
11. обеща́ющий
12. широча́йший
13. созда́вший
14. создаю́щий
15. стоя́щий
16. крупне́йший
17. прише́дший
18. принёсший
19. высоча́йший
20. соверша́ющий
21. лю́бящий
22. мельча́йший
23. лежа́щий
24. древне́йший
25. получи́вший
26. получа́ющий
27. ближа́йший
28. сообща́ющий
29. велича́йший
30. пригото́вивший
31. по́мнящий
32. изве́стнейший
33. помо́гший
34. око́нчивший
35. ока́нчивающий
36. глубоча́йший
37. сообщи́вший
38. откры́вший
39. кратча́йший
40. поги́бший
41. ста́рший
42. взя́вший

Exercise 9. Which of these words are passive past participles? (There are 26 of them.)

1. деревя́нный
2. расска́занный
3. иностра́нный
4. госуда́рственный
5. организо́ванный
6. обыкнове́нный
7. бога́тый
8. то́лстый
9. за́нятый
10. зако́нченный
11. весе́нний
12. изу́ченный
13. вы́полненный
14. постро́енный
15. довое́нный
16. чи́стый
17. углова́тый
18. вы́мытый
19. краснова́тый
20. осно́ванный
21. со́бственный
22. одновре́менный
23. пе́реданный
24. полу́ченный
25. соединённый
26. многочи́сленный
27. осе́нний

28. разрабо́танный	38. худо́жественный	48. осо́бенный
29. це́нный	39. информацио́нный	49. пригото́вленный
30. обще́ственный	40. ку́пленный	50. пусты́нный
31. взя́тый	41. пода́ренный	51. еди́нственный
32. со́зданный	42. промы́шленный	52. нарисо́ванный
33. стари́нный	43. совреме́нный	53. прочи́танный
34. напеча́танный	44. пусто́й	54. цели́нный
35. иску́сственный	45. забы́тый	55. услы́шанный
36. дли́нный	46. ка́менный	56. жёлтый
37. про́данный	47. по́нятый	57. на́чатый

Exercise 10. In each horizontal row, find the word which is a verbal adverb.

Example: 1 c (занима́ясь)

	a	b	c	d
1.	занима́юсь	увлека́юсь	занима́ясь	любу́юсь
2.	больша́я	соверша́я	хоро́шая	ста́ршая
3.	чита́я	чи́стая	вы́мытая	взя́тая
4.	дя́дя	ви́дя	судья́	На́дя
5.	краси́вая	открыва́я	пе́рвая	жива́я
6.	жёлтая	бога́тая	рабо́тая	за́нятая
7.	наблюда́я	молода́я	го́рдая	седа́я
8.	нау́чная	про́чная	стра́шная	начина́я
9.	пряма́я	знако́мая	ду́мая	люби́мая
10.	мечта́я	пуста́я	забы́тая	проста́я
11.	выно́сливая	забыва́я	гото́вая	счастли́вая
12.	холо́дная	сло́жная	у́жиная	возду́шная
13.	вне́шняя	выполня́я	вчера́шняя	весе́нняя
14.	остаю́сь	проща́юсь	соглаша́ясь	соглаша́юсь
15.	объясня́я	си́няя	ле́тняя	зи́мняя
16.	смею́сь	поднима́ясь	поднима́юсь	удивля́юсь
17.	бы́страя	се́рая	втора́я	умира́я
18.	це́нная	бу́дущая	зна́я	осо́бенная

Exercise 11. In each group of phrases, find the participle constructions which could be used to replace the italicised parts of the sentences.

Example: 1 c (Де́вушка, *встреча́вшая меня́* на вокза́ле,–моя́ сестра́).

1. Де́вушка, *кото́рая встреча́ла меня́* на вокза́ле,–моя́ сестра́.
   (a) встре́тившая меня́;
   (b) встре́ченная мно́ю;
   (c) встреча́вшая меня́.
2. Студе́нт, *кото́рого я встре́тил*,–брат моего́ дру́га.
   (a) встре́ченный мно́ю;
   (b) встре́тивший меня́;
   (c) встреча́вший меня́.
3. Джон принёс мне журна́лы, *кото́рые он получи́л* сего́дня у́тром.
   (a) получа́емые им;
   (b) полу́ченные им;
   (c) получи́вшие его́.

4. Мы поблагодари́ли дру́га, *кото́рый пригласи́л нас* на конце́рт.
   (a) приглаша́вшего нас;
   (b) пригласи́вшего нас;
   (c) приглашённого на́ми.

5. Я получи́л сра́зу не́сколько пи́сем, *кото́рые посла́ли мне* из Ленингра́да.
   (a) посла́вших мне;
   (b) по́сланные мне;
   (c) посыла́ющих мне.

6. Он не услы́шал слов, *кото́рые она́ произнесла́*.
   (a) произноси́мых е́ю;
   (b) произноси́вших её;
   (c) произнесённых е́ю.

7. Челове́к, *кото́рый принёс вам цветы́*, ушёл.
   (a) приноси́вший вам цветы́;
   (b) принося́щий вам цветы́;
   (c) принёсший вам цветы́.

8. Мне не понра́вилась кни́га, *кото́рую он вы́брал*.
   (a) выбира́емая им;
   (b) вы́бранная им;
   (c) вы́бравшая его́.

9. Я услы́шал пе́сню, *кото́рую я давно́ забы́л*.
   (a) забы́вшую меня́;
   (b) забы́тую мно́ю;
   (c) забыва́вшую меня́.

Exercise 12. In each group of phrases, find the verbal adverb construction which could be used to replace the italicised parts of the sentences.

Example: 1 b (*Придя́ на вокза́л*, Ви́ктор встре́тил там свои́х друзе́й).

1. *Когда́ Ви́ктор пришёл на вокза́л*, он встре́тил там свои́х друзе́й.
   (a) приходя́ на вокза́л;
   (b) придя́ на вокза́л.

2. *Когда́ прочита́ешь журна́л*, верни́ его́ мне.
   (a) прочита́в журна́л;
   (b) чита́я журна́л.

3. Она́ обра́довалась, *когда́ получи́ла письмо́ от друзе́й*.
   (a) получи́в письмо́ от друзе́й;
   (b) получа́я письмо́ от друзе́й.

4. *Когда́ мы возвраща́лись домо́й из теа́тра*, мы говори́ли о спекта́кле.
   (a) возврати́вшись домо́й из теа́тра;
   (b) возвраща́ясь домо́й из теа́тра.

5. Учёный де́лал мно́го экспериме́нтов, *когда́ проводи́л иссле́дования*.
   (a) проведя́ иссле́дования;
   (b) проводя́ иссле́дования.

6. *Когда́ он переводи́л статью́*, он почти́ не по́льзовался словарём.
   (a) переводя́ статью́;
   (b) переведя́ статью́.

7. *Когда́ он уе́хал из на́шего го́рода*, он ча́сто писа́л нам.
   (a) уе́хав из на́шего го́рода;
   (b) уезжа́я из на́шего го́рода.

8. Он шёл по у́лице и *никого́ не замеча́л.*
   (a) никого́ не заме́тив;
   (b) никого́ не замеча́я.
9. Арти́сты е́здили по колхо́зам и *выступа́ли на конце́ртах.*
   (a) вы́ступив на конце́ртах;
   (b) выступа́я на конце́ртах.

Exercise 13. Find the Russian equivalents of the English sentences.

Example: 1 b

1. The flight made by the cosmonauts is of great scientific importance.
   (a) Космона́втами совершён полёт, име́ющий большо́е нау́чное значе́ние.
   (b) Полёт, совершённый космона́втами, име́ет большо́е нау́чное значе́ние.
   (c) Соверша́я полёт, космона́вты зна́ли о его́ большо́м нау́чном значе́нии.

2. The space exploration programmes drawn up by the scientists were successfully implemented.
   (a) Учёные, разрабо́тавшие пла́ны иссле́дований ко́смоса, успе́шно вы́полнили их.
   (b) Разрабо́тав пла́ны иссле́дований ко́смоса, учёные успе́шно вы́полнили их.
   (c) Пла́ны иссле́дований ко́смоса, разрабо́танные учёными, бы́ли успе́шно вы́полнены.

3. The meeting of the Soviet and the American cosmonauts, who exchanged souvenirs in space, was shown on television in many countries.
   (a) Сувени́ры, пода́ренные сове́тскими и америка́нскими космона́втами друг дру́гу при встре́че в ко́смосе, бы́ли пока́заны по телеви́дению мно́гих стран.
   (b) Подари́в друг дру́гу сувени́ры при встре́че в ко́смосе, сове́тские и америка́нские космона́вты показа́ли их по телеви́дению мно́гих стран.
   (c) Встре́ча сове́тских и америка́нских космона́втов, подари́вших друг дру́гу сувени́ры в ко́смосе, была́ пока́зана по телеви́дению мно́гих стран.

4. The joint space flight made by the Soviet and the American cosmonauts was shown on television in many countries.
   (a) Телеви́дение мно́гих стран пока́зывало сове́тских и америка́нских космона́втов, проводи́вших совме́стный полёт в ко́смос.
   (b) Проводя́ совме́стный полёт в ко́смос, сове́тские и америка́нские космона́вты вели́ переда́чи по телеви́дению.
   (c) Телеви́дение мно́гих стран пока́зывало совме́стный полёт в ко́смос, проводи́мый сове́тскими и америка́нскими космона́втами.

5. The Soviet and the American cosmonauts prepared for the joint flight in accordance with the identical programme.
   (a) Сове́тские и америка́нские космона́вты гото́вились к совме́стному полёту, рабо́тая по еди́ной програ́мме.
   (b) Сове́тские и америка́нские космона́вты, рабо́тавшие по еди́ной програ́мме, гото́вились к совме́стному полёту.
   (c) Гото́вясь к совме́стному полёту, сове́тские и америка́нские космона́вты рабо́тали по еди́ной програ́мме.

6. On July 18, 1975, the docking of the spaceships piloted by the Soviet and the American cosmonauts took place.
   (a) Сове́тские и америка́нские космона́вты, пилоти́рующие косми́ческие кора́бли, 18 ию́ля 1975 го́да произвели́ стыко́вку.

(b) 18 июля 1975 года произошла стыковка космических кораблей, пилоти-руемых советскими и американскими космонавтами.

(c) Пилотируя космические корабли, советские и американские космонавты 18 июля 1975 года произвели стыковку.

Dear Friend,

Now you have come to the last chapter. You have studied hard and learned a lot. Now you can read fairly difficult texts.

To put your knowledge to the test, we recommend that you read these very slightly adapted texts. One is a work of fiction and the other a journalistic essay. We hope your study of the texts will prove useful and rewarding.

Ю. Казаков

ГОЛУБОЕ И ЗЕЛЁНОЕ

Первая глава

I

грудной голос chest-voice

отпускать *imp.* to let go

бормотать *imp.* to mumble

дно bottom

некоторые some people

заговорить *p.* to begin to speak

власть *f.* power

труба trumpet

(1) – Лиля, – говорит она глубоким грудным голосом и подаёт мне горячую маленькую руку.

Я осторожно беру её руку, пожимаю и отпускаю.

Я бормочу при этом своё имя. Кажется, я не сразу вспомнил, что нужно назвать своё имя. Рука, которую я только что отпустил, нежно белеет в темноте. «Какая необыкновенная, нежная рука!» – с восторгом думаю я.

(2) Мы стоим на дне глубокого двора. Как много окон в этом квадратном тёмном дворе: есть окна голубые, и зелёные, и розовые, и просто белые. Из голубого окна на втором этаже слышна музыка. Там включили приёмник, и я слышу джаз. Я очень люблю джаз, нет, не танце-вать, танцевать я не умею – я люблю слушать хороший джаз. Некоторые не любят, но я люблю.

(3) После того как она назвала своё имя, наступает долгое молчание. Я знаю, что она ждёт от меня чего-то. Может быть, она думает, что я заговорю, скажу что-нибудь весёлое, может, она ждёт первого моего слова, вопроса какого-нибудь, чтобы заговорить самой. Но я молчу, я весь во власти необыкновенного ритма, серебряного звука трубы. Как хорошо, что играет музыка, и я могу молчать!

нежно	тёмный	молча
нежный	темнеть	молчать
нежность	темнота	молчание

бормотать / пробормотать
отпускать / отпустить

A. You must have guessed the meanings of:

назва́ть своё и́мя, глубо́кий грудно́й го́лос, подава́ть ру́ку, не́жно, темнота́, квадра́тный, ро́зовый, джаз, до́лгое молча́ние, ритм, сере́бряный звук трубы́.

B. In the text, find the sentences (or parts of sentences) corresponding to these:

1. "Lilya", she said and held out a hot little hand.
2. While doing that I mumbled my name.
3. We were standing at the bottom of a deep courtyard.
4. A long silence ensued.
5. I was entirely in the power of an extraordinary rhythm, the silvery tone of a trumpet.

II

(4) Наконе́ц мы тро́гаемся. Мы выхо́дим на све́тлую у́лицу. Нас че́тверо: мой прия́тель с де́вушкой, Ли́ля и я. Мы идём в кино́. В пе́рвый раз я иду́ в кино́ с де́вушкой, в пе́рвый раз меня́ познако́мили с ней, и она́ подала́ мне ру́ку и сказа́ла своё и́мя. Чуде́сное и́мя, произнесён-ное грудны́м го́лосом!

тро́гаться *imp.* to start walking

(5) И вот мы идём ря́дом, совсе́м чужи́е друг дру́гу и в то́ же вре́мя стра́нно знако́мые. Му́зыки бо́льше нет, и мне не́ за что спря́таться. Мой прия́тель отстаёт со свое́й де́вушкой. В стра́хе я замедля́ю шаги́, но те иду́т ещё ме́дленнее. Я зна́ю, он де́лает э́то наро́чно. Это о́чень пло́хо с его́ стороны́ – оста́вить нас наедине́. Никогда́ не ожида́л от него́ тако́го преда́тельства!

отстава́ть *imp.* to fall behind
страх fear
замедля́ть шаги́ to slacken one's pace
наро́чно on purpose
с его́ стороны́ of him
наедине́ alone
преда́тельство treachery

(6) Что бы тако́е сказа́ть ей? Осторо́жно, сбо́ку смотрю́ на неё: блестя́щие глаза́, в кото́рых отража́ются огни́, тёмные, наве́рное, о́чень жёсткие во́лосы, сдви́нутые густы́е бро́ви, придаю́щие ей са́мый реши́тельный вид... Но щёки у неё почему́-то напряжены́, как бу́дто она́ сде́рживает смех. Что бы ей всё-таки сказа́ть?

сбо́ку sideways
отража́ться *imp.* to be reflected
жёсткие во́лосы wiry hair
густы́е бро́ви bushy eyebrows
придава́ть... реши́тель-ный вид to lend... a determined expression
напряжённый tense
сде́рживать *imp.* to suppress

(7) – Вы лю́бите Москву́? – вдруг спра́шивает она́ и смот-рит на меня́ о́чень стро́го. Я вздра́гиваю от её глубо́кого го́лоса. Есть ли ещё у кого́-нибудь тако́й го́лос?!
Не́которое вре́мя я молчу́. Наконе́ц собира́юсь с си́лами. Да, коне́чно, я люблю́ Москву́. Осо́бенно я люблю́ ар-ба́тские переу́лки и бульва́ры. Но и други́е у́лицы я то́же люблю́... Пото́м я сно́ва молчу́...

собира́ться с си́лами to muster one's courage

(8) Мы выхо́дим на Арба́тскую пло́щадь. Я начина́ю насви́стывать и су́ю ру́ки в карма́ны. Пусть ду́мает, что знако́мство с ней мне не так уж интере́сно. Поду́маешь! В конце́ концо́в, я могу́ уйти́ домо́й, я тут ря́дом живу́, и совсе́м не обяза́тельно мне идти́ в кино́ и му́читься, ви́дя, как дрожа́т её щёки.

насви́стывать *imp.* to whistle
со́вать *imp.* to thrust
му́читься *imp.* to torment oneself
дрожа́ть *imp.* to tremble

263

!

нас дво́е (2)	шага́ть
нас тро́е (3)	шаг
нас че́тверо (4)	
	смея́ться
страх	смех
стра́шно	
реши́ть	Арба́тская пло́щадь
реши́тельный вид	арба́тские переу́лки
си́ла	
си́льный	знако́мый
	знако́миться
чужо́й ≠ знако́мый	знако́мство
ме́дленно	коне́ц
заме́длить шаги́	наконе́ц
	в конце́ концо́в
отража́ться / отрази́ться	
отстава́ть / отста́ть	
сде́рживать / сдержа́ть	

A. You must have guessed the meanings of:

мы тро́гаемся, нас че́тверо, в стра́хе, замедля́ть шаги́, реши́тельный вид, смех, стро́го смотре́ть.

B. In the text, find the sentences (or parts of sentences) corresponding to these:

1. There were four of us.
2. We were walking side by side, strangers and yet oddly familiar to each other.
3. There was nothing for me to hide myself behind.
4. It was very bad of him to leave us alone.
5. What could I say to her?
6. I mustered my courage.
7. What do I care?

C. Read the sentences. What nouns does the pronoun *me* replace?

Мой прия́тель отстаёт со свое́й де́вушкой. В стра́хе я замедля́ю шаги́, но *те* иду́т ещё ме́дленнее.

D. Complete the sentences in accordance with the text.

1. Уви́дев, что его́ прия́тель отстаёт со свое́й де́вушкой, расска́зчик замедля́ет шаги́,
   (a) потому́ что хо́чет подожда́ть их;
   (b) потому́ что ему́ стра́шно остава́ться с де́вушкой наедине́;
   (c) потому́ что им не́куда спеши́ть.
2. Он насви́стывает и суёт ру́ки в карма́ны,
   (a) потому́ что не зна́ет, о чём говори́ть;
   (b) потому́ что он засте́нчив;
   (c) потому́ что он пло́хо воспи́тан.

(9) Но мы всё-таки прихо́дим в кино́. До нача́ла сеа́нса ещё мину́т пятна́дцать. Мы стои́м посреди́ фойе́ и слу́шаем певи́цу, но её пло́хо слы́шно: во́зле нас мно́го наро́ду, и все потихо́ньку разгова́ривают.

(10) Ли́ля смо́трит на меня́ блестя́щими се́рыми глаза́ми. Кака́я она́ краси́вая! Впро́чем, она́ во́все не краси́вая, про́сто у неё блестя́щие глаза́ и ро́зовые кре́пкие щёки. Когда́ она́ улыба́ется, на щека́х появля́ются я́мочки, а бро́ви расхо́дятся и не ка́жутся уже́ таки́ми стро́гими. У неё высо́кий чи́стый лоб. То́лько иногда́ на нём появля́ется морщи́нка. Наве́рное, она́ ду́мает в э́то вре́мя.

(11) Наконе́ц звоно́к. Не гля́дя друг на дру́га, мы идём в зри́тельный зал и сади́мся. Пото́м га́снет свет и начина́ется кинокарти́на.

(12) Когда́ мы выхо́дим из кино́, прия́тель мой совсе́м исчеза́ет. Э́то так де́йствует на меня́, что я перестаю́ вообще́ о чём-либо ду́мать. Про́сто иду́ и молчу́.

(13) Так мы дохо́дим до её до́ма. Остана́вливаемся опя́ть во дворе́. По́здно, уже́ не все о́кна горя́т, и во дворе́ темне́е, чем бы́ло два часа́ наза́д. Мно́го бе́лых и ро́зовых о́кон пога́сло, но зелёные ещё горя́т. Све́тится и голубо́е окно́ на второ́м этаже́, то́лько му́зыки бо́льше не слы́шно отту́да. Не́которое вре́мя мы стои́м соверше́нно мо́лча. Ли́ля стра́нно ведёт себя́: поднима́ет лицо́, смо́трит на о́кна, как бу́дто счита́ет их; она́ почти́ отвора́чивается от меня́, пото́м начина́ет поправля́ть во́лосы... Наконе́ц я опя́ть небре́жно, как бы ме́жду про́чим, говорю́, что нам ну́жно встре́титься за́втра.

Я о́чень рад, что во дворе́ темно́, и она́ не ви́дит мои́х пыла́ющих уше́й.

(14) Она́ согла́сна встре́титься. Я могу́ прийти́ к ней, её о́кна выхо́дят на у́лицу. У неё кани́кулы, родны́е уе́хали на да́чу, и ей немно́го ску́чно. Она́ с удово́льствием погуля́ет.

(15) Я размышля́ю, прили́чно ли бу́дет пожа́ть ей ру́ку на проща́нье. Она́ сама́ подаёт мне у́зкую ру́ку, беле́ющую в темноте́, и я сно́ва чу́вствую её теплоту́ и дове́рчивость.

(!) я́ма – я́мочка

морщи́на – морщи́нка

высо́кий дом
высо́кая температу́р
высо́кий лоб

ску́чный
ску́чно

отвора́чиваться / отверну́ться
перестава́ть / переста́ть
поправля́ть / попра́вить
расходи́ться / разойти́сь

горе́ть ≠ га́снуть

потихо́ньку = ти́хо

кре́пкие щёки firm cheeks
я́мочки dimples
расходи́ться *imp.* to move apart
морщи́нка wrinkle

(кино)карти́на = (кино)фи́льм

отвора́чиваться *imp.* to turn away
поправля́ть *imp.* to smooth

пыла́ющий flaming
у́хо (*pl.* у́ши) ear

уе́хать на да́чу to go to the country
да́ча summer cottage
размышля́ть *imp.* to think over
прили́чно (it is) decent
дове́рчивость *f.* trustfulness

тёплый
теплота́

у́зкая у́лица
у́зкая рука́

действие
действовать

потихо́ньку = ти́хо

A. You must have guessed the meanings of:

о́кна выхо́дят на у́лицу, у́зкая рука́, теплота́, дове́рчивость.

B. In the text, find the sentences (or parts of sentences) corresponding to these:

1. When she smiled, dimples appeared in her cheeks.
2. She had a high and clear forehead.
3. Avoiding to look at each other, we went into the auditorium.
4. Very carelessly, as though I really didn't care, I said that we must meet again.
5. Her windows overlooked the street.

C. Read the sentence. What noun does the pronoun *её* replace?

Она́ сама́ подаёт мне у́зкую ру́ку, беле́ющую в темноте́, и я сно́ва чу́вствую *её* теплоту́ и дове́рчивость.

D. In the text, find the sentences (or parts of sentences) which bear out that:

1. До нача́ла сеа́нса остава́лось о́коло 15 мину́т.
2. Они́ вы́шли из кино́ одни́.
3. Бы́ло по́здно, и уже́ во мно́гих кварти́рах лю́ди легли́ спать.

E. Reread the whole first chapter and say which paragraph speaks:

(a) о том, что он лю́бит слу́шать му́зыку;
(b) как он слу́шает му́зыку;
(c) как он познако́мился с Ли́лей;
(d) как вы́глядит её двор ве́чером;
(e) как они́ отправля́ются в кино́;
(f) о «преда́тельстве» прия́теля;
(g) о том, что у Ли́ли чуде́сное и́мя;
(h) о Москве́;
(i) как вы́глядит её двор но́чью;
(j) как они́ проща́ются.

F. Describe Lilya's appearance as portrayed by the boy. What are her eyes, hair, eyebrows, cheeks, forehead, hands and voice like? (For this you should pick out the relevant adjectives from paragraphs 1, 6, 9, 10 and 15). Do you think Lilya was beautiful?

G. Do you think the boy liked Lilya? Support your answer by quotations from the text (see paragraphs 1, 4, and 10).

H. What can you say about the boy? Who is he? What are his tastes like? (see paragraphs 2, 3, 4 and 7).

I. When did they meet: (a) in winter, (b) in autumn, (c) in summer or (d) in spring? Why do you think so?

Втора́я глава́

I

(16) На друго́й день я прихожу́ к ней, когда́ ещё светло́. Мы идём на Тверско́й бульва́р. Ско́лько влюблённых ходи́ло по Тверско́му бульва́ру! Тепе́рь по нему́ идём мы. Пра́вда, мы ещё не влюблённые. Впро́чем, мо́жет быть, мы то́же влюблённые, я не зна́ю. Мы идём дово́льно далеко́ друг от дру́га. Приме́рно в ме́тре друг от дру́га.

в ме́тре друг от дру́га a metre apart

(17) Мы о́чень мно́го говори́м. Ника́к нельзя́ установи́ть после́довательность в на́шем разгово́ре и в на́ших мы́слях. Мы говори́м о себе́ и на́ших знако́мых, мы переска́киваем с предме́та на предме́т и забыва́ем то, о чём говори́ли мину́ту наза́д. Но нас э́то не смуща́ет, у нас ещё мно́го вре́мени, впереди́ дли́нный, дли́нный ве́чер, и мо́жно вспо́мнить ещё забы́тое. А ещё лу́чше вспо́мнить всё пото́м, но́чью.

установи́ть *p.* to find
после́довательность *f.* consistency
переска́кивать *imp.* to skip
предме́т topic

(18) Час прохо́дит за ча́сом, а мы всё хо́дим, говори́м и хо́дим. По Москве́ мо́жно ходи́ть без конца́. Мы выхо́дим к Пу́шкинской пло́щади, от Пу́шкинской спуска́емся к Тру́бной, отту́да по Негли́нке идём к Большо́му теа́тру, пото́м к Ка́менному мосту́... Я гото́в ходи́ть бесконе́чно. Я то́лько спра́шиваю у неё, не уста́ла ли она́. Нет, она́ не уста́ла, ей о́чень интере́сно. Га́снут фонари́ на у́лицах. Не́бо спуска́ется ни́же, звёзд стано́вится всё бо́льше. Пото́м начина́ется

час за ча́сом hour after hour

фона́рь *m.* street lamp

267

па́ра couple
за́висть *f.* envy

ти́хий рассве́т. На бульва́рах сидя́т влюблённые. На ка́ждой скаме́йке одна́ па́ра. Я смотрю́ на них с за́вистью и ду́маю, бу́дем ли и мы с Ли́лей сиде́ть когда́-нибудь так.

(19) Наконе́ц мы расстаёмся в её ти́хом дворе́. Все спят, не гори́т ни одно́ окно́. Мы понижа́ем на́ши голоса́ почти́ до шёпота, но слова́ всё равно́ звуча́т гро́мко, и мне ка́жется, что нас кто́-то подслу́шивает.

подслу́шивать *imp.* to overhear
гуде́ть *imp.* to hurt
бой кура́нтов chimes

(20) Домо́й я прихожу́ в три часа́. То́лько сейча́с я чу́вствую, как гудя́т но́ги. Но́чью, когда́ в Москве́ ти́хо, я слы́шу бой кура́нтов. Но́чью всё о́чень хорошо́ слы́шно. Я лежу́, смотрю́ на звезду́ и ду́маю о Ли́ле.

❗

свет	приме́рно
светло́	наприме́р
све́тлый	
рассве́т	бесконе́чно = без конца́
люби́ть к о г о́?	переска́кивать / перескочи́ть
влюби́ться в к о г о́?	подслу́шивать / подслу́шать
влюблены́ в к о г о́?	устана́вливать / установи́ть
влюблённый	

люби́ть к о г о́?
влюби́ться в к о г о́?
влюблены́ в к о г о́?
влюблённый

переска́кивать / перескочи́ть
подслу́шивать / подслу́шать
устана́вливать / установи́ть

Тру́бная пло́щадь a square in central Moscow
Негли́нка (*colloq.*) or Негли́нная a street in central Moscow
Ка́менный мост a bridge across the Moscow River (near the Kremlin)

след
следи́ть
сле́довательно
после́довательность

A. You must have guessed the meanings of:

переска́кивать с предме́та на предме́т, забы́тое.

B. In the text, find the sentences (or parts of sentences) corresponding to these:

1. It was absolutely impossible to find any consistency in our conversation or our thoughts.
2. Or, still better, we could recollect everything at night.
3. Hour after hour passed by but we were still walking.
4. More and more stars appeared (in the sky).
5. We lowered our voices and were almost talking in whispers.

C. In the text, find the sentences which bear out that:

1. Они́ о́чень до́лго ходи́ли по Москве́.
2. Ему́ хо́чется сиде́ть на бульва́ре с Ли́лей та́к же, как сидя́т влюблённые, кото́рых они́ ви́дят.
3. Придя́ домо́й, он по́нял, что о́чень уста́л.
4. Но́чью в го́роде ти́хо.

II

(21) А че́рез неде́лю мы с ма́терью уезжа́ем на Се́вер. Я давно́ мечта́л об э́той пое́здке. Я впервы́е попада́ю

попада́ть *imp.* to find oneself

268

в леса́, в настоя́щие ди́кие леса́, и весь перепо́лнен ра́-
достью первооткрыва́теля. У меня́ есть ружьё – мне купи́ли
его́, когда́ я ко́нчил де́вять кла́ссов, и я охо́чусь.

(22) Че́рез ме́сяц я возвраща́юсь в Москву́. Пря́мо с
вокза́ла, то́лько поста́вив до́ма чемода́ны, я иду́ к Ли́ле.
Ве́чер, её о́кна све́тятся, зна́чит, она́ до́ма. Я подхожу́
к окну́ и смотрю́ сквозь занаве́ску.

(23) Она́ сиди́т за столо́м одна́ у насто́льной ла́мпы
и чита́ет. Лицо́ её заду́мчиво. Она́ перевора́чивает стра-
ни́цу, поднима́ет глаза́ и смо́трит на ла́мпу. Каки́е у
неё тёмные глаза́! Почему́ я ра́ньше ду́мал, что они́ у
неё се́рые? Они́ совсе́м тёмные, почти́ чёрные.

(24) За мое́й спино́й слышны́ шаги́ прохо́жих. Лю́ди
иду́т куда́-то, спеша́т, у них свои́ мы́сли и своя́ любо́вь,
они́ живу́т ка́ждый свое́й жи́знью.

Москва́ оглуши́ла меня́ свои́м шу́мом, огня́ми, за́пахом,
многолю́дством, от кото́рых я отвы́к за ме́сяц. И я с
ро́бкой ра́достью ду́маю, как хорошо́, что в э́том огро́мном
го́роде у меня́ есть люби́мая.

(25) – Ли́ля! – зову́ я негро́мко.

Она́ вздра́гивает, бро́ви её поднима́ются. Пото́м она́
встаёт, подхо́дит к окну́, отодвига́ет занаве́ску, наклоня́-
ется ко мне, и я бли́зко ви́жу её тёмные ра́достные гла-
за́.

– Алёша! – говори́т она́ ме́дленно. На щека́х её по-
явля́ются едва́ заме́тные я́мочки. – Алёша! Э́то ты? Э́то,
пра́вда, ты? Я сейча́с вы́йду. Ты хо́чешь гуля́ть? Я о́чень
хочу́ гуля́ть с тобо́й. Я сейча́с вы́йду.

(26) Я перехожу́ на другу́ю сто́рону и смотрю́ на её
о́кна. Вот га́снет свет, прохо́дит коро́ткая мину́та, пока́-
зывается фигу́ра Ли́ли. Она́ сра́зу замеча́ет меня́ и бежи́т
ко мне че́рез у́лицу. Она́ хвата́ет мои́ ру́ки и до́лго де́ржит
в свои́х рука́х. Мне ка́жется, она́ загоре́ла и немно́го
похуде́ла. Глаза́ её ста́ли ещё бо́льше. Я слы́шу, как
стучи́т её се́рдце и прерыва́ется дыха́ние.

– Пойдём гуля́ть! – говори́т наконе́ц она́. И тут я обра-
ща́ю внима́ние, что она́ говори́т мне «ты».

(27) Но мне неудо́бно идти́ с ней. Я то́лько на ми-
ну́тку зашёл повида́ть её. Я так пло́хо оде́т. Я пря́мо
с доро́ги, на мне лы́жный костю́м, ста́рые боти́нки. Нет,
я ника́к не могу́ идти́ с ней.

(28) – Кака́я чепуха́! – говори́т она́ и тя́нет меня́ за́ руку.
Ей ну́жно со мной поговори́ть. Она́ совсе́м одна́, подру́ги
ещё не прие́хали, роди́тели на да́че, она́ стра́шно скуча́ет
и всё вре́мя ждала́ меня́. Причём здесь костю́м? И пото́м,
почему́ я не писа́л? Мне, наве́рно, бы́ло прия́тно, что
други́е му́чаются?

(29) И вот мы опя́ть идём по Москве́. О́чень стра́нный,
сумасше́дший ве́чер. Начина́ется дождь, мы пря́чемся в

ди́кий wild
перепо́лнен filled
ружьё gun

пря́мо с вокза́ла
straight from the station

сквозь through
занаве́ска curtain

многолю́дство
crowdedness
отвы́кнуть *p.* to get
out of habit
ро́бкий shy

отодвига́ть *imp.*
to draw

едва́ заме́тные
hardly noticeable

пока́зываться *imp.* to
appear

похуде́ть *p.* to become
thinner
прерыва́ться *imp.* to
break
дыха́ние breathing
неудо́бно one feels
awkward

чепуха́ nonsense

стра́шно (*colloq.*) =
о́чень

водосто́чная труба́
drain-pipe
змея́ snake

подъе́зд и смо́трим на у́лицу. С шу́мом па́дает вода́ по водосто́чной трубе́, тротуа́ры блестя́т, маши́ны проезжа́ют совсе́м мо́крые, и от них ползу́т кра́сные и бе́лые зме́йки све́та, отража́ющегося в мо́кром асфа́льте.

лу́жа puddle
ка́пля drop

Пото́м дождь конча́ется, мы выхо́дим, смеёмся, переска́киваем че́рез лу́жи. Но дождь начина́ется с но́вой си́лой, и мы сно́ва пря́чемся. На её волоса́х блестя́т ка́пли дождя́. Но ещё сильне́й блестя́т её глаза́, когда́ она́ смо́трит на меня́.

мы знако́мы = мы зна́ем друг дру́га

(30) – Ты вспомина́л обо мне? – спра́шивает Ли́ля. – Я почти́ всё вре́мя ду́мала о тебе́, хоть и не хоте́ла. Сама́ не зна́ю почему́. Про́сто ду́маю и ду́маю. Ведь мы знако́мы так ма́ло. Пра́вда? Я чита́ла кни́гу и вдруг поду́мала,

Большо́й = Большо́й теа́тр
наслажда́ться imp. to enjoy

понра́вилась ли бы она́ тебе́. Ах, кака́я я глу́пая!.. У тебя́ у́ши покрасне́ли? Говоря́т, е́сли ду́маешь до́лго о ко́м-нибудь, у него́ обяза́тельно красне́ют у́ши. Я да́же в Большо́й не пошла́. Как бы я сиде́ла и наслажда́лась му́зыкой, а ты в э́то вре́мя где́-то... на како́м-то Се́вере, оди́н. Ты мне всё расска́жешь о Се́вере? Да? Я то́же хочу́ туда́ пое́хать, где ты был. Ты лю́бишь о́перу?

Ещё бы. And how!

– Ещё бы. Я, мо́жет, ско́ро ста́ну певцо́м. Все говоря́т, что у меня́ хоро́ший бас.

– Алёша! У тебя́ бас? Спой, пожа́луйста! Ты потихо́ньку спой, никто́ не услы́шит, одна́ я.

нестерпи́мо сия́ть imp.
to be intolerably bright

(31) Снача́ла я отка́зываюсь. Пото́м я всё-таки пою́. Го́лос у меня́ дрожи́т, я пою́ и не замеча́ю, что дождь уже́ ко́нчился, по тротуа́ру иду́т прохо́жие и огля́дываются на нас. Ли́ля смо́трит мне в лицо́, и её глаза́ нестерпи́мо блестя́т, сия́ют.

е́здить	худо́й
пое́здка	(по)худе́ть
охо́та	подъезжа́ть
охо́тник	подъе́зд
охо́титься	
	первооткрыва́тель (пе́рвый + открыва́ть)
заду́маться	
заду́мчивый	насто́льная ла́мпа (на столе́)
глухо́й	
оглуша́ть	водосто́чная труба́ (вода́ + течь)
змея́	
зме́йка	
по́езд	
пое́здка	

отвыка́ть / отвы́кнуть ≠ привыка́ть / привы́кнуть

робкий человек
робкая радость

Они перескакивают с предмета на предмет (в разговоре).
Они перескакивают через лужи.

Они поднимаются по лестнице (на лифте).
У неё поднимаются брови.

прямо с вокзала
прямо с дороги

стучать в дверь
стучит сердце

наслаждаться / насладиться
отвыкать / отвыкнуть   прерываться / прерваться
отодвигать / отодвинуть   хватать / схватить
показываться / показаться   худеть / похудеть

A. You must have guessed the meanings of:

первооткрыватель, охотиться, настольная лампа, задумчивое лицо, (по)худеть, автомашина, змейка света, асфальт, бас.

B. In the text, find the sentences (or parts of sentences) corresponding to these:

1. For the first time I found myself in real wild woods, and I felt a pioneer's thrill of joy.
2. Each lives his own life.
3. She had become suntanned and got somewhat thinner.
4. I could hear her heart thumping and her irregular breathing.
5. I came straight after the journey.
6. Who cares about what you are wearing.
7. It began raining harder than ever.
8. How could I sit there enjoying music, when you were up there in the North all by yourself.
9. No one will hear but me.
10. She was looking me straight in the face, and her eyes were dazzlingly radiant, beaming.

C. In the text, find the sentences which bear out that:

1. Он очень рад, что попал в настоящие дикие леса.
2. Он очень спешил увидеть Лилю.
3. Лиля была взволнована, когда увидела Алёшу.

D. Complete the sentences in accordance with the text.

1. Попав на Север, Алёша был переполнен радостью,
   (a) потому что северные леса очень красивы;
   (b) потому что он мог там охотиться;
   (c) потому что он попал в настоящие северные леса впервые.

2. Он не мог идти́ с ней гуля́ть,
   (a) потому́ что ему́ бы́ло не́когда;
   (b) потому́ что счита́л, что пло́хо оде́т;
   (c) потому́ что его́ жда́ли до́ма.
3. Она́ о́чень скуча́ла,
   (a) потому́ что её роди́тели бы́ли на да́че;
   (b) потому́ что подру́ги ещё не прие́хали;
   (c) потому́ что его́ не́ было в Москве́.
4. Её глаза́ блесте́ли сильне́й,
   (a) когда́ на них па́дал свет;
   (b) когда́ она́ смея́лась;
   (c) когда́ она́ смотре́ла на него́.
5. Ли́ля всё вре́мя ду́мала об Алёше,
   (a) хотя́ и сама́ не зна́ла почему́;
   (b) потому́ что поняла́, что полюби́ла его́;
   (c) потому́ что все уе́хали, и она́ стра́шно скуча́ла.
6. Она́ не пошла́ в Большо́й,
   (a) потому́ что не люби́ла о́перу;
   (b) потому́ что не хоте́ла наслажда́ться му́зыкой без Алёши;
   (c) потому́ что пло́хо себя́ чу́вствовала.

E. Look at the map of central Moscow and point out the route taken by Lilya and the boy that night.

F. Reread the second chapter and point out the paragraphs which say:
   (a) како́й путь они́ проде́лали в э́тот ве́чер;
   (b) как наступи́л рассве́т;
   (c) где они́ на́чали свою́ прогу́лку;
   (d) о его́ возвраще́нии с Се́вера;
   (e) как зову́т расска́зчика;
   (f) как Ли́ля чита́ет за столо́м;
   (g) о ра́дости, с кото́рой она́ встре́тила его́;
   (h) как он охо́тился на Се́вере;
   (i) как она́ скуча́ла без него́;
   (j) как они́ сно́ва гуля́ют по Москве́;
   (k) как он отка́зывается идти́ с ней гуля́ть;
   (l) о его́ ра́дости, что в э́том огро́мном го́роде у него́ есть люби́-
       мая;
   (m) как Москва́ оглуши́ла его́ свои́м шу́мом, от кото́рого он отвы́к;
   (n) как Алёша поёт на у́лице;
   (o) каки́е при э́том бы́ли у Ли́ли глаза́;
   (p) как Ли́ля ждала́ Алёшу.

G. What new details of Lilya's appearance have you gleaned from the second chapter? What else have you learned about her face, eyes and cheeks? (Write out the relevant attributes from paragraphs 23, 25, 26, 29 and 31.)

H. The chimes of what clock did the boy hear?

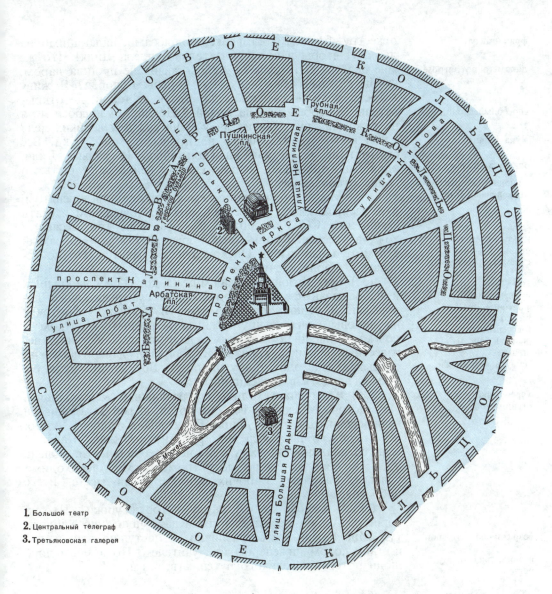

1. Большой театр
2. Центральный телеграф
3. Третьяковская галерея

Третья глава

I

(32) Молоды́м быть о́чень пло́хо. Жизнь прохо́дит бы́стро, тебе́ уже́ семна́дцать и́ли восемна́дцать лет, а ты ещё ничего́ не сде́лал. Неизве́стно да́же, есть ли у тебя́ каки́е-нибудь тала́нты. А хо́чется большо́й, бу́рной жи́зни! Хо́чется писа́ть стихи́, что́бы вся страна́ зна́ла их наизу́сть. И́ли сочини́ть геро́ическую симфо́нию и вы́йти пото́м к

бу́рный stormy

273

оркéстру – блéдным, во фрáке, с волосáми, пáдающими на лоб... И чтóбы в лóже обязáтельно сидéла Лѝля! Что же мне дéлать? Что сдéлать, чтóбы жизнь не прошлá дáром, чтóбы кáждый день был днём борьбы̀ и побéд? Я живý в тоскé, я мýчаюсь от мы̀сли, что я не герóй, не открывáтель. Спосóбен ли я на пóдвиг? Не знáю. Спосóбен ли я на тяжёлый труд, хвáтит ли у меня̀ сил для велѝких дел? Хýже всегó то, что никтó не понимáет моéй мýки. Все смóтрят на меня̀, как на мальчѝшку. И тóлько Лѝля, однá Лѝля понимáет меня̀, тóлько с ней я могý быть до концá откровéнным.

(33) Мы давнó ужé занимáемся в шкóле: онá в девя̀том, я – в деся̀том клáссе. Я решѝл заня̀ться плáванием и стать чемпиóном СССР, а потóм и мѝра. Ужé три мéсяца я хожý в бассéйн. Кроль – сáмый лýчший стиль. Это сáмый стремѝтельный стиль. Он мне óчень нрáвится. Но по вечерáм я люблю̀ мечтáть.

(34) Есть зимóй корóткая минýта, когдá снег на кры̀шах и нéбо дéлаются тёмно-голубы̀ми в сýмерках, дáже лилóвыми. Я стою̀ у окнá, смотрю̀ в откры̀тую фóрточку на лилóвый снег, дышý нéжным морóзным вóздухом и почемý-то начинáю мечтáть о далёких путешéствиях, неизвéстных странáх, горáх... Я голодáю, дáже гѝбну, но открывáю ещё однý тáйну прирóды. Вот жизнь! Éсли бы я смог попáсть в экспедѝцию!

(35) Я начинáю ходѝть по разлѝчным учреждéниям. Их мнóго в Москвé, и все онѝ со звýчными загáдочными назвáниями. Да, экспедѝции бýдут. В Срéднюю Áзию, и на Урáл, и на Сéвер. Да, рабóтники нужны̀. Какáя у меня̀ специáльность? Ах, у меня̀ нет специáльности... Óчень жаль, но мне ничéм не мóгут помóчь. Мне необходѝмо учѝться. Рабóчим? Рабóчих онѝ берýт на мéсте. Всегó дóброго!

(36) И я снóва хожý в шкóлу, готóвлю урóки... Что ж, хорошó, я кóнчу дéсять клáссов и дáже поступлю̀ в институ́т. Мне тепéрь всё безразлѝчно. Я поступлю̀ в институ́т и стáну потóм инженéром ѝли учѝтелем. Но в моём лицé лю̀ди потеря̀ют велѝкого путешéственника.

герóй	загáдка
герои́ческий	загáдочный

A. You must have guessed the meanings of:

талáнт, сочиня́ть, герои́ческий, симфóния, оркéстр, борьбá, открывáтель. стиль, плáвание, лилóвый, морóзный вóздух, голодáть, экспеди́ция, загáдочный, зву́чный.

B. In the text, find the sentences (or parts of sentences) corresponding to these:

1. What can I do in order to live my life not altogether purposelessly?
2. I live in anguish.
3. Am I capable of a feat?
4. Nobody understands my anguish.
5. Only with her can I be completely frank.
6. That's a life worth living!
7. I began asking for interviews at various organisations.
8. They were very sorry but they could do nothing to help me.
9. They hired local workers.

C. In the text, find the sentences which bear out that:

1. Он мечтáл стать поэ́том, музыкáнтом и́ли путешéственником.
2. Он сомневáется в себé.
3. Никтó не понимáет егó, крóме Ли́ли.
4. Егó не считáют взрóслым.
5. С Ли́лей он мóжет говори́ть обо всём.
6. В совéтской шкóле у́чатся 10 лет.

D. Complete the sentences in accordance with the text.
1. Он реши́л заня́ться плáванием,
   (a) чтóбы стать чемпиóном;
   (b) потому́ что у негó мнóго свобóдного врéмени;
   (c) чтóбы доказáть, что он мóжет побеждáть трýдности.
2. Он мóжет быть до концá откровéнным тóлько с Ли́лей,
   (a) потому́ что никтó егó бóльше не слýшает;
   (b) потому́ что тóлько Ли́ля понимáет егó;
   (c) потому́ что онá вéрит всемý, что он говори́т.
3. Он хóчет уéхать в экспеди́цию,
   (a) потому́ что не хóчет учи́ться;
   (b) потому́ что не хóчет ви́деть Ли́лю;
   (c) потому́ что хóчет стать извéстным путешéственником.

II

(37) Наступи́л декáбрь. Всё свобóдное врéмя я провожý с Ли́лей. Я люблю́ её ещё бóльше. Я не знал, что любóвь мóжет быть бесконéчной. Но э́то так. С кáждым мéсяцем Ли́ля дéлается мне всё дорóже, и ужé нет жéртвы, на котóрую я не пошёл бы рáди неё. Онá чáсто звони́т мне по

жéртва sacrifice
пойти́ на жéртву to make a sacrifice

взя́ться за уче́бники =
нача́ть занима́ться
мете́ль *f.* blizzard
тёплый плато́к
warm shawl

вме́сто instead of

Третьяко́вка *(colloq.)* =
Третьяко́вская карти́н-
ная галере́я
гре́ться *imp.* to get
warm
броди́ть *imp.* to wander
пе́рсик peach
«Де́вочка с пе́рсиками»
The Girl with the
Peaches
ме́жду тем meanwhile
съе́здить за ша́лью
to go and bring the
shawl
испу́г fright
с испу́гом in alarm
сейча́с же at once
засы́панный covered
электри́чка *(colloq.)*
suburban electric train
оку́рок cigarette-end
пя́тнышко *(dim. of*
пятно́) spot
наступа́ть *imp.* to put
one's foot on
замёрзший frozen
про́сека path

телефо́ну. Мы до́лго разгова́риваем, а по́сле разгово́ра я
ника́к не могу́ взя́ться за уче́бники. Начали́сь си́льные
моро́зы с метеля́ми. Мать собира́ется е́хать в дере́вню,
но у неё нет тёплого платка́. Стари́нная тёплая шаль есть
у тёти, кото́рая живёт за́ городом. Мне ну́жно пое́хать
и привезти́ э́ту шаль.

(38) В воскре́сное у́тро я выхожу́ из до́ма. Но вме́сто
того́ чтобы е́хать на вокза́л, я захожу́ к Ли́ле. Мы идём
с ней на като́к, пото́м – гре́ться в Третьяко́вку. В Третьяко́вке
зимо́й о́чень тепло́, там есть сту́лья, на сту́льях мо́жно
посиде́ть и потихо́ньку поговори́ть. Мы бро́дим по за́лам,
смо́трим карти́ны. Осо́бенно я люблю́ «Де́вочку с пе́рси-
ками» Серо́ва. Эта де́вочка о́чень похо́жа на Ли́лю. Ли́ля
красне́ет и смеётся, когда́ я говорю́ ей об э́том. Иногда́
мы совсе́м забыва́ем о карти́нах, разгова́риваем шёпотом
и смо́трим друг на дру́га. Ме́жду тем бы́стро темне́ет.
Третьяко́вка ско́ро закрыва́ется, мы выхо́дим на моро́з,
и тут я вспомина́ю, что мне ну́жно бы́ло съе́здить за
ша́лью. Я с испу́гом говорю́ об э́том Ли́ле. Ну что ж,
о́чень хорошо́, мы сейча́с же пое́дем за́ город.

(39) И мы е́дем, ра́достные оттого́, что нам не ну́жно
расстава́ться. Мы схо́дим на платфо́рме, засы́панной сне́гом,
и идём че́рез по́ле. Впереди́ и сза́ди темне́ют фигу́ры
люде́й, иду́щих вме́сте с на́ми с электри́чки. Слышны́
разгово́ры и смех, видны́ огоньки́ сигаре́т. Иногда́ кто́-ни-
будь впереди́ броса́ет оку́рок на доро́гу. Мы подхо́дим, он
ещё све́тится. Вокру́г огонька́ – ма́ленькое ро́зовое пя́тнышко
на снегу́. Мы не наступа́ем на него́. Пусть ещё посве́тится
в темноте́. Пото́м мы перехо́дим по деревя́нному мосту́
че́рез замёрзшую ре́ку и идём по тёмной про́секе. По
сторона́м совсе́м чёрные е́ли и со́сны. Тут гора́здо темне́е,
чем в по́ле. То́лько из о́кон не́которых дач па́дают на
снег жёлтые по́лосы све́та. Мно́гие да́чи стоя́т совсе́м глу-
хи́е, тёмные: в них, наве́рно, зимо́й не живу́т. Си́льно
па́хнет ле́сом и чи́стым сне́гом, в Москве́ так никогда́
не па́хнет.

! ката́ться на конька́х   ого́нь
ката́ние   огонёк
като́к

                                  пятно́
воскресе́нье   пя́тнышко
воскре́сный

                               броди́ть / поброди́ть
(ис)пуга́ться   гре́ться / согре́ться
испу́г

A. You must have guessed the meanings of:

воскре́сное у́тро, карти́нная галере́я, испу́г, платфо́рма.

B. In the text, find the sentences (or parts of sentences) corresponding to these:

1. Every month she became dearer to me.
2. There was no sacrifice I would not have made for her sake.
3. Hard frosts had set in, with blizzards.
4. I told Lilya about it, in alarm.
5. And so we went, happy at the thought that we did not have to part.
6. Many summer cottages were completely silent and dark.
7. There was a strong smell of woods and fresh snow.
8. It never smells like that in Moscow.

C. Complete the sentences in accordance with the text.

1. После катка они идут в Третьяковку,
    (a) потому́ что лю́бят жи́вопись (painting);
    (b) потому́ что там есть карти́на «Де́вочка с пе́рсиками»;
    (c) потому́ что там мо́жно не то́лько посмотре́ть карти́ны, но и погре́ться и потихо́ньку поговори́ть.
2. Они́ е́дут за́ город, ра́достные,
    (a) оттого́, что уви́дят зи́мний лес;
    (b) оттого́, что их ждут в до́ме тёти;
    (c) оттого́, что им не ну́жно расстава́ться.

III

(40) Наконе́ц мы подхо́дим к до́му мое́й тёти. Почему́-то мне ка́жется невозмо́жным заходи́ть туда́ вме́сте с Ли́лей.

– Ли́ля, ты подождёшь меня́ немно́го? – нереши́тельно прошу́ я. – Я о́чень ско́ро.

– Хорошо́, – соглаша́ется она́. – То́лько недо́лго. Я совсе́м замёрзла. У меня́ замёрзли но́ги. Нет, ты не ду́май, я ра́да, что пое́хала с тобо́й! То́лько ты недо́лго, пра́вда?

Я ухожу́, оставля́я её на тёмной про́секе совсе́м одну́. У меня́ о́чень нехорошо́ на се́рдце.

(41) Тётя и двою́родная сестра́ удивлены́ и обра́дованы. Почему́ я так по́здно? Как я вы́рос! Совсе́м мужчи́на. Наве́рное, я оста́нусь ночева́ть?

двою́родная сестра́ cousin

– Как здоро́вье ма́мы?
– Спаси́бо, о́чень хорошо́.
– Па́па рабо́тает?
– Да, па́па рабо́тает.
– Всё там же? А как здоро́вье дя́ди?

Бо́же мой, ты́сячи вопро́сов! Сестра́ смо́трит расписа́ние поездо́в. Ближа́йший обра́тный по́езд идёт в оди́ннадцать часо́в. Я до́лжен разде́ться и вы́пить ча́ю. И пото́м я до́лжен дать им посмотре́ть на себя́ и рассказа́ть обо всём. Ведь я у них не́ был це́лый год. Год – э́то о́чень мно́го.

разде́ться *p.* to take off one's coat

(42) Меня́ наси́льно раздева́ют. Гори́т пе́чка, я́рко све́тит ла́мпа в ро́зовом абажу́ре, стуча́т стари́нные часы́. О́чень тепло́, и о́чень хо́чется ча́ю. Но на тёмной про́секе меня́ ждёт Ли́ля!

наси́льно against one's will
пе́чка = печь
абажу́р lamp-shade

Наконе́ц я говорю́:

– Прости́те, но я о́чень спешу́... Де́ло в том, что я не оди́н. Меня́ на у́лице ждёт... оди́н прия́тель.

(43) Как меня́ руга́ют! Я совсе́м невоспи́танный челове́к. Ра́зве мо́жно оставля́ть челове́ка на у́лице в тако́й хо́лод! Сестра́ выбега́ет в сад. Немно́го погодя́ она́ вво́дит в ко́мнату Ли́лю. Ли́ля совсе́м бе́лая. Её раздева́ют и сажа́ют к пе́чке. На́ ноги ей надева́ют тёплые ва́ленки.

Понемно́гу мы согрева́емся. Пото́м сади́мся пить чай. Ли́ля ста́ла пунцо́вой от тепла́ и смуще́ния. Она́ почти́ не поднима́ет глаз от ча́шки, то́лько и́зредка стра́шно серьёзно смо́трит на меня́. Но щёки её напряжены́, и на них дрожа́т я́мочки. Я уже́ зна́ю, что э́то зна́чит, и о́чень сча́стлив! Я вы́пил пять стака́нов ча́ю.

Пото́м мы встаём и́з-за стола́. Пора́ е́хать.

руга́ть to scold

немно́го погодя́ a little later

ва́ленки felt boots

согрева́ться *imp.* to get warm

пунцо́вый crimson

и́зредка from time to time

❗

реши́ть	воспи́тывать
реши́тельный	(не)воспи́танный
нереши́тельно	
	ре́дкий
согла́сен	ре́дко
соглаша́ться	и́зредка
удивлён	смущённо
удивля́ться	смуще́ние
	смуща́ть
обра́дован	
обра́доваться	раздева́ться / разде́ться
	разде́ть / раздева́ть кого́?
ночь	согрева́ться / согре́ться
ночева́ть	
си́ла	
си́льный	
наси́льно	

A. You must have guessed the meanings of:

нереши́тельно, соглаша́ться, обра́дованы, удивлены́, ночева́ть, расписа́ние поездо́в, невоспи́танный челове́к, стуча́т часы́.

B. In the text, find the sentences (or parts of sentences) corresponding to these:
1. I had a feeling that I shouldn't go in with Lilya.
2. I felt very uneasy.
3. I had to let them take a look at me.
4. The thing is I am not alone.
5. A minute later she brought Lilya into the room.
6. They helped her off with her coat and made her sit near the stove.
7. Lilya had become crimson with warmth and embarrassment.
8. But her cheeks were tense and there were dimples quivering in them.
9. Then we got up from the table.

278

1. Он оста́вил Ли́лю на про́секе,
   (a) потому́ что он невоспи́танный челове́к;
   (b) потому́ что ду́мал, что оста́нется в до́ме тёти недо́лго;
   (c) потому́ что не хоте́л появи́ться там с ней.
2. Тётя и двою́родная сестра́ за́дали ему́ ты́сячи вопро́сов,
   (a) потому́ что не ви́дели его́ це́лый год;
   (b) потому́ что бы́ли любопы́тны (inquisitive).
3. Тётя и двою́родная сестра́ счита́ли, что он до́лжен оста́ться у них ночева́ть,
   (a) потому́ что ближа́йший обра́тный по́езд пойдёт то́лько у́тром;
   (b) потому́ что они́ не ви́дели его́ це́лый год, и он до́лжен им рассказа́ть обо всём;
   (c) хотя́ они́ и ви́делись совсе́м неда́вно.

♀ D. Which of the sentences contradict the text?

1. Алёше каза́лось вполне́ есте́ственным (natural) зайти́ в дом вме́сте с Ли́лей.
2. Он попроси́л Ли́лю подожда́ть его́.
3. Ли́ля была́ не ра́да, что пое́хала за́ город, потому́ что совсе́м замёрзла.
4. Хотя́ она́ совсе́м замёрзла, она́ была́ сча́стлива, что пое́хала с Алёшей.
5. Ближа́йший обра́тный по́езд шёл о́чень ско́ро.
6. Тётя ви́делась со свои́м племя́нником неда́вно.
7. В ко́мнате бы́ло тепло́ и ую́тно.
8. Сестра́ ввела́ совсе́м замёрзшую Ли́лю в ко́мнату.
9. Ли́ля покрасне́ла от тепла́, но не от смуще́ния.
10. Она́ ве́село разгова́ривала со все́ми.

IV

(44) Мы выхо́дим на у́лицу и пе́рвое вре́мя ничего́ не ви́дим. Отойдя́ от до́ма, мы начина́ем немно́го различа́ть тропи́нку. Ли́ля вдруг начина́ет хохота́ть.

различа́ть *imp.* to make out
хохота́ть *imp.* to laugh loudly

– Како́й у тебя́ был вид! – с трудо́м произно́сит она́. – Ты смотре́л на меня́, как стра́ус, когда́ меня́ привели́.

стра́ус ostrich
хохота́ть во всё го́рло to roar with laughter

Я то́же хохочу́ во всё го́рло. Пото́м мы не́которое вре́мя идём мо́лча.

– Алёша... – говори́т вдруг Ли́ля.

– Да?

– Я хочу́ тебя́ спроси́ть... То́лько ты не смотри́ на меня́. Отверни́сь!

– Ну вот я отверну́лся. То́лько ты смотри́ на доро́гу. А то мы споткнёмся.

споткну́ться *p.* to stumble

– Алёша... Ты хо́чешь меня́ поцелова́ть?

Я всё-таки спотыка́юсь. Тепе́рь я не отвора́чиваюсь бо́льше и внима́тельно смотрю́ на доро́гу.

– Когда́? Сейча́с? – спра́шиваю я.

– Нет, нет... Когда́ мы дойдём до ста́нции.

за́рево glow	(45) Я молчу́. Моро́з, ка́жется, стал слабе́е. Я совсе́м его́ не чу́вствую. И́ли мы так бы́стро идём?
	Я смотрю́ на звёзды. Пото́м вперёд на желтова́тое за́рево над Москво́й. До Москвы́ 30 киломе́тров, но за́рево огне́й ви́дно. Как всё-таки чуде́сна жизнь!
бо́льше не говори́м do not talk any more	(46) Бо́льше до са́мой ста́нции мы не говори́м. У ста́нции Ли́ля срыва́ет ве́точку сосны́ и суёт в карма́н.
срыва́ть *imp.* to pick	Пото́м мы поднима́емся на платфо́рму. Никого́ нет. У ка́ссы горит одна́ ла́мпочка и снег на платфо́рме блести́т, как соль.
пери́ла *pl.* banisters	Мы начина́ем то́пать: о́чень хо́лодно. Ли́ля вдруг отхо́дит от меня́ к пери́лам. Я стою́ на краю́ платфо́рмы и стара́юсь уви́деть огонёк электри́чки.
	(47) – Алёша...– зовёт меня́ Ли́ля. У неё стра́нный го́лос. Я подхожу́. Но́ги мои́ дрожа́т, мне чего́-то стра́шно.
	– Обними́ меня́.
каса́ться *imp.* to touch	Я обнима́ю её, и моё лицо́ почти́ каса́ется её лица́. Я бли́зко ви́жу её глаза́. Я впервы́е ви́жу так бли́зко её
испу́ганный frightened	глаза́. Каки́е они́ у неё больши́е и испу́ганные.
	Почему́ мы молчи́м? Впро́чем, совсе́м не хо́чется говори́ть.
шевели́т губа́ми twitched (her) lips	Ли́ля шевели́т губа́ми. Глаза́ её де́лаются совсе́м чёрными.
что́ же = почему́ шепта́ть = говори́ть шёпотом	– Что́ же ты не целу́ешь меня́?– сла́бо ше́пчет она́. Я смотрю́ на её гу́бы, нагиба́юсь и до́лго целу́ю их,
нагиба́ться *imp.* to bend	и весь мир начина́ет бесшу́мно кружи́ться. Ли́ля смо́трит на меня́, и тепе́рь я ви́жу, как она́ меня́ лю́бит.
кружи́ться *imp.* to spin	(48) Так мы целу́емся в пе́рвый раз. Мы стои́м, не шевеля́сь. Я смотрю́ че́рез её плечо́ в тёмный зи́мний лес за платфо́рмой. Я чу́вствую на своём лице́ её тёплое де́тское дыха́ние и слы́шу стук её се́рдца, а она́, наве́рно, слы́шит стук моего́ се́рдца. Я нахожу́ её гу́бы и опя́ть целу́ю. На э́тот раз она́ закрыва́ет глаза́.
гудо́к whistle	(49) Вдали́ слы́шен ни́зкий гудо́к. Подхо́дит электри́чка. Че́рез мину́ту мы вхо́дим в све́тлый тёплый ваго́н и сади́мся на тёплую скаме́йку. Люде́й в ваго́не ма́ло. Одни́
дрема́ть *imp.* to dose стекло́ pane реши́тельно = соверше́нно	чита́ют, други́е дре́млют. Ли́ля молчи́т всю доро́гу и смо́трит в окно́, хотя́ стёкла замёрзли, на дворе́ ночь и реши́тельно ничего́ нельзя́ уви́деть.

разли́чный различа́ть	бесшу́мно (без + шум)
жёлтый желтова́тый	отвора́чиваться / отверну́ться от кого́? ≠ повора́чиваться / поверну́ться к кому́?
ла́мпа ла́мпочка	поцелова́ть кого́? целова́ться с кем?
круг кружи́ться	дрема́ть / задрема́ть каса́ться / косну́ться

стуча́ть	кружи́ться / закружи́ться
стук	нагиба́ться / нагну́ться
	различа́ть / различи́ть
шёпот	спотыка́ться / споткну́ться
шепта́ть	срыва́ть / сорва́ть
	хохота́ть / захохота́ть

A. You must have guessed the meanings of:

бесшу́мно, стук се́рдца.

B. In the text, find the sentences (or parts of sentences) corresponding to these:

1. I looked at the yellowish glow over Moscow.
2. How big and frightened her eyes were.
3. Lilya's lips twitched.
4. The whole world began spinning noiselessly.
5. A low whistle came from afar.
6. The panes were frosted over, it was dark outside and it was absolutely impossible to make anything out.

C. Which of these sentences contradict the text?

1. Всю доро́гу до ста́нции они́ шли мо́лча.
2. Отойдя́ от до́ма, они́ на́чали хохота́ть.
3. Моро́з стал слабе́е.
4. Алёше показа́лось, что моро́з стал слабе́е.
5. На платфо́рме сне́га не́ было.
6. В электри́чке бы́ло светло́ и тепло́.
7. Ли́ля и Алёша разгова́ривали и хохота́ли всю доро́гу.

D. Reread the third chapter and point out the paragraphs which speak about:

(a) что Алёша потеря́л наде́жду стать вели́ким путеше́ственником;
(b) как он му́чается оттого́, что ещё не нашёл себя́;
(c) как он пыта́ется (tried) пое́хать в экспеди́цию;
(d) как он любу́ется зи́мними су́мерками;
(e) как он хоте́л стать чемпио́ном страны́ по пла́ванию;
(f) о Третьяко́вской галере́е;
(g) о за́пахе ле́са;
(h) как они́ пьют чай у тёти;
(i) как Алёша оставля́ет Ли́лю на про́секе;
(j) как в ко́мнату вво́дят Ли́лю;
(k) о встре́че Алёши с родны́ми;
(l) как подхо́дит обра́тная электри́чка;
(m) каки́е больши́е и испу́ганные глаза́ у Ли́ли;
(n) как они́ возвраща́ются на ста́нцию;
(o) как Ли́ля срыва́ет ве́точку сосны́.

Четвёртая глава

I

указа́ть *p.* to give, to point out
одино́кий lonely

поцелу́й kiss

(50) Наве́рное, никогда́ невозмо́жно с то́чностью указа́ть мину́ту, когда́ пришла́ к тебе́ любо́вь. И я ника́к не могу́ реши́ть, когда́ я полюби́л Ли́лю. Мо́жет быть, тогда́, когда́ я, одино́кий, броди́л по Се́веру? А мо́жет, во вре́мя поцелу́я на платфо́рме? И́ли тогда́, когда́ она́ впервы́е подала́ мне ру́ку и не́жно сказа́ла своё и́мя: Ли́ля? Я не зна́ю. Я то́лько одно́ зна́ю, что тепе́рь уже́ не могу́ без неё. Вся моя́ жизнь тепе́рь де́лится на две ча́сти: до неё и при ней. Как бы я жил и что зна́чил без неё? Я да́же ду́мать об э́том не хочу́, как не хочу́ ду́мать о возмо́жной сме́рти мои́х бли́зких.

зна́чить to mean

(51) Зима́ на́ша прошла́ чуде́сно. Всё бы́ло на́ше, всё о́бщее: про́шлое и бу́дущее, ра́дость и вся жизнь до после́днего дыха́ния. Како́е счастли́вое вре́мя, каки́е дни, како́е головокруже́ние!

вы́разить *p.* to express
обнару́живаться *imp.* to make itself felt
ра́зница difference
взгля́ды views
жесто́ко cruelly
ссо́риться *imp.* to quarrel
кати́ться по́д гору to go downhill

(52) Но весно́й я начина́ю ко́е-что замеча́ть, я то́лько чу́вствую с бо́лью, что наступа́ет что́-то но́вое. Это да́же тру́дно вы́разить. Про́сто у нас обнару́живается ра́зница хара́ктеров. Ей не нра́вятся мои́ взгля́ды, она́ смеётся над мои́ми мечта́ми, смеётся жесто́ко, и мы не́сколько раз ссо́римся. Пото́м... Пото́м всё ка́тится по́д гору, всё быстре́й, всё уга́снее. Всё ча́ще она́ не быва́ет до́ма, всё ча́ще разгово́ры на́ши де́лаются неесте́ственно весёлыми и пусты́ми. Я чу́вствую, как ухо́дит она́ от меня́ с ка́ждым ра́зом всё да́льше, всё да́льше...

тро́гать (*imp.*) **до слёз** to move to tears

еди́нственный the only one

(53) Ско́лько в ми́ре де́вушек, кото́рым семна́дцать лет! Но ты зна́ешь то́лько одну́, то́лько одно́й ты смо́тришь в глаза́, ви́дишь блеск их и глубину́, то́лько её го́лос тро́гает тебя́ до слёз, то́лько её ру́ки ты да́же бои́шься поцелова́ть. Она́ говори́т с тобо́й, слу́шает тебя́, смеётся, молчи́т, и ты ви́дишь, что ты еди́нственный ей ну́жен, что она́ живёт то́лько для тебя́, что тебя́ одного́ лю́бит, та́к же как и ты её.

уйти́ в себя́ to withdraw into one's shell
доста́ть *p.* to reach
свяще́нный поры́в sacred impulse
затаённые мы́сли innermost thoughts

(54) Но вот ты с у́жасом замеча́ешь, что глаза́ её, пре́жде отдава́вшие тебе́ свою́ теплоту́, свой блеск, свою́ жизнь, глаза́ её тепе́рь равноду́шны, ушли́ в себя́ и что вся она́ ушла́ от тебя́ в таку́ю да́льнюю даль, где тебе́ уже́ её не доста́ть, отку́да не верну́ть её. Са́мые свяще́нные твои́ поры́вы, затаённые го́рдые мы́сли – не для неё, и сам ты со свое́й сло́жностью и красото́й свое́й души́ – не для неё. И её жизнь – не для тебя́. Ты да́же мо́жешь стать геро́ем, ге́нием, челове́ком, кото́рым бу́дет горди́ться страна́, но еди́нственного взгля́да ты никогда́ не полу́чишь. Как бо́льно! Как тяжело́ жить!

то́чно	ра́зный	поцелу́й!–*imperative*
то́чный	ра́зница	поцелу́й–*noun*
то́чность		
	блесте́ть	головокруже́ние (голова́ + кружи́ться)
оди́н	блеск	
одино́кий		пусто́й стака́н
одино́чество	даль	пусто́й разгово́р
	да́льний	
больно́й		смея́ться над чем?
бо́льно	сло́жный	
боль	сло́жность	выража́ть/вы́разить
		обнару́живаться/обнару́житься
		ссо́риться/поссо́риться
		тро́гать/тро́нуть
		ука́зывать/указа́ть

A. You must have guessed the meanings of:

указа́ть с то́чностью, возмо́жная смерть, головокруже́ние, боль, неесте́ственно, пусты́е разгово́ры, блеск и глубина́ глаз, тро́гать до слёз, сло́жность, ге́ний.

B. In the text, find the sentences (or parts of sentences) corresponding to these:

1. Now my whole life was divided into two parts: one before I met her, the other with her.
2. How would I have lived and what would I have been without her?
3. I felt with pain that something new was happening.
4. A difference in our characters was beginning to make itself felt.
5. She didn't like my views, she laughed at my dreams.
6. Each time she drifted farther and farther away from me.
7. Only her voice moves you to tears.
8. Her eyes look at you with indifference, they are turned inwards and her whole being has drifted so far away that you can't reach her.
9. You yourself are not for her. And her life is not for you.

II

(55) И вот уже́ весна́... Мно́го со́лнца и све́та, голубо́е не́бо, дере́вья на бульва́рах начина́ют то́нко па́хнуть. Все оживлены́, все собира́ются встреча́ть ма́йский пра́здник. И я, как и все, то́же собира́юсь. Мне подари́ли к ма́ю де́сять рубле́й – и тепе́рь я са́мый бога́тый челове́к! И у меня́ впереди́ це́лых три свобо́дных дня. Три дня, кото́рые я проведу́ с Ли́лей – не ста́нет же она́ и в э́ти дни гото́виться к экза́менам! Нет, я не пойду́ никуда́, никаки́е компа́нии мне не нужны́, я бу́ду э́ти дни вме́сте с ней. Мы так давно́ не́ были вме́сте...

не ста́нет же of course she wouldn't
компа́ния company

(56) Но она́ не мо́жет быть со мной. Ей ну́жно е́хать на да́чу к больно́му дя́де. Её дя́дя бо́лен, и ему́ ску́чно, он хо́чет встре́тить май в кругу́ родны́х, и вот они́ е́дут – её роди́тели и она́. Прекра́сно! О́чень хорошо́ встре́тить май на да́че. Но мне так хо́чется побы́ть с ней... Мо́жет быть, второ́го ма́я?

круг circle

намо́рщить *p.* to wrinkle up

слегка́ = немно́го

глóбус globe

крути́ться *imp.* to turn round

истра́тить *p.* to spend

ма́ло ли куда́ who knows where

ступе́нька stair

о́стрый sharp

ударя́ть *imp.* to stab

па́рень boy

держа́ть по́д руку to hold smb.'s arm

осме́литься *p.* to dare

хму́риться *imp.* to frown

пожа́тие handshake

обижа́ться *imp.* to be offended

влива́ться *imp.* to join

Охо́тный ряд *now* проспе́кт Ма́ркса

греме́ть *imp.* to thunder

репроду́ктор loudspeaker

бума́жка bill

перши́т в го́рле to have a tickle in one's throat

щи́плет глаза́ my eyes smart

(57) Второ́го? Она́ ду́мает, намо́рщив лоб, и слегка́ красне́ет. Да, мо́жет быть, она́ суме́ет... Коне́чно, она́ о́чень хо́чет! Мы ведь так давно́ не́ были вме́сте. Ита́к, второ́го ве́чером, у телегра́фа на у́лице Го́рького.

(58) В назна́ченный час я стою́ у телегра́фа. Как мно́го здесь наро́да! На зда́нии телегра́фа, как всегда́, гло́бус. Ещё су́мерки – но он уже́ све́тится и ме́дленно кру́тится. От све́та иллюмина́ции ли́ца у всех о́чень краси́вые. У меня́ в карма́не де́сять рубле́й. Я их не истра́тил вчера́, и они́ со мной – ма́ло ли куда́ мы мо́жем пойти́ сего́дня. В парк, и́ли в кино́...

(59) Вдруг я ви́жу Ли́лю. Она́ поднима́ется по ступе́нькам, и на неё все огля́дываются – так она́ краси́ва. Я никогда́ не ви́дел её тако́й краси́вой. Се́рдце моё начина́ет стуча́ть. Глаза́ её и́щут кого́-то. Они́ и́щут меня́. Я де́лаю шаг ей навстре́чу, оди́н то́лько шаг, и вдруг о́страя боль ударя́ет мне в се́рдце, и во рту стано́вится су́хо. Она́ не одна́! Ря́дом с ней стои́т па́рень в шля́пе и смо́трит на меня́. Он краси́вый, э́тот па́рень, и он де́ржит её по́д руку. Да, он де́ржит её по́д руку, а я ведь то́лько на второ́й ме́сяц осме́лился взять её по́д руку.

– Здра́вствуй, Алёша, – говори́т Ли́ля. Го́лос у неё дрожи́т немно́го, а в глаза́х смуще́ние, совсе́м ма́ленькое. – Ты давно́ ждёшь? Мы, ка́жется, опозда́ли...

(60) Она́ смо́трит на больши́е часы́ под гло́бусом и хму́рится. Пото́м она́ повора́чивает го́лову и смо́трит на па́рня. У неё о́чень не́жная ше́я, когда́ она́ смо́трит на него́. Смотре́ла ли она́ так на меня́?

– Познако́мьтесь, пожа́луйста!

Мы знако́мимся. Он кре́пко жмёт мне ру́ку. В его́ пожа́тии уве́ренность.

(61) – Ты зна́ешь, Алёша, сего́дня у нас с тобо́й ничего́ не вы́йдет. Мы идём в Большо́й теа́тр... Ты не обижа́ешься?

– Нет, я не обижа́юсь.

– Ты прово́дишь нас немно́го? Тебе́ ведь всё равно́ сейча́с не́чего де́лать.

– Провожу́. Мне действи́тельно не́чего де́лать.

Мы влива́емся в пото́к и вме́сте с пото́ком дви́жемся вниз к Охо́тному ря́ду. Заче́м я иду́? Что со мной де́лается? Круго́м пою́т. Игра́ют аккордео́ны. На кры́шах домо́в гремя́т репроду́кторы. В карма́не у меня́ де́сять рубле́й! Совсе́м но́вая бума́жка. Но заче́м я иду́, куда́ я иду́!

(62) Мы повора́чиваем к Большо́му теа́тру. Мы идём все ря́дом, втроём. Тепе́рь не я держу́ её по́д руку. И она́ уже́ не со мной, она́ с ним. Она́ сейча́с о́чень далеко́ от меня́. Почему́ у меня́ перши́т в го́рле? И щи́плет глаза́? Заболе́л я, что ли? Дохо́дим до Большо́го теа́тра, оста-

284

на́вливаемся. Молчи́м. Соверше́нно не́ о чем говори́ть. Я ви́жу, как па́рень лего́нько сжима́ет её ло́коть.

(63) – Ну, мы пойдём. До свида́ния! – говори́т Ли́ля и улыба́ется мне. Кака́я у неё винова́тая и в то́ же вре́мя отсу́тствующая улы́бка!

Я пожима́ю её ру́ку. Всё-таки у неё прекра́сная рука́. Они́ неторопли́во иду́т под коло́нны. А я стою́ и смотрю́ ей вслед. Она́ о́чень вы́росла за э́тот год. Ей уже́ семна́дцать лет. У неё лёгкая фигу́ра.

(64) Она́ ухо́дит и не огля́дывается. Ра́ньше она́ всегда́ огля́дывалась, когда́ уходи́ла. Иногда́ она́ да́же возвраща́лась, внима́тельно смотре́ла мне в лицо́ и спра́шивала:

– Ты что́-то хо́чешь мне сказа́ть?

– Нет, ничего́, – отвеча́л я со сме́хом, счастли́вый оттого́, что она́ верну́лась.

– Поцелу́й меня́!

И я целова́л её, па́хнущую моро́зом, на пло́щади и́ли на углу́ у́лицы. Она́ люби́ла э́ти мгнове́нные поцелу́и на у́лице.

– Отку́да им знать? – говори́ла она́ о лю́дях, кото́рые могли́ уви́деть наш поцелу́й. – Они́ ничего́ не зна́ют. Мо́жет быть, мы брат и сестра́. Пра́вда?

Тепе́рь она́ не огля́дывается. Я стою́, и ми́мо меня́ иду́т лю́ди, обхо́дят меня́, как столб, как вещь. То и де́ло слы́шен смех. Иду́т по́ двое, и по́ трое, и це́лыми гру́ппами, – совсе́м нет одино́ких. Одино́кому невыноси́мо на пра́здничной у́лице. Одино́кие, наве́рно, сидя́т до́ма. Я стою́ и смотрю́...

ло́коть *m.* elbow

винова́тый guilty
отсу́тствовать *imp.* to be vacant
неторопли́во unhurriedly

Отку́да им знать? What do they know about us?

обходи́ть *imp.* to pass
то и де́ло incessantly
по́ двое in twos
невыноси́мо (it is) unbearable

❗

морщи́нка
мо́рщить лоб

сме́лый
осме́ливаться

май
ма́йский

уве́рен
уве́ренность

немно́го
немно́жко

жать ру́ку
пожа́тие

лёгкий
легко́
лего́нько
слегка́

круг
кружо́к
кру́глый
круго́м (где?)
вокру́г

о́стрый нож
о́страя боль

пото́к слов
пото́к люде́й

прису́тствовать ≠ отсу́тствовать

влива́ться / вли́ться
греме́ть / загреме́ть
обижа́ться / оби́деться
огля́дываться / огляну́ться
осме́ливаться / осме́литься
тра́тить / истра́тить
ударя́ть / уда́рить

мгнове́ние
мгнове́нный

A. You must have guessed that the *майский праздник* mentioned in the text is May Day–one of the most popular Soviet holidays.

You must have also guessed the meanings of:

тонко пахнуть, встречать праздник, готовиться к экзаменам, компания, в кругу родных, иллюминация, в назначенный час, острая боль, крепко жать руку, уверенность, аккордеон, совсем новая бумажка, виноватая улыбка, отсутствующая улыбка, колонна, легонько сжимать локоть, мгновенный поцелуй.

B. In the text, find the sentences (or parts of sentences) corresponding to these:

1. I was given ten roubles for May Day.
2. He wished to celebrate May Day with his family.
3. I had not spent the money the day before and I still had it on me, for there was no knowing where we might end up.
4. There was confidence in his handshake.
5. Our arrangement for today has fallen through.
6. You have nothing to do at the moment anyway.
7. We joined the stream of people.
8. What was happening to me?
9. Had I fallen ill, or what?
10. There was nothing to talk about.
11. People passed me by as if I were a post, an object.
12. Frequent laughter could be heard.
13. People walked in twos, threes or in whole groups.
14. It's unbearable to be lonely in a festive street.

C. Which of these sentences contradict the text?

1. Алёше ничего не подарили к празднику.
2. Лиля должна была готовиться к экзаменам.
3. Лиля согласилась провести праздник вместе с Алёшей.
4. Она с нетерпением ждала свидания с Алёшей.
5. Она согласилась провести вместе с Алёшей вечер второго мая.
6. Лиля без смущения поздоровалась с Алёшей.
7. Лиля смотрит на парня, и в глазах её – любовь.
8. Алёша с радостью проводил их до театра.
9. Алёше хотелось плакать.
10. Хотя Лиля ушла, на праздничной улице Алёша не чувствовал себя одиноким.

D. Complete the sentences in accordance with the text.

1. Алёша чувствовал себя счастливым человеком,
   (a) потому что у него в кармане было 10 рублей;
   (b) потому что ему не надо было готовиться к экзаменам;
   (c) потому что он надеялся провести три праздничных дня с Лилей;
   (d) потому что Лиля обещала провести праздничные дни с ним.
2. Увидев Лилю, Алёша сделал шаг вперёд
   (a) и не удивился, что она была не одна;
   (b) и обрадовался, что она была не одна;
   (c) и острая боль ударила ему в сердце.

286

E. Reread the whole fourth chapter and point out the paragraphs which speak:

(a) о том, как начина́ют изменя́ться их отноше́ния и в чём э́то обна-
ру́живается (to be revealed);

(b) о том, что жизнь Алёши раздели́лась на две ча́сти;

(c) о том, как прошла́ зима́;

(d) о наступле́нии ма́йских пра́здников;

(e) как он уви́дел Ли́лю с незнако́мым па́рнем;

(f) что Ли́ля не мо́жет быть Пе́рвого ма́я с Алёшей;

(g) как Алёша знако́мится со спу́тником Ли́ли;

(h) как Алёша провожа́ет их до Большо́го теа́тра;

(i) как ухо́дит Ли́ля;

(j) как она́ уходи́ла ра́ньше.

F. In the spring Alyosha began to notice, with pain and anguish, that their relations were changing. Find quotations in the text which prove it (see paragraphs 52, 54 and 64).

G. Why did Lilya refuse to go to the Boshoi Theatre when Alyosha was away in the North? Why did she go to the theatre later, when Alyosha was in Moscow?

H. Look at the map of central Moscow on p. 273 and point out the route taken by the characters that evening.

I. Point out the sentences or parts of sentences which describe how Soviet people celebrate May Day.

Пя́тая глава́

(65) Прошёл год. Мир не разру́шился – жизнь не оста-
нови́лась. Я почти́ забы́л о Ли́ле. Да, я забы́л о ней,
верне́е, я стара́лся не ду́мать о ней. Заче́м ду́мать? Оди́н
раз я встре́тился с ней на у́лице. Пра́вда, у меня́ похоло-
де́ла спина́, но я держа́лся ро́вно. Я совсе́м потеря́л ин-
тере́с к её жи́зни. Я не спра́шивал, как она́ живёт, а она́
не спроси́ла, как живу́ я. Хотя́ у меня́ произошло́ за
э́тот год мно́го но́вого. Год – э́то ведь о́чень мно́го!

разру́шиться *p.* to fall apart

держа́ться *imp.* to behave

(66) Я учу́сь в институ́те. Я о́чень хорошо́ учу́сь,
никто́ не отвлека́ет меня́ от учёбы, никто́ не зовёт меня́
гуля́ть. У меня́ мно́го обще́ственной рабо́ты. Я занима́юсь
пла́ванием и уже́ вы́полнил но́рму пе́рвого разря́да. На-
коне́ц-то я овладе́л кро́лем. Кроль – са́мый стреми́тельный
стиль. Впро́чем, э́то не ва́жно.

отвлека́ть *imp.* to attract away from
разря́д rating, class
овладе́ть *p.* to master

(67) Одна́жды я получи́л от неё письмо́. Опя́ть весна́,
сно́ва май, у меня́ о́чень легко́ на душе́. Я люблю́ весну́.
Я сдаю́ экза́мены и перехожу́ на второ́й курс. И вот
я получа́ю от неё письмо́. Она́ пи́шет, что вы́шла за́муж.
Ещё она́ пи́шет, что уезжа́ет с му́жем на Се́вер, и о́чень
про́сит прийти́ проводи́ть её. Она́ называ́ет меня́ «ми́-
лый», и она́ пи́шет в конце́ письма́: «Твоя́ ста́рая, ста́-
рая знако́мая».

переходи́ть на второ́й
курс to become a sec-
ond-year student

обои wall-paper

раз = éсли
Почему́ бы нет? Why not?
враг enemy
тем бо́лее что especially as

перро́н = платфо́рма
внеза́пно = неожи́данно

то́тчас = сра́зу

приве́тливо affably
великоду́шно magnanimously
вот я и да́ма now I am a married woman

деревене́ет becomes wooden

скрипе́ть *imp.* to creak

беспе́чно carelessly

загора́ться *imp.* to light, to go up

(68) Я до́лго сижу́ и смотрю́ на обо́и. У нас краси́вые обо́и с о́чень сло́жным рису́нком. Я люблю́ смотре́ть на э́ти рису́нки. Коне́чно, я провожу́ её, раз она́ хо́чет. Почему́ бы нет? Она́ не враг мой, она́ не сде́лала мне ничего́ плохо́го. Я провожу́ её, тем бо́лее, что я давно́ всё забы́л: ма́ло ли чего́ не быва́ет в жи́зни! Ра́зве всё запо́мнишь, что случи́лось с тобо́й год наза́д.

(69) Я е́ду на вокза́л в тот день и час, кото́рые она́ написа́ла мне в письме́. До́лго ищу́ я её на перро́не, наконе́ц нахожу́. Я уви́дел её внеза́пно и да́же вздро́гнул. Она́ стои́т в све́тлом пла́тье с откры́тыми рука́ми, и пе́рвый зага́р уже́ тро́нул её ру́ки. Но лицо́ измени́лось, оно́ ста́ло лицо́м же́нщины. Она́ уже́ не де́вочка, нет, не де́вочка... С ней стоя́т родны́е и муж—тот са́мый па́рень. Они́ все гро́мко говоря́т и смею́тся, но я замеча́ю, как Ли́ля нетерпели́во огля́дывается: ждёт меня́.

(70) Я подхожу́. Она́ то́тчас берёт меня́ под руку.

— Я на одну́ мину́тку,—говори́т она́ му́жу с не́жной улы́бкой.

Муж кива́ет и приве́тливо смо́трит на меня́. Да, он меня́ по́мнит. Он великоду́шно протя́гивает мне ру́ку. Пото́м мы с Ли́лей отхо́дим.

— Ну, вот я и да́ма, и уезжа́ю, и проща́й Москва́,—говори́т Ли́ля и гру́стно смо́трит на ба́шни вокза́ла.—Я ра́да, что ты прие́хал. Стра́нно ка́к-то всё... Ты о́чень вы́рос... Как ты живёшь?

— Хорошо́,—говорю́ я и пыта́юсь улыбну́ться. Но улы́бка у меня́ не получа́ется, почему́-то деревене́ет лицо́. Ли́ля внима́тельно смо́трит на меня́, на лбу у неё появля́ется морщи́нка. Это у неё всегда́, когда́ она́ ду́мает.

— Что с тобо́й?—спра́шивает она́.

— Ничего́. Я про́сто рад за тебя́. Давно́ вы пожени́лись?

— Всего́ неде́лю. Это тако́е сча́стье!

(71) Вдруг она́ начина́ет смея́ться.

— Ты зна́ешь, я вспо́мнила... По́мнишь, зимо́й на платфо́рме мы с тобо́й поцелова́лись? Я тебя́ поцелова́ла, а ты дрожа́л так, что платфо́рма скрипе́ла. Ха-ха-ха!.. У тебя́ был тогда́ глу́пый вид.

Она́ смеётся. Пото́м смо́трит на меня́ весёлыми се́рыми глаза́ми. Днём у неё глаза́ се́рые. То́лько ве́чером они́ ка́жутся тёмными. На щека́х у неё дрожа́т я́мочки.

— Каки́е дураки́ мы бы́ли!—беспе́чно говори́т она́ и огля́дывается на му́жа. Во взгля́де её не́жность.

— Да, мы бы́ли дураки́,—соглаша́юсь я.

— Нет, дураки́—не так, не то... Мы бы́ли про́сто глу́пые де́ти.

Впереди́ загора́ется зелёный огонёк светофо́ра. Ли́ля идёт к ваго́ну. Её ждут.

(72) – Ну, проща́й!–говори́т она́.–Нет, до свида́ния! **Проща́й!** Farewell!
Я тебе́ напишу́ обяза́тельно!

– Хорошо́.

Я зна́ю, что она́ не напи́шет. Заче́м? И она́ зна́ет э́то. Она́ сбо́ку смо́трит на меня́ и немно́го красне́ет.

– Я всё-таки ра́да, что ты прие́хал проводи́ть. И, коне́чно, без цвето́в! Ты никогда́ не подари́л мне ни одного́ цветка́!

Она́ оставля́ет мою́ ру́ку, берёт по́д руку му́жа, и они́ поднима́ются на площа́дку ваго́на. **площа́дка** platform

(73) Обы́чное де́ло, де́вушка вы́шла за́муж–э́то всегда́ так случа́ется. Де́вушки выхо́дят за́муж, э́то о́чень хорошо́. Пло́хо то́лько, что я не могу́ пла́кать. После́дний раз я пла́кал в пятна́дцать лет. Тепе́рь мне двадца́тый. И се́рдце стои́т в го́рле и поднима́ется всё вы́ше–ско́ро его́ уже́ мо́жно бу́дет жева́ть, а я не могу́ пла́кать. О́чень **жева́ть** *imp.* to chew хорошо́, что де́вушки выхо́дят за́муж...

(74) До́ма я не́которое вре́мя ду́маю о Ли́ле. Пото́м я сно́ва начина́ю рассма́тривать рису́нки на обо́ях. Е́сли смотре́ть на них внима́тельно, мо́жно уви́деть мно́го любопы́тного. Мо́жно уви́деть джу́нгли и слоно́в. Или фигу́- **любопы́тное** curious ры стра́нных люде́й. Или ли́ца свои́х друзе́й. То́лько лица́ thing Ли́ли нет на обо́ях...

(75) Наве́рное, она́ сейча́с проезжа́ет ми́мо той плат- фо́рмы, на кото́рой мы поцелова́лись в пе́рвый раз. По- смо́трит ли она́ на э́ту платфо́рму? Поду́мает ли обо мне́? Впро́чем, заче́м ей смотре́ть? Она́ смо́трит сейча́с на своего́ му́жа. Она́ его́ лю́бит. Он о́чень краси́вый, её муж.

❗

холо́дный – похолоде́ть
бле́дный – побледне́ть
кра́сный – покрасне́ть
худо́й – похуде́ть

обще́ственный укла́д
обще́ственная рабо́та

легко́ на се́рдце (на душе́)
тяжело́ на се́рдце (на душе́)

сло́жный ≠ просто́й
нетерпели́во = с нетерпе́нием

друг ≠ враг
глу́пый ≠ у́мный

площадь
площа́дка

учи́ться
учёба

загоре́ть
зага́р

до свида́ния
проща́й
проща́йте

гру́стно
гру́стный
грусть

не́жно
не́жный
не́жность

она́ вы́шла за́муж
он жени́лся
они́ пожени́лись
она́ за́мужем
он жена́т
они́ жена́ты

загора́ться / загоре́ться
овладе́ть / овладева́ть
отвлека́ть / отвле́чь
разруша́ться / разру́шиться
рассма́тривать / рассмот-
ре́ть

A. You must have guessed the meanings of:

похолодела спина, я держался ровно, общественная работа, учёба, норма, сложный рисунок, загар, нетерпеливо, они поженились, рассматривать, джунгли.

B. In the text, find the sentences (or parts of sentences) corresponding to these:

1. The world had not fallen apart and life was going on.
2. I had lost interest in her life.
3. I felt very light-hearted.
4. Of course I will see her off if she wants me to. Why shouldn't I?
5. I will see her off, especially as I have long since forgotten everything, for all kinds of things happen in life!
6. But the smile didn't come out: for some reason my face froze.
7. You looked stupid then.
8. There was tenderness in her eyes.
9. If one looks at it carefully, one can see many curious things on it.

C. Which of these sentences contradict the text?

1. Жизнь остановилась для Алёши.
2. Он старался забыть о Лиле.
3. Встретившись однажды на улице, они с интересом расспрашивали (asked) друг друга о жизни.
4. Мечта Алёши об успешных занятиях спортом не сбылась.
5. Он поехал на вокзал в тот день и час, о которых она написала в письме.
6. Когда Алёша увидел Лилю на перроне, он был спокоен: ведь он давно всё забыл.
7. Лиля совершенно не изменилась, она была такой же, как и год назад.
8. Лиля ждала Алёшу.
9. Муж Лили встретил Алёшу приветливо.
10. Алёша весело улыбался Лиле.
11. Впереди загорелся огонёк светофора, но Лиля продолжала разговаривать с Алёшей.
12. Хотя Лиля обещает Алёше написать, и он и она знают, что этого не будет.
13. Алёша пришёл на вокзал с цветами.

D. In the text, find the sentences which bear out that:

1. Встретившись на улице с Лилей, Алёша внешне был спокоен.
2. Ему никто и ничто не мешает учиться.
3. Он успешно занимается спортом.
4. Алёша окончил первый курс.

E. Reread the whole fifth chapter and point out the paragraphs which speak:

(a) об успехах Алёши в институте;
(b) о встрече Алёши и Лили на улице;
(c) о письме Лили;
(d) как счастлива Лиля;
(e) о том, как изменилась Лиля;
(f) как Лиля вспоминает об их первом поцелуе;

(g) о том, что заму́жество – обы́чное де́ло;

(h) что Ли́ля обеща́ла написа́ть Алёше.

F. Lilya said she was happy. Do you believe her? Find quotations in the text to support your answer. (Paragraphs 70 and 71 will prove helpful.)

G. Alyosha said he had long since forgotten everything. Do you belive him? Find quotations in the text to support your answer. (Paragraphs 65, 69, 70, 71 and 73 will prove helpful.)

Шеста́я глава́

(76) Ничто́ не ве́чно в э́том ми́ре, да́же го́ре. А жизнь не остана́вливается. Нет, никогда́ не остана́вливается жизнь, вла́стно вхо́дит в твою́ ду́шу, и все твои́ печа́ли исчеза́ют, как дым, ма́ленькие челове́ческие печа́ли, совсе́м ма́ленькие по сравне́нию с жи́знью. Так прекра́сно устро́ен мир.

по сравне́нию с in comparison with
устро́ить *p.* to make
ю́ность *f.* youth

(77) Тепе́рь я конча́ю институ́т. Ко́нчилась моя́ ю́ность, отошла́ далеко́-далеко́, навсегда́. И э́то хорошо́: я взро́слый челове́к и всё могу́. Ско́ро я пое́ду на Се́вер. Не зна́ю, почему́-то меня́ всё-таки тя́нет на Се́вер. Наве́рное, потому́, что я там охо́тился когда́-то и был сча́стлив. Ли́лю я совсе́м забы́л, ведь сто́лько лет прошло́! Бы́ло бы о́чень тру́дно жить, е́сли бы ничего́ не забыва́лось. Но, к сча́стью, мно́гое забыва́ется. Коне́чно, она́ так и не написа́ла мне с Се́вера. Где она́ – я не зна́ю, да и не хочу́ знать. Я о ней совсе́м не ду́маю. Жизнь у меня́ хоро́шая. Пра́вда, я не стал ни поэ́том, ни музыка́нтом... Ну, что ж, не все стано́вятся поэ́тами! Спорти́вные соревнова́ния, конфере́нции, пра́ктика, экза́мены – всё э́то о́чень интересу́ет меня́, ни одно́й мину́ты нет свобо́дной. Кро́ме того́, я научи́лся танцева́ть, познако́мился со мно́гими краси́выми и у́мными де́вушками, встреча́юсь с ни́ми, в не́которых влюбля́юсь, и они́ влюбля́ются в меня́...

тяну́ть to draw

(78) Но иногда́ мне сни́тся Ли́ля. Она́ прихо́дит ко мне во сне, и я сно́ва слы́шу её го́лос, её не́жный смех, тро́гаю её ру́ки, говорю́ с ней – о чём, не по́мню. Иногда́ она́ печа́льна и темна́, иногда́ ра́достна, на щека́х её дрожа́т я́мочки, о́чень ма́ленькие, совсе́м незаме́тные для чужо́го взгля́да. И я тогда́ вновь ожива́ю, и то́же смею́сь, и чу́вствую себя́ ю́ным и засте́нчивым, бу́дто мне по-пре́жнему семна́дцать лет, бу́дто я сча́стлив и люблю́ впервы́е в жи́зни.

сни́ться *imp.* to dream (about)

ожива́ть *imp.* to come to life
засте́нчивый shy

(79) Я просыпа́юсь у́тром, е́ду в институ́т на ле́кции, выступа́ю на комсомо́льском собра́нии. Но мне почему́-то тяжело́ в э́тот день и хо́чется побы́ть одному́, посиде́ть где́-нибудь с закры́тыми глаза́ми.

просыпа́ться *imp.* to wake

(80) Но э́то быва́ет ре́дко. И пото́м э́то всё сны. Сны, сны... Непро́шеные сны!

Я не хочу́ снов. Я люблю́, когда́ мне сни́тся му́зыка. Говоря́т, е́сли спать на пра́вом боку́, то снов не бу́дет.

непро́шеные сны unwelcome dreams
бок side

Я ста́ну спать тепе́рь на пра́вом боку́. Я бу́ду спать кре́пко и у́тром про-
сыпа́ться весёлым. Жизнь ведь так прекра́сна!

Ах, как я не хочу́ снов!

власть	сра́внивать	жизнь век
вла́стно	сравне́ние	жить ве́чно
		живо́й ве́чный
сон	ю́ноша	
сни́ться	ю́ный	просыпа́ться / просну́ться
	ю́ность	
ожива́ть		
оживлённый	кре́пко пожа́ть ру́ку	
	кре́пко спать	
проси́ть		
непро́шеный		

A. You must have guessed the meanings of:

вла́стно, войти́ в ду́шу, ю́ность, так устро́ен мир, по сравне́нию, пра́ктика,
она́ печа́льна, непро́шеные сны, кре́пко спать.

B. In the text, find the sentences (or parts of sentences) corresponding to these:

1. Life masterfully takes possession of one's heart and all one's sorrows
vanish like smoke.
2. My youth had receded far into the past, for ever.
3. Somehow the North still continues to draw me.
4. I had quite forgotten Lilya.
5. It would be very difficult to live if nothing were forgotten.
6. But fortunately much is forgotten.
7. And then I come back to life again and feel young and shy.
8. And then there are those dreams, unwelcome dreams!

C. Point out the paragraphs which speak:

(a) о жи́зни;
(b) о снах;
(c) о пла́нах Алёши на бу́дущее;
(d) об институ́те, в кото́ром у́чится Алёша.

D. Reread paragraphs 76, 77 and 78. Do you agree with Alyosha's views of life?

E. What else did we learn about Alyosha? (See paragraph 77.)

Now you have read a fairly long work of fiction, which was but slightly adapted.
Although it may have been not so easy for you to read it, we hope you read it
with pleasure and satisfaction.

The story *The Blue and the Green* was written by the well-known Soviet author Yuri Ka-
zakov (1927-1982).

If you want to read more about incipient love, we recommend that you read the story
First Love by I. S. Turgenev (1818-1883) and *The Wild Dog Dingo, or a Story of First Love* by
R. Frayerman (1891-1972).

РУКОПОЖА́ТИЕ В КО́СМОСЕ

(1) Ию́ль 1975 го́да уже́ на́зван «косми́ческим ме́сяцем челове́чества». Так он и оста́нется в исто́рии вме́сте с октябрём 1957-го, апре́лем 1961-го, ию́лем 1969-го.

(2) Старт пе́рвого сове́тского спу́тника Земли́ (1957) откры́л лю́дям доро́гу в ко́смос.

(3) Ю́рий Гага́рин (1961) всего́ 108 мину́т был за преде́лами Земли́, но его́ по́двиг стал бессме́ртным, потому́ что он доказа́л: челове́к мо́жет покори́ть ко́смос.

(4) Америка́нец Нил А́рмстронг шагну́л на Луну́ (1969), и с э́того моме́нта челове́чество вступи́ло впервы́е в други́е миры́.

(5) В ию́ле 1975 го́да в ко́смосе встре́тились и состыкова́лись сове́тский и америка́нский косми́ческие корабли́ «Сою́з» и «Аполло́н».

(6) Сове́тские космона́вты и америка́нские астрона́вты рабо́тали вме́сте. Совершён ещё оди́н нау́чный по́двиг! Во вре́мя совме́стного полёта проведены́ важне́йшие астрофизи́ческие, технологи́ческие, геофизи́ческие и биологи-

всего́ = то́лько
преде́л limit
за преде́лами beyond
the confines
покори́ть *p.* to conquer
вступи́ть *p.* to enter
в други́е миры́ other
worlds
состыкова́ться *p.* to
dock

ческие экспериме́нты. Испы́таны совме́стные агрега́ты, ко-
то́рые позво́лят в бу́дущем помога́ть в ко́смосе корабля́м, те́рпящим бе́дствие.

(7) Байкону́р и мыс Кана́верал – настоя́щее, кото́рое бу́дет жить в бу́дущем.

(8) Байкону́р на́чал косми́ческую э́ру челове́чества. Отсю́да ушли́ в ко́смос Ю́рий Гага́рин, корабли́ «Восто́к», «Восхо́д», «Сою́з», орбита́льные ста́нции «Салю́т», автомати́ческие ста́нции к Луне́, Ма́рсу и Вене́ре.

(9) Мыс Кана́верал посыла́л за преде́лы Земли́ «Мерку́рий» и «Дже́мини», экспеди́ции на Луну́, «Ска́йлэб», автома́ты к бли́жним и да́льним плане́там.

(10) В ию́ле 1975 го́да Байкону́р и Кана́верал объедини́лись, что́бы провести́ совме́стный полёт «Сою́за» и «Аполло́на».

(11) 24 ма́я 1972 го́да ме́жду Сове́тским Сою́зом и Соединёнными Шта́тами Аме́рики бы́ло подпи́сано Соглаше́ние о сотру́дничестве в иссле́довании и испо́льзовании косми́ческого простра́нства в ми́рных це́лях.

(12) В э́том Соглаше́нии об эксперимента́льном полёте «Аполло́н» – «Сою́з» (ЭПАС) напи́сано всего́ не́сколько стро́чек. Че́рез три го́да, 15 ию́ля 1975 го́да в 15 часо́в 20 мину́т по моско́вскому вре́мени, ЭПАС воплоти́лся в 100 томо́в техни́ческой документа́ции, в три раке́ты-носи́теля, гото́вых к ста́рту, в сложне́йшие ко́мплексы Це́нтров управле́ния и ста́нций слеже́ния СССР и США, рабо́тавших по еди́ной програ́мме.

(13) Всё, что происходи́ло на Земле́ и в ко́смосе, мы ви́дели: телеви́дение сде́лало нас свиде́телями тех собы́тий.
Дава́йте вспо́мним вме́сте...

(!)

рукопожа́тие (рука́ + пожа́ть)
бессме́ртный (без + смерть)
межплане́тный (ме́жду + плане́та)

косми́ческий кора́бль
косми́ческая э́ра
косми́ческое простра́нство

испы́тывать
испыта́ние

управля́ть
управле́ние

орби́та
орбита́льная ста́нция

ста́нция метро́
ста́нция слеже́ния

носи́ть
раке́та-носи́тель

челове́к
челове́чество

шаг
шагну́ть

соглаша́ться
соглаше́ние

экспериме́нт
эксперимента́льный

докуме́нт
документа́ция

вступа́ть / вступи́ть

межпланéтная стáнция

Аполлóн Apollo
Марс Mars
Венéра Venus
Меркýрий Mercury

испы́тывать / испытáть
объединя́ться / объедини́ться
покоря́ть / покори́ть

Джéмини Gemini
Скáйлэб Skylab
Канáверал Canaveral

A. You must have guessed the meanings of:

рукопожáтие, остáться в истóрии, откры́ть дорóгу в кóсмос, быть за пре-дéлами Земли́, бессмéртный пóдвиг, технологи́ческие, геофизи́ческие и биоло-ги́ческие эксперимéнты, агрегáт, совмéстный агрегáт, косми́ческая э́ра, «Салю́т», межпланéтная стáнция, экспеди́ция, в ми́рных цéлях, эксперимéнтальный проéкт, центр управлéния, рабóтать по еди́ной прогрáмме.

You must have also guessed that Байконýр is a Soviet space-vehicle launching site and that «Востóк», «Восхóд» and «Союз» are the names of various types of Soviet, and «Меркýрий», «Джéмини», «Скáйлэб» and «Аполлóн» of American, spaceships.

B. In the text, find the sentences (or parts of sentences) corresponding to these:

1. Man can conquer Space.
2. At that moment mankind first stepped into other worlds.
3. One more scientific feat had been accomplished!
4. The jointly developed mechanisms had been tested, which would make it possible, in future, to help spaceships in distress.
5. An Agreement on Cooperation in the Exploration and Use of Space for Peaceful Purposes was signed.
6. Television made us witness to those events.

C. Point out the paragraphs which speak:

(a) о Ю́рии Гагáрине;
(b) о совмéстной наýчной рабóте америкáнских и совéтских космонáвтов;
(c) о полёте человéка на Лунý;
(d) о начáле покорéния человéком кóсмоса;
(e) о стыкóвке совéтского и америкáнского косми́ческих кораблéй;
(f) о Ни́ле Áрмстронге;
(g) о совéтском и америкáнском космодрóмах;

D. In the text, find the sentences which bear out that:

(a) совéтские и америкáнские космонáвты и учёные соверши́ли наýчный пóдвиг;
(b) создáние (production) и испытáние агрегáтов для стыкóвки имéет боль-шóе практи́ческое значéние для дальнéйшего покорéния кóсмоса;
(c) прогрáмма ЭПÁС – лишь часть Соглашéния о сотрýдничестве в исслé-довании и испóльзовании косми́ческого прострáнства в ми́рных цéлях.

* * *

Вот что сообщáло в э́ти дни Телегрáфное агéнтство Совéтского Союза (ТАСС):

(1) 15 июля 1975 гóда в 15 часóв 20 минýт по мос-кóвскому врéмени в Совéтском Союзе произведён зáпуск   **зáпуск** launching

косми́ческого корабля́ «Сою́з-19». Его́ пилоти́рует экипа́ж в соста́ве команди́ра корабля́ Геро́я Сове́тского Сою́за лётчика-космона́вта СССР полко́вника Лео́нова Алексе́я Архи́повича и бортинжене́ра Геро́я Сове́тского Сою́за лётчика-космона́вта СССР кандида́та техни́ческих нау́к Куба́сова Вале́рия Никола́евича.

(2) Полёт прово́дится в соотве́тствии с «Соглаше́нием ме́жду Сою́зом Сове́тских Социалисти́ческих Респу́блик и Соединёнными Шта́тами Аме́рики о сотру́дничестве в иссле́довании косми́ческого простра́нства в ми́рных це́лях от 24 ма́я 1972 го́да».

(3) Космона́вты Алексе́й Лео́нов и Вале́рий Куба́сов чу́вствуют себя́ хорошо́ и приступи́ли к выполне́нию програ́ммы полёта.

(4) ХЬЮ́ОСТОН, ЦЕНТР УПРАВЛЕ́НИЯ ПОЛЁТОМ 15 ИЮ́ЛЯ (*Спец. корр. ТАСС*) В соотве́тствии с програ́ммой совме́стного сове́тско-америка́нского косми́ческого экспериме́нта сего́дня в 22 часа́ 50 мину́т по моско́вскому вре́мени в Це́нтре косми́ческих полётов и́мени Дж. Ке́ннеди (мыс Кана́верал) был произведён за́пуск америка́нского корабля́ «Аполло́н». На борту́ корабля́ экипа́ж в соста́ве То́маса Ста́ффорда (команди́р корабля́), Вэ́нса Бра́нда и До́налда Сле́йтона.

(5) По сообще́нию Це́нтра управле́ния полётом самочу́вствие чле́нов экипа́жа хоро́шее. Они́ приступи́ли к выполне́нию програ́ммы полёта.

(6) 17 ию́ля 1975 го́да в 19 часо́в 12 мину́т по моско́вскому вре́мени произведена́ стыко́вка косми́ческого корабля́ «Сою́з-19» и америка́нского корабля́ «Аполло́н».

(7) Впервы́е в исто́рии космона́втики в совме́стном полёте принима́ют уча́стие иссле́дователи ко́смоса двух стран: сове́тские космона́вты – Алексе́й Лео́нов и Вале́рий Куба́сов и америка́нские – То́мас Ста́ффорд, Вэнс Бранд и До́налд Сле́йтон.

(8) В тече́ние двухсу́точного совме́стного полёта косми́ческих корабле́й «Сою́з-19» и «Аполло́н» их экипа́жи соверша́т взаи́мные перехо́ды из одного́ корабля́ в друго́й и совме́стные нау́чные экспериме́нты.

(9) В соотве́тствии с договорённостью ме́жду сове́тской и америка́нской сторона́ми во вре́мя перехо́дов космона́вты обменя́ются национа́льными фла́гами, те́кстами Соглаше́ния ме́жду СССР и США о сотру́дничестве в иссле́довании и испо́льзовании косми́ческого простра́нства в ми́рных це́лях, па́мятными меда́лями, а та́кже семена́ми дере́вьев, кото́рые бу́дут поса́жены в СССР и США.

(10) Полёт косми́ческого ко́мплекса «Сою́з» – «Аполло́н» с междунаро́дным экипа́жем продолжа́ется.

запуск (косми́ческого корабля́)
произвести́ за́пуск

приступи́ть к выполне́нию = нача́ть выполня́ть
самочу́вствие экипа́жа хоро́шее = экипа́ж чу́вствует себя́ хорошо́
принима́ть уча́стие = уча́ствовать
соглаше́ние от 24.V.72 г. = соглаше́ние, кото́рое бы́ло подпи́сано 24.V.72 г.
бортинжене́р (борт + инжене́р)
самочу́вствие (сам + чу́вствовать)
двухсу́точный (два + су́тки)   ко́смос
междунаро́дный (ме́жду + наро́д)   космона́вт
                                                                               космона́втика
договори́ться
договорённость   обме́ниваться / обменя́ться
                                                                         приступа́ть / приступи́ть
состыкова́ться
стыко́вка   Хью́стон (Houston)

A. You must have guessed the meanings of:

пилоти́ровать, програ́мма полёта, специа́льный корреспонде́нт, центр управ-
ле́ния, космона́втика, двухсу́точный полёт, национа́льный флаг, меда́ль, па́мятная
меда́ль, междунаро́дный экипа́ж.

B. In the text, find the sentences (or parts of sentences) corresponding to these:

1. The flight is being carried out in accordance with the Agreement between
the Union of Soviet Socialist Republics and the United States of America on
Cooperation in the Exploration and Use of Space for Peaceful Purposes.
2. The crew are well.
3. They have embarked on the flight programme.
4. For the first time in the history of space exploration space explorers
of two countries are taking part in a joint flight.
5. The crews will visit one another's ships.

C. Point out the paragraphs which speak:

(a) о ста́рте пе́рвого косми́ческого корабля́;
(b) о самочу́вствии америка́нского экипа́жа;
(c) о ста́рте второ́го косми́ческого корабля́;
(d) о докуме́нте, в соотве́тствии с кото́рым прово́дится полёт;
(e) о самочу́вствии сове́тского экипа́жа;
(f) о соста́ве сове́тского экипа́жа;
(g) о соста́ве америка́нского экипа́жа;
(h) о нача́ле рабо́ты америка́нских астрона́втов;
(i) о нача́ле рабо́ты сове́тских космона́втов;
(j) о том, что́ бу́дут де́лать космона́вты во вре́мя перехо́дов из одного́
    корабля́ в друго́й;
(k) о том, что полёт состыко́ванных косми́ческих корабле́й продолжа́ется;
(l) о стыко́вке корабле́й.

D. In the text, find the sentences which bear out that:

(a) подгото́вка (preparation) к э́тому полёту продолжа́лась три го́да;
(b) таки́х полётов исто́рия космона́втики ещё не зна́ла.

297

(1) 18 ИЮЛЯ 1975 ГО́ДА. По́сле успе́шного выпол-
не́ния 17 ию́ля основно́го эта́па совме́стного полёта – сты-
ко́вки сове́тского косми́ческого корабля́ «Сою́з-19» с аме-
рика́нским кораблём «Аполло́н» на околозе́мной орби́те
функциони́рует пе́рвый междунаро́дный косми́ческий ко́мп-
лекс, пилоти́руемый Алексе́ем Лео́новым, Вале́рием Куба́-
совым, То́масом Ста́ффордом, Вэ́нсом Бра́ндом и До́нал-
дом Сле́йтоном.

(2) Спустя́ три часа́ по́сле стыко́вки сове́тские космо-
на́вты откры́ли люк тунне́ля ме́жду орбита́льным мо́-
дулем «Сою́за-19» и стыко́вочным мо́дулем «Аполло́на»,
и команди́ры корабле́й Алексе́й Лео́нов и То́мас Ста́ффорд
обменя́лись пе́рвым рукопожа́тием на орби́те. Зате́м То́мас
Ста́ффорд и До́налд Сле́йтон перешли́ на борт сове́тско-
го корабля́ «Сою́з-19».

(3) Находя́сь на борту́ «Сою́за-19», сове́тские и аме-
рика́нские космона́вты обменя́лись госуда́рственными фла́-
гами СССР и США, подписа́ли свиде́тельства Междуна-
ро́дной федера́ции авиацио́нного спо́рта о пе́рвой меж-
дунаро́дной стыко́вке в ко́смосе. Сове́тский экипа́ж пе-
реда́л америка́нскому экипа́жу флаг ООН, кото́рый по́сле
оконча́ния полёта бу́дет пе́редан совме́стно космона́втами
и астрона́втами в Организа́цию Объединённых На́ций.

(4) По́сле оконча́ния пе́рвого взаи́много перехо́да кос-
мона́втов До́налд Сле́йтон и Вале́рий Куба́сов на́чали
совме́стный экспериме́нт с электри́ческой плави́льной пе́чью.
Экипа́жи обменя́лись прибо́рами для проведе́ния биологи́-
ческих экспериме́нтов.

(5) 18 ию́ля в 12 часо́в 05 мину́т по моско́вскому
вре́мени начался́ второ́й взаи́мный перехо́д космона́втов.
На борту́ косми́ческого ко́мплекса «Сою́з» – «Аполло́н» бы́ли
продо́лжены совме́стные нау́чные экспериме́нты в соотве́т-
ствии с наме́ченной обе́ими сторона́ми програ́ммой.

(6) Рабо́та сове́тских и америка́нских космона́втов
прохо́дит в дру́жеской атмосфе́ре, при по́лном взаимопо-
нима́нии, чётко и сла́женно.

(7) Косми́ческий полёт корабле́й «Сою́з-19» и «Аполло́н» и проводи́мые их экипа́жами экспериме́нты свиде́-
тельствуют о широ́ких возмо́жностях сотру́дничества раз-
ли́чных стран в интере́сах ми́ра и прогре́сса всего́ челове́-
чества.

успе́х	друг
успе́шный	дру́жба
	дру́жеская атмосфе́ра
свиде́тель	
свиде́тельство	обме́ниваться рукопожа́тием
свиде́тельствовать	обменя́ться прибо́рами

выполня́ть   оконча́ние сло́ва
выполне́ние   оконча́ние полёта

спустя́ 3 часа́ =   сторона́ у́лицы
че́рез 3 часа́   догова́ривающиеся сто́роны contracting parties

широ́кая у́лица   околозе́мная орби́та
широ́кие возмо́жности   (о́коло + земля́)

национа́льный
на́ция

взаимопонима́ние (взаи́мный + понима́ть)
иссле́дование ко́смоса в ми́рных це́лях
сотру́дничество разли́чных стран в интере́сах ми́ра и прогре́сса

подпи́сывать / подписа́ть
объединя́ть / объедини́ть

A. You must have guessed the meanings of:

успе́шное выполне́ние, околозе́мная орби́та, функциони́ровать, тунне́ль, Междунаро́дная федера́ция авиацио́нного спо́рта, на́ция, дру́жеская атмосфе́ра, взаимопонима́ние.

You must have also guessed that ООН is the accepted abbreviation for the United Nations Organisation.

B. What nouns could be used to replace the phrase обе́ими сторона́ми in the sentence:

Космона́вты проводи́ли совме́стные экспериме́нты в соотве́тствии с наме́ченной *обе́ими сторона́ми* програ́ммой.

C. In the text, find the sentences (or parts of sentences) corresponding to these:

1. The first international space complex is functioning in orbit around the Earth.
2. Upon the flight's completion, the UN flag will be handed to the United Nations Organisation.
3. The cosmonauts work in a friendly atmosphere and in complete mutual understanding.

D. Point out the paragraphs which speak:
(a) о стыко́вке корабле́й;
(b) о взаи́мных перехо́дах космона́втов;
(c) об атмосфе́ре, в кото́рой проходи́ла рабо́та сове́тских и америка́нских космона́втов;
(d) об ООН.

E. In the text, find the sentences which bear out that:

1. Сове́тские и америка́нские космона́вты вме́сте передаду́т флаг ООН в Организа́цию Объединённых На́ций.
2. Космона́вты вели́ совме́стные биологи́ческие и други́е экспериме́нты.

(1) 19 ИЮ́ЛЯ 1975 ГО́ДА. Сего́дня в 9 часо́в 40 мину́т по моско́вскому вре́мени начался́ пя́тый рабо́чий день Алексе́я Лео́нова и Вале́рия Куба́сова на борту́ косми́ческого корабля́ «Сою́з-19».

(2) Кора́бль «Сою́з-19» соверши́л 63 витка́ вокру́г плане́ты, из них 27 в состыко́ванном состоя́нии с америка́нским корабле́м «Аполло́н».

(3) В 15 часо́в 05 мину́т сове́тский и америка́нский косми́ческие корабли́ расстыкова́лись и отошли́ друг от дру́га. По́сле расстыко́вки начался́ экспериме́нт «Иску́сственное со́лнечное затме́ние».

(4) В хо́де э́того экспериме́нта с бо́рта сове́тского корабля́ проведена́ се́рия фотосъёмок иску́сственного со́лнечного затме́ния, кото́рое бы́ло полу́чено в результа́те расположе́ния корабля́ «Аполло́н» ме́жду Со́лнцем и корабле́м «Сою́з-19».

(5) В 15 часо́в 40 мину́т по моско́вскому вре́мени произошла́ повто́рная стыко́вка корабле́й. Тем са́мым бы́ло подтверждено́, что сове́тскими и америка́нскими специали́стами со́здана стыко́вочная систе́ма, позволя́ющая проводи́ть акти́вную стыко́вку любо́му из двух косми́ческих корабле́й.

(6) Оконча́тельная расстыко́вка сове́тского и америка́нского корабле́й произведена́ в 18 часо́в 26 мину́т, и начался́ эта́п совме́стных экспериме́нтов при разде́льном полёте.

(7) В оста́вшееся до поса́дки вре́мя сове́тские космона́вты проведу́т ряд нау́чных экспериме́нтов и подгото́вку корабля́ к поса́дке. Поса́дка косми́ческого корабля́ «Сою́з-19» состои́тся 21 ию́ля в 13 часо́в 51 мину́ту по моско́вскому вре́мени на террито́рии Казахста́на.

(8) Самочу́вствие Алексе́я Лео́нова и Вале́рия Куба́сова хоро́шее. Все систе́мы «Сою́з-19» функциони́руют норма́льно. Полёт пилоти́руемых косми́ческих корабле́й «Сою́з-19» и «Аполло́н» продолжа́ется.

(9) ХЬЮ́СТОН, ЦЕНТР УПРАВЛЕ́НИЯ ПОЛЁТОМ, 20 ИЮ́ЛЯ. (*Спец. корр. ТАСС*) По́сле оконча́тельной расстыко́вки с сове́тским косми́ческим корабле́м «Сою́з-19» америка́нский кора́бль «Аполло́н» возобнови́л автоно́мный полёт.

(10) 19 ию́ля Т. Ста́ффорд, В. Бранд и Д. Сле́йтон проводи́ли нау́чные иссле́дования по совме́стной програ́мме «Сою́з»–«Аполло́н», а та́кже не́которые самостоя́тельные нау́чные экспериме́нты...

(11) 21 ию́ля 1975 го́да по́сле заверше́ния совме́стной програ́ммы «Сою́з»–«Аполло́н» кора́бль «Сою́з-19» с экипа́жем в соста́ве команди́ра корабля́ Геро́я Сове́тского Сою́за лётчика-космона́вта СССР полко́вника Алексе́я Архи́повича Лео́нова и бортинжене́ра Геро́я Сове́тского Сою́за лётчика-космона́вта СССР кандида́та техни́ческих нау́к Вале́рия Никола́евича Куба́сова возврати́лся на сове́тскую зе́млю.

(12) ХЬЮ́СТОН, ЦЕНТР УПРАВЛЕ́НИЯ ПОЛЁТОМ, 21 ИЮ́ЛЯ. (*Спец. корр. ТАСС*) Америка́нский косми́ческий кора́бль «Аполло́н» с астрона́втами Т. Ста́ффордом, В. Бра́ндом и Д. Сле́йтоном на борту́ продолжа́ет автоно́мный полёт.

(13) Астрона́вты за́няты выполне́нием самостоя́тельной програ́ммы нау́чных иссле́дований...

(14) ХЬЮ́СТОН, ЦЕНТР УПРАВЛЕ́НИЯ ПОЛЁТОМ, 25 ИЮ́ЛЯ. (*Спец. корр. ТАСС*) Успе́шно завершён пе́рвый в исто́рии челове́чества совме́стный косми́ческий полёт сове́тских космона́втов и америка́нских астрона́втов по програ́мме «Сою́з» – «Аполло́н». Америка́нский косми́ческий кора́бль «Аполло́н» с астрона́втами Т. Ста́ффордом, В. Бра́ндом и Д. Сле́йтоном на борту́ сего́дня в 00 час. 18 мин. по моско́вскому вре́мени благополу́чно приводни́лся в Ти́хом океа́не, приме́рно в 600 км к за́паду от Гава́йских острово́в.

(15) После́дняя фа́за экспериме́нта «Сою́з» – «Аполло́н» – приводне́ние «Аполло́на» успе́шно вы́полнена.

!

со́лнце	сади́ться
со́лнечный	поса́дка
коне́ц	гото́виться
оконча́тельный	подгото́вка
повтори́ть	позволя́ть/позво́лить
повто́рный	
	повто́рная стыко́вка
но́вый	оконча́тельная расстыко́вка
возобнови́ть	

стыко́вка ≠ расстыко́вка
состыкова́ться ≠ расстыкова́ться
состыко́ванное состоя́ние
стыко́вочная систе́ма

акти́вное состоя́ние ≠ пасси́вное состоя́ние
разде́льный полёт = автоно́мный полёт

заверши́ть = око́нчить
заверше́ние = оконча́ние

приводни́ться = приводне́ние (при + вода́)
приземли́ться = приземле́ние (при + земля́)

Гава́йские острова́ the Hawaiian Islands
Ти́хий океа́н the Pacific Ocean

A. You must have guessed the meanings of:

рабо́чий день, расстыкова́ться, расстыко́вка, се́рия, иску́сственное со́лнечное затме́ние, повто́рная стыко́вка, акти́вная стыко́вка, пасси́вное состоя́ние, оконча́тельная расстыко́вка, стыко́вочная систе́ма, разде́льный полёт, автоно́мный полёт, систе́мы корабля́, норма́льно, фа́за.

You probably know that American spaceships land on water, i. e. they приводня́ются, whereas Soviet spaceships land on dry land, i. e. they приземля́ются.

B. In the text, find the sentences (or parts of sentences) corresponding to these:

1. It was thereby proved that Soviet and American specialists had created a docking system which permitted either of the two spaceships to effect docking.

2. During the time remaining before the landing the Soviet cosmonauts will carry out a number of scientific experiments.

3. The astronauts are engaged in an independent research programme.

4. The Soyuz-Apollo space flight – the first joint space flight in history – has been successfully completed.

5. The American spaceship has safely landed in the Pacific.

6. The final stage of the Soyuz-Apollo experiment has been successfully completed.

C. Point out the paragraphs which speak:

(a) о стыко́вочной систе́ме, со́зданной сове́тскими и америка́нскими специали́стами;

(b) об эксперимéнте «Искýсственное со́лнечное затме́ние»;

(c) о подгото́вке сове́тских космона́втов к поса́дке;

(d) о возвраще́нии на зе́млю «Сою́за-19»;

(e) о приводне́нии америка́нского корабля́;

(f) о коли́честве витко́в вокру́г плане́ты, сде́ланных «Сою́зом-19»;

(g) о пя́том рабо́чем дне сове́тских космона́втов.

D. In the text, find quotations which prove that:

1. Во вре́мя эксперимéнта «Искýсственное со́лнечное затме́ние» кора́бль «Аполло́н» находи́лся ме́жду Со́лнцем и корабле́м «Сою́з-19».

2. Рабо́та америка́нских и сове́тских специали́стов по созда́нию стыко́вочной систе́мы око́нчилась успе́шно.

КАК ПРЕКРА́СНА ЗЕМЛЯ́!

(Репорта́ж из моско́вского пресс-це́нтра)

I

(1) Когда́ ста́ло изве́стно, что 18 ию́ля состои́тся пресс-конфере́нция с уча́стием сове́тских и америка́нских космона́втов, находя́щихся на борту́ косми́ческого ко́мплекса «Сою́з»-«Аполло́н», ка́ждый из 1000 журнали́стов, освеща́ющих полёт, коне́чно, хоте́л бы зада́ть «свой» вопро́с. Что́бы отве́тить на всё, экипа́жам «Сою́за» и «Аполло́на» ну́жно бы́ло бы лета́ть в ко́смосе не́сколько неде́ль. Бы́ло решено́ так: журнали́сты выбира́ют комите́т, кото́рый определи́т, каки́е вопро́сы ну́жно отпра́вить в ко́смос. В Хью́стоне в комите́те бы́ло семь челове́к, в Москве́ – пять. Не́сколько раз собира́лись э́ти комите́ты, пока́ не определи́ли те вопро́сы, кото́рые звуча́ли в эфи́ре. При́нцип был оди́н: вопро́с до́лжен быть интере́сным для ка́ждого о́ргана печа́ти, выходя́щего в любо́й стране́ ми́ра.

освеща́ть полёт = писа́ть о полёте

пока́ не определи́ли... till ... were decided

о́рган печа́ти organ of the press

(2) Такóй пресс-конферéнции ещё не знáла истóрия.

(3) Начáть с тогó, что учáстники пресс-конферéнции бы́ли разделены́ сóтнями ты́сяч киломéтров: Москвá – Хью́стон – орби́та – «комáнда» журнали́стов, действи́тельно представля́вшая прéссу планéты.

(4) Пресс-конферéнция проходи́ла пря́мо с бóрта состыкóванных кораблéй «Сою́з» и «Аполлóн» на орби́те высотóй 197 киломéтров на скóрости 27 000 киломéтров в час. Пресс-конферéнцию, как считáют, ви́дел и слу́шал миллиáрд жи́телей Земли́.

(5) В начáле конферéнции с заявлéниями вы́ступили команди́ры кораблéй: Тóмас Стáффорд – по-ру́сски и Алексéй Леóнов – по-англи́йски.

(6) – Мы счáстливы, – сказáл Стáффорд, – рабóтать сегóдня в кóсмосе по прогрáмме ЭПÁС. Успéх полёта, котóрый сейчáс наблюдáют Амéрика, СССР и весь остальнóй мир, – это результáт вóли, сотру́дничества и уси́лий прави́тельств нáших двух стран, руководи́телей этой прогрáммы, а тáкже инженéрно-техни́ческих рабóтников и други́х специали́стов. Вчерá, когдá я в пéрвый раз откры́л люк и сказáл Hello! Валéрию и Алексéю, я подýмал, что, открывáя лю́ки в кóсмосе, мы открывáем нóвую эру в истóрии человéчества. Я увéрен, что у этой эры харóшее бýдущее.

(7) Затéм взял слóво А. Леóнов:

– Мы, представи́тели двух стран, – заяви́л он, – осуществля́ем этот совмéстный полёт потомý, что нáши нарóды и прави́тельства хотя́т рабóтать вмéсте в ду́хе сотру́дничества, потомý что мнóго специали́стов в США и в СССР вложи́ли в реализáцию этого полёта огрóмные уси́лия.

(8) Затéм космонáвты нáчали отвечáть на вопрóсы журнали́стов.

(9) Дáже в часы́ косми́ческого прáздника лю́ди дýмали о судьбé роднóй планéты. Ветерáна вторóй мировóй войны́ Д. Слéйтона спроси́ли, какóй емý показáлась с орби́ты Еврóпа, континéнт, над котóрым он летáл в гóды войны́.

– Хотя́ мнóгие её учáстки бы́ли покры́ты облакáми, но всё-таки как прекрáсна Земля́! – отвéтил он.

(10) Журнали́сты спрáшивают у В. Брáнда, каки́е нóвости он хотéл бы услы́шать с Земли́. Астронáвт отвéтил, что хотéл бы услы́шать харóшие нóвости, «нам хотéлось бы, чтóбы совмéстный полёт оказáл благотвóрное влия́ние на полити́ческий кли́мат в ми́ре, чтóбы за нáшим полётом послéдовали харóшие нóвости».

(11) Извéстно, что В. Кубáсов óчень лю́бит свои́х детéй и уделя́ет мнóго врéмени их воспитáнию. Навéрное, поэтому егó спроси́ли, чтó бы он хотéл пожелáть всем дéтям Земли́.

– Я хочý пожелáть всем дéтям счáстья, чтóбы они́ никогдá не теря́ли свои́х отцóв и брáтьев.

мне́ние opinion
выска́зывать мне́ние to express an opinion
име́ть в виду́ to bear in mind
оправда́ть to justify
в коне́чном счёте in the final analysis
по́льза use
окупи́ть *p.* to compensate

(12) В пре́ссе в после́дние го́ды не раз обсужда́лась пробле́ма финанси́рования косми́ческих экспеди́ций. То́маса Ста́ффорда про́сят вы́сказать своё мне́ние, оправда́л ли совме́стный полёт расхо́ды, е́сли име́ть в виду́ существу́ющие на Земле́ пробле́мы. Команди́р «Аполло́на» отве́тил, что в нау́чном пла́не о́бе сто́роны получи́ли о́чень мно́го от э́того полёта, и «в коне́чном счёте, та по́льза, кото́рую принёс полёт, оку́пит все расхо́ды, а та́кже, безусло́вно, ока́жет благотво́рное влия́ние на отноше́ния ме́жду на́шими стра́нами».

II

в хо́де полёта during the flight
смысл состои́т в том, что the essence of ... is that
целесообра́зность *f.* expediency

надёжное сре́дство reliable means
возникнове́ние arising
экономи́чески вы́годно economically advantageous

набро́сок sketch
выража́ть *imp.* to express

эски́зный портре́т sketch
внеземно́й extraterrestrial

избежа́ть *p.* to avoid
всео́бщий general
к... удовлетворе́нию to the ... satisfaction
пи́ща food

(13) Интересова́л журнали́стов и о́пыт, полу́ченный в хо́де совме́стного полёта. Смысл отве́тов состои́т в том, что совме́стный полёт доказа́л возмо́жность и целесообра́зность междунаро́дного сотру́дничества в ко́смосе. Успе́шно решена́ одна́ из гла́вных зада́ч экспериме́нта: испы́тан унифици́рованный стыко́вочный агрега́т и тем са́мым сде́лан пе́рвый шаг к созда́нию надёжного сре́дства спасе́ния в слу́чае возникнове́ния авари́йной ситуа́ции в ко́смосе. Полёт показа́л и то, что в бу́дущем вполне́ возмо́жно и, ви́димо, экономи́чески вы́годно плани́рование совме́стных косми́ческих экспеди́ций.

(14) Зна́я о худо́жественном тала́нте Лео́нова, журнали́сты про́сят его́ переда́ть на Зе́млю набро́сок рису́нка, кото́рый выража́л бы смысл совме́стной ми́ссии «Сою́за» и «Аполло́на». Лео́нов тут же демонстри́рует соединённые вме́сте фла́ги Сове́тского Сою́за и США. Пото́м Алексе́й демонстри́рует эски́зные портре́ты свои́х това́рищей по полёту. Так появи́лась и пе́рвая внеземна́я худо́жественная «мини-галере́я».

(15) Когда́ хо́дят в го́сти, то обы́чно по́сле э́того спра́шивают, чем угоща́ли. Не избежа́л э́того вопро́са и Лео́нов. А отве́тил он так (ко всео́бщему удовлетворе́нию журнали́стов):

– Косми́ческая пи́ща – э́то не та, кото́рую лю́ди едя́т на Земле́ (*да́лее по-англи́йски*), но, как сказа́л дре́вний фило́соф, «обе́д хоро́ш не тем, что́ подаю́т, а тем, с кем обе́даешь». Сего́дня я обе́дал с мои́ми о́чень хоро́шими друзья́ми.

(16) Хотя́ совме́стный полёт ещё не око́нчен, пре́сса задаёт А. Лео́нову и Т. Ста́ффорду традицио́нный журнали́стский вопро́с о пла́нах космона́втов на бу́дущее: «В каки́х косми́ческих полётах вы хоте́ли бы ещё уча́ствовать?»

(17) На э́то Лео́нов отве́тил, что он уве́рен в том, что сейча́с все – и те, кто лета́ет на косми́ческих корабля́х, и те, кто не лета́ет, а лишь следи́т за э́тими полётами, – явля́ются

участниками лишь начала большого человеческого пути в космическое пространство.

«Мне, конечно,–заметил А. Леонов,–хотелось бы ещё побывать на каком-нибудь космическом корабле, который мог бы летать длительное время вокруг земного шара, чтобы глазами художника посмотреть на многообразный лик нашей Земли, на её разнообразные краски, запечатлеть всё это в своей памяти, донести до людей. Хотелось бы побывать на высотах больших, чем те, на которых мы сейчас летаем. Оттуда Земля выглядит совсем по-другому».

(18) Отвечая на тот же вопрос, Т. Стаффорд сказал, что «конечно, всегда хочется летать на более современной технике, участвовать в новых полётах. У нас не так много осталось времени до начала программ «Спейс шаттл», и, конечно, я хотел бы участвовать в этой программе. Я надеюсь, у Алексея будет космический корабль, разработанный к тому времени для нового совместного полёта. Человечество идёт по пути прогресса. Будет новая космическая техника. Надеюсь, что для совместных полётов будут применяться новые, более совершенные космические средства, которые принесут больше пользы для всех нас на Земле».

(19) ...Пройдёт время, многие детали полёта сотрутся в памяти. Но мы никогда не забудем, что в космосе русский и американец пожали друг другу руки.

Встреча космических кораблей–это итог длительной и настойчивой борьбы за мир, за разрядку на планете.

лишь = только

длительное время for a long time
многообразный varied
лик = лицо
запечатлеть в памяти = **запомнить**
донести to convey
большая высота higher altitude

применять *imp.* to use
совершённые средства up-to-date means

стереться (*p.*) **в памяти** to be erased from memory

итог = результат
настойчивый persistent
разрядка détente

!

свет	план	сила
освещать	планировать	усилие
	планирование	
звук		
звучать	художник	
	художественный талант	
журналист	художественная галерея	
журналистский		
	вкладывать / вложить	
конец	оказывать / оказать	
конечный	окупать / окупить	
в конечном счёте	оправдывать / оправдать	
	определять / определить	
надеяться	осуществлять / осуществить	
надежда		
надёжный	покрывать / покрыть	
	представлять / представить	
смысл	разрабатывать / разработать	
мысль	следовать / последовать	
	терять / потерять	
участвовать		
участник		

руководи́ть   дли́тельное вре́мя
руководи́тель   дли́тельная борьба́

A. You must have guessed the meanings of:

пре́сса, пресс-конфере́нция, конфере́нция с уча́стием сове́тских и америка́нских космона́втов, комите́т, эфи́р, при́нцип, орби́та, руководи́тель, инжене́рно-техни́ческие рабо́тники, реализа́ция, контине́нт, полити́ческий кли́мат, финанси́рование, унифици́рованный, авари́йная ситуа́ция, ми́ссия, демонстри́ровать, мини-галере́я, традицио́нный вопро́с.

B. In Part I of the text, find the sentences (or parts of sentences) corresponding to these:

1. The principle was the same: the question had to be of interest to any organ of the press published in any country in the world.
2. The press conference took place aboard the docked spaceships.
3. People thought about the future of their native planet.
4. We should like our joint flight to exert a beneficial influence on the world's political climate, to be followed by new, positive developments.
5. The problem of financing space expeditions has often been discussed in the press.
6. He is asked if, in his opinion, the flight has justified the expenses, in view of the problems existing on the Earth.
7. In the final analysis, the benefits brought by the flight will compensate all the expenses.

C. Point out the paragraphs in Part I of the text which speak:
(a) о том, кто из космона́втов на́чал пресс-конфере́нцию;
(b) о ветера́не второ́й мирово́й войны́ Сле́йтоне;
(c) о де́тях;
(d) о том, как гото́вились журнали́сты к косми́ческой пресс-конфере́нции;
(e) о но́вой э́ре в исто́рии челове́чества;
(f) о полити́ческом кли́мате в ми́ре;
(g) о финанси́ровании косми́ческих экспеди́ций.

D. History did not know such press conferences. Do you agree with this statement? Support your answer by quotations from the text.

E. In Part II of the text, find the sentences (or parts of sentences) corresponding to these:

1. The journalists were also interested in the experience gleaned during the joint flight.
2. The joint flight proved the possibility and expediency of international cooperation in space.
3. The first step had been taken to develop a reliable means of rescue in case of an accident in space.
4. In future, planning joint space expeditions is quite feasible and, evidently, economically advantageous.
5. The spaceships' rendezvous is a result of a long and persistent struggle for peace and détente on the Earth.
6. The future is with such rendezvous.

F. In Part II of the text, point out the paragraphs which speak:

(a) о косми́ческой пи́ще;
(b) о но́вой косми́ческой те́хнике;
(c) о возмо́жности и целесообра́зности междунаро́дного сотру́дничества в ко́смосе;
(d) о пла́нах космона́втов на бу́дущее;
(e) о рису́нках Лео́нова;
(f) о гла́вной зада́че экспериме́нта.

G. In the text, find the sentences which could be the answers to these questions:

1. Како́й комите́т вы́брали журнали́сты?
2. По како́му при́нципу вы́брали они́ вопро́сы, кото́рые бы́ли за́даны космона́втам?
3. Что сказа́л об успе́хе полёта Ста́ффорд?
4. Что доказа́л, по мне́нию космона́втов, совме́стный полёт?
5. Почему́ Лео́нову хоте́лось бы побыва́ть в дли́тельном полёте вокру́г земно́го ша́ра?
6. В како́й програ́мме хоте́л бы уча́ствовать Ста́ффорд?
7. Ито́гом чего́ явля́ется встре́ча косми́ческих корабле́й?

KEY TO THE EXERCISES

Exercise 1. А. 1. бригади́ром. 2. ботани́ческим. 3. компози́тором. 4. машинострои́тельным. 5. хлопчатобума́жной. 6. хлопкосе́ющими. 7. нау́чно-иссле́довательскими. 8. акаде́миком. 9. ороси́тельными. 10. машини́стом. 11. но́мером. В. 1. спра́вочное бюро́. 2. вне́шнем. 3. нефтяны́е. 4. кана́лы. 5. ископа́емые. 6. ра́дуга. 7. опери́ровать. 8. медици́нских. 9. успоко́ить. 10. с недове́рием.

Exercise 2. 2c, 3b, 4c, 5c.

Exercise 3. 2c, 3d, 4d, 5d, 6b.

Exercise 4. 2b, 3d, 4c, 5d, 6d, 7c.

Exercise 5. 2e, 3d, 4d, 5e, 6d, 7c, 8e, 9c, 10b, 11e, 12d.

Exercise 6. оте́ц – отцо́вский; здоро́в – здоро́вье, вы́здороветь, выздоровле́ние; шёпот – шёпотом, шепта́ть; замеча́ть – заме́тно, заме́тный; снег – сне́жный, снежо́к; усло́вие – безусло́вно; безво́дный – вода́; высо́кий – повыша́ть, вы́ше; де́ло – делово́й; коне́ц – конча́ть, оконча́ние; посели́ться – село́, се́льский; ти́хо – ти́хий, тишина́; больно́й – больни́ца, боле́ть, боле́знь, бо́льно; план – плани́ровать, плани́ровка; восто́к – восто́чный; приезжа́ть – прие́зд; вопро́с – вопроси́тельный; коро́ткий – кратча́йший; слу́шать – слух.

Exercise 7. 2c, 3d, 4c, 5c, 6b, 7c, 8c, 9c, 10b, 11a, 12b, 13c, 14b.

Exercise 8. А. 2, 3, 9, 10, 13, 17, 18, 25, 30, 33, 34, 37, 38, 40, 42. В. 5, 6, 11, 14, 15, 20, 21, 23, 26, 28, 31, 35.

Exercise 9. 2, 5, 9, 10, 12, 13, 14, 18, 20, 23, 24, 25, 28, 31, 32, 34, 37, 40, 41, 45, 47, 49, 52, 53, 55, 57.

Exercise 10. 2b, 3a, 4b, 5b, 6c, 7a, 8d, 9c, 10a, 11b, 12c, 13b, 14c, 15a, 16b, 17d, 18c.

Exercise 11. 2a, 3b, 4b, 5b, 6c, 7c, 8b, 9b.

Exercise 12. 2a, 3a, 4b, 5b, 6a, 7a, 8b, 9b.

Exercise 13. 2c, 3c, 4c, 5a, 6b.

Text *Голубое и зелёное.*

Пе́рвая глава́. Part II. *Exercise C.* прия́тель и де́вушка. *Exercise D.* 1b, 2b, Part III. *Exercise C.* руки́. *Exercise E.* a-2; b-3; c-1; d-2; e-4; f-5, g-4; h-7, 8; i-13; j-15.

Втора́я глава́. Part II. *Exercise D.* 1c, 2b, 3c, 4c, 5a, 6b. *Exercise E.* a-16, 18; b-18; c-16; d-22; e-25; f-23; g-25, 26; h-21; i-28; j-29; k-27; l-24; m-24; n-31; o-31; p-28.

Тре́тья глава́. Part I. *Exercise D.* 1a, 2b, 3c.
Part II. *Exercise C.* 1c, 2c.
Part III. *Exercise C.* 1c, 2a, 3b. Exercise D. 1, 3, 5, 6, 9, 10.
Part IV. *Exercise C.* 1, 3, 5, 7. *Exercise D.* a-36, b-32, c-35, d-34, e-33, f-38, g-39, h-43, i-40, j-42, k-41, l-49, m-47, n-44, o-46.

Четвёртая глава́. Part II. *Exercise C.* 1, 2, 3, 4, 6, 8, 10. *Exercise D.* 1c, 2c. *Exercise E.* a-52, 54, b-50, c-51, d-55, f-56, e-59, g-60, h-61, 62, i-63, 64, j-64.

Пя́тая глава́. *Exercise C.* 1, 3, 4, 6, 7, 10, 11, 13. *Exercise E.* a-66, b-65, c-67, d-70, e-69, f-71, g-73, h-72.

Шеста́я глава́. *Exercise C.* a-76, b-78, 80, c-77, d-77.

Text *Рукопожа́тие в ко́смосе. Exercise C.* a-3, b-6, c-4, d-2, e-5, f-4, g-7, 8, 9, 10.

Вот что сообщи́ло ТАСС... Exercise C. a-1, b-5, c-4, d-2, e-3, f-1, g-4, h-5, i-3, j-9, k-10, 1-6.

18 ию́ля 1975. Exercise. B. Сове́тским Сою́зом и Соединёнными Шта́тами Аме́рики. *Exercise D.* a-1, b-2, 5, c-6, d-3.

19 ию́ля 1975 Exercise C. a-5, b-4, c-7, d-11, e-14, f-2, g-1.

Как прекра́сна Земля́! Exercise C. a-5, b-9, c-11, d-1, e-6, f-10, g-12. *Exercise F.* a-15, b-13, c-13, d-17, 18, e-14, f-13.

Dear Friend,
You have completed your studies. But we are reluctant to say "Farewell!"
Instead we'll say this, "Goodbye till we meet again in other books of
our series!"

ЕЛЕНА ИВАНОВНА ВАСИЛЕНКО,
ЭММА САМОЙЛОВНА ЛАММ

РУССКИЙ – САМОСТОЯТЕЛЬНО

Мы учимся читать по-русски

Для говорящих на английском языке

Зав. редакцией *Н. П. Спирина*
Редакторы *И. Н. Малахова, Т. В. Крестьянинова*
Редактор английского текста *Е. В. Ларченко*
Младшие редакторы *А. А. Таткова, М. В. Табачникова*
Художественный редактор *М. В. Водинская*
Технический редактор *М. В. Биденко*
Корректор *Л. А. Набатова*
ИБ № 5238

7